沙巴克图表分析圣经

Technical Analysis and Stock Market Profits

【英】理查德·W. 沙巴克　著

卓译航　译

山西出版传媒集团

山西人民出版社

图书在版编目（CIP）数据

沙巴克图表分析圣经／（英）理查德·W.沙巴克著；
卓译航译．—太原：山西人民出版社，2019.5
　ISBN 978-7-203-10365-3

　Ⅰ．①沙… Ⅱ．①理… ②卓… Ⅲ．①股票投资-基
本知识 Ⅳ．①F830.91

中国版本图书馆 CIP 数据核字（2018）第 055568 号

沙巴克图表分析圣经

著　　者：（英）理查德·W.沙巴克
译　　者：卓译航
责任编辑：赵晓丽
复　　审：武　静
终　　审：秦继华

出 版 者：山西出版传媒集团·山西人民出版社
地　　址：太原市建设南路 21 号
邮　　编：030012
发行营销：0351-4922220　4955996　4956039　4922127（传真）
天猫官网：http：//sxrmcbs.tmall.com　电话：0351-4922159
E-mail ：sxskcb@ 163.com　发行部
　　　　　sxskcb@ 126.com　总编室
网　　址：www.sxskcb.com

经 销 者：山西出版传媒集团·山西人民出版社
承 印 者：三河市京兰印务有限公司

开　　本：710mm×1000mm　1/16
印　　张：29
字　　数：480 千字
印　　数：1-5100 册
版　　次：2019 年 5 月　第 1 版
印　　次：2019 年 5 月　第 1 次印刷
书　　号：978-7-203-10365-3
定　　价：98.00 元

如有印装质量问题请与本社联系调换

"舵手证券图书"开篇序

20世纪末，随着中国证券投资市场的兴起，我们怀揣梦想与激情，开创了"舵手证券图书"品牌，为中国投资者分享最有价值的投资思想与技术。

世界经济风云变幻，资本市场牛熊交替，我们始终秉承"一流作者创一流作品"的方针，与约翰威立、培生教育、麦格劳-希尔、哈里曼、哈珀·柯林斯等世界著名出版机构合作，引进了一批畅销全球的金融投资著作，涵盖了股票、期货、外汇、基金等主要投资领域。

时光荏苒，初心不改，我们将一如既往地与您分享专业而丰富的投资类作品。我们以书会友，与天南海北的读者成为朋友，收获了信任、支持。许许多多投资者成为我们的老师、知己，给予我们真诚的赞许、批评、建议。更有一些资深人士由此成为我们的编辑、翻译、评审，这一切我们感念于心。

我们希望与每位投资者走得更近，希望在"知识领航财富人生"理念的指引引下，打造综合型投资交易学习社交平台——"舵手汇"（www.duoshou108.com），通过即时动态、视频直播、有声读书、电子图书、在线聊天、知识问答、活动报名、读书会、打赏提现等多项功能，服务会员的读书分享、实战交流以及知识变现。"舵手汇"不定期邀请作者、嘉宾与会员对话，为读者答疑解惑，分享最新交易技术与理念。在这里，您可以与华尔街投资大师亲密接触；在这里，您可以与全国最聪明的投资者交流切磋；在这里，您可以体验全球最新最全的投资技术课程。这里，必将因为有您而精彩！

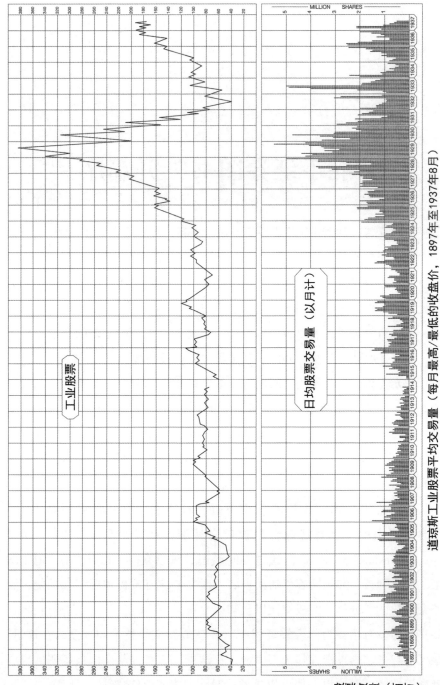

道琼斯工业股票平均交易量（每月最高/最低的收盘价，1897年至1937年8月）

前　言

本教程研究的是成功进行股票交易的技术方法，由12章组成，意在回答读者在研究股票走势图和进行股票市场分析时可能会遇到的各种各样的问题，并为其持续不断的需求提供必要的帮助。

有些读者真诚地想要投身股市，其中一些人准备在进入股市之前深入研究股票市场的规律，对他们来说，这一课程是全新的。还有大批读者或多或少有股市交易的经验，他们或根据自己的"预感"，或按照别人的建议进行交易，他们已经意识到股市可以赚大钱，但不是靠撞大运的办法赚钱，也不是盲目跟从他人的引导赚钱。

本教程的第三类读者是经验丰富、非常成功的股市交易者和股市投资者。股市交易者和股市投资者为获取最大利润而设定操作时机。他们懂得正确评价市场技术面的重要性。

当然，也不排除个别读者，他们寻找的是一种安逸、魔术般的把戏，可以使他们毫不费劲地致富。

本教程肯定不是为最后提及的这类人编写的。没有可以开启股市利润这把锁的"魔术钥匙"。沙巴克技术预测法的创始人沙巴克先生在其多年的研究中，利用大型金融研究机构的设备，逐条检测了几百种"规则"和几百种方法——不是纸上谈兵，而是在市场实际交易中检测——他发现没有可靠的捷径可循，没有任何方法或任何规则能够代替仔细地、持续不断地运用技术分析的原则。

关于这一点（技术分析的原则），我们完全可以这样说，沿着充满希望的航线进行的研究从来没有停止过，也绝不会停止。尽管这一学科所努力试图解释的供求基本规律可能永远不会改变，但这些规律并不是静止的。今天，这一教程已经经历过"严峻考验"的充实和提炼。

因此，对于希望得到轻松答案的探求者，我们可以这样说"只要在证券市场上交易，你不仅会从本教程得到你所要求的东西，还能不断地得到你原本没有要求的东西"。

认真钻研本学科的读者不必心存忧虑。因为我们相信，每一次努力钻研都会有所获得，并且还会使你清楚地了解一种观点、一种方法，然后你就会发现它们在实际操作中是切实可行的。那些复杂并被过度夸张的理论早已经被我们废弃了，因为详尽的检测已经表明，它们所带来的实际结果与我们的实际付出是完全不吻合的。取而代之的是探索和教授，任何人在业余时间都可应用的基本原则和基本方法，并且还不需要因索取统计资料和需要咨询服务而向他人不断支付费用。

简而言之，本教程服务的对象是那些每天只能抽出一小时左右、大概只能拿出几百美元进行股市交易的普通人，同时也可以给那些全职的专业交易者提供一些有用的方法和信息。

我们力求达到的另外一个目的，就是使交易者能够独立思考。毫无疑问，无论何时，只有具备独立判断、独立操作品质的交易者才能赚取更多利益和保持股市的利润。本教程的目的就是使你学会自己发现机会，并且抓住机会，能自己确定"买什么"和"何时买"，然后充满信心地进行股市操作。

大部分智力平平的普通人，只要能够静下心来进行市场分析，并将其付诸行动，就能够在股市中获取可靠的利润，年复一年，熊市牛市均能为你所用，均能获取利润。能够做到这一点，他就不会遭受千百人蒙受的、令人难以置信的巨大损失，即使身处 1928 年至 1929 年的疯狂牛市也是一样。不仅如此，他还会发现一个有趣的事实：股票交易是这样一种无论在经济衰退期还是经济繁荣期都可以赚钱的活动，具有这种属性的东西可不多。

目　录

第六章 主要持续性结构

第一章　股票交易中的技术方法

股票走势图定义

首先，我们需要给股票走势图一个明确的定义。股票走势图，是任何一只股票或一组股票交易历史的图形记录。这是一种简单而又完美的定义，它足以涵盖各个章节将要讨论的所有走势图、图像和结构。

股票走势图可以绘制得非常简单，例如，记录一只股票在 5 年或 10 年里，每年最后一个交易日的收盘价，然后连成曲线。这种简单的图形是不具备很多含义的，然而它在理论上必须适合所下的定义。它应该是股票交易历史的图形记录，它应该是一种与股票相关的图像，并且它应该同我们所构思中的最完整的、最详尽的、最精心的股票走势图本质上仍是一致的，只是详细程度有所差别。

高级教程

为了本章节的学习，我们有必要假设读者非常熟悉股票、一般有价证券、市场交易的理论和实践，以及普通"交易记录"这个词里所包含的全部的技术资料。在此范围内，本书可以说是股票市场操作中的高级教程。在从本教程中获益之前，我们自然要建议，最好首先学习并掌握股票市场的基本原理。除了概括的介绍之外，本教程还有一个最核心的目标，就是要用简单的语言不断地强调重点，以及不厌其烦地重复，由此来保证读者能得到清晰的思路和正确的方法。如果一些聪明的学生，或者经验丰富的读者，明显感到我们是为了理解而在"全盘重复"，那我们就必须请求他们多点耐心和多点谅解。

作为这个问题的例证，我们现在要对股票走势图中所给出的介绍性定义，重新再进行一次更为详尽的检测。股票走势图：是对任何一种股票交易记录的图形表述。在研究股票走势图时，我们关注的主要就是交易——开放市场实际交易过程中，某类股票一笔又一笔的买卖记录和结果。

纯技术行为

举例来说，我们对股票背后的公司并不感兴趣。就直觉而言，我们毫不关心这家公司是制造捕鼠器、罐头、机车还是铝制牙签什么的。我们也并不追究它到底是一家工业产业、铁路运输、公用事业还是其他什么行业的公司。从技术方面来说，股票背后的公司甚至可能处于破产之中，它的工厂已经完全关闭了并且不会再生产任何产品，但是只要这家公司的股票依旧在秩序井然、管理有序的开放式的证券交易所里进行公平活跃的交易，公司的好坏就对我们绘制它的股票走势图不会产生任何一点影响。但是，读者决不应该认为这类基本面因素在交易中、分析中和预测中是完全不重要的。我们在研究某类股票和某类股票实战图的时候，这类基本面因素就应该被认真地加以考虑。我们只是声称股票走势图本身同基本面因素没有任何关系，它只是同在开放市场中的股票交易的实际记录有关。

技术分析中的基本面因素

在此类交易的记录中（股票图形），我们认为所有的基本面因素都产生了影响，都得到了评价和重视，并自动记录在了股票走势图的价格变化中。任何一只股票的交易，都是基本面因素对于股票买卖双方施加的影响而产生的结果。股票走势图是这种交易中的图形记录，因此股票走势图本身就是这类因素的综合反应：单纯从纯技术角度而言，走势图本身不需要过多地涉及基本面诸因素。

适合制图的股票

应该提及的是，由于股票走势图表述的仅仅是股票中的交易记录，可以说任何在市场上进行交易的股票都适合制作股票走势图。就这点而言，任何股票、任何明码出售的商品或任何服务都可以被绘制成走势图。但就实际目的而言，我们很快就会看到，在自由开放且活跃的市场中交易的股票，才是最有价值的研究目标，事实也的确如此。同样，按照我们的定义，一张股票走势图可以同时勾画出多只股票的走势。多种股票也可以同时包含在一张股票走势图里，这是一种组合的图形。有些走势图看起来像是一只股票的交易记录，但事实上，却是由许多股票组合而成的交易结果（这说的就是指数走势图）。这种股票组合图我们就叫作"指数"。

进一步关注股票走势图中的定义，我们就会注意到它首先是一个记录，其次才是一个图形。股票走势图最简单最易于理解的优点就在于：它随时可以呈现给读者一张几个月或几年的股票的历史图形，如果没有这张走势图，我们就需要花费几个小时甚至几周的时间去辛苦编制。

走势图的形态

因为股票走势图是股票交易历史的记录，所以股票走势图自身就包含实际交易和交易单位的构成要素。纽约证券交易所是最为散户熟悉并能让散户接受的股票交易场所。交易所里面的交易结果，通过证券行的收报机记录在全国股票经纪所里。但是由于许多实际原因，多数对股票交易感兴趣的人都不能亲自去查看每天上午10点钟到下午3点钟显示在股票经纪所里的交易记录。报纸、期刊和其他一些服务行业通过每天报道此类交易结果，就使这个问题得到了解决。因此，任何一位对股票市场感兴趣的人，只要通过阅读刊登的交易结果，每天就可以节约大约5个小时的时间。

正像报纸通过刊登每日的交易行情，从而节省了投资者的时间和精力一样，股票走势图也进一步强化了这个功能，节省了交易者每日、每周、每月、每年中的大量时间。如果一位投资者希望回顾一下过去一年的交易行情，但是又没有股票走势图作为参考，他就必须回头去查看 300 天以上的报纸记录，或者看一下自己记录的 300 多天中的交易记录。如果他利用股票走势图，就可以为他节省所有这些时间和精力。只需一眼，他就可以看到摆在自己面前过去一年里任何一种股票完整的日报行情。

作为完整记忆的走势图

即使没有节省我们的时间和精力，股票走势图也依然具有最大的优势，它有最完整的记忆功能。如果一个人愿意花费他宝贵的时间去观测过去一年里某只股票手写的或印刷的交易记录，正如上文所描述的那样，他就会面对非常大的一个困难，等他看到 10 月份的记录时，2 月份的交易情况早就忘得一干二净了。除非有超人的记忆能力，否则他就不得不在查看一个时间段时又翻阅另一个时间段中的记录，以便使自己能勾画出一个连贯的顺序和完整的分析。

但是如果他用走势图来观测这只股票，那么他的工作就简单多了。摆在他面前的就是这样一幅黑白分明、持续、准确、简洁的图形。如果没有这幅走势图，他就不得不尽力在脑海里回忆勾画出它的模糊形状。

因此，股票走势图的价值就来自于它是交易行情的图形记录。因为它是一个图形，所以股票走势图就使任何一只股票的历史行情变得易读、易解，一目了然。它的实用性使其具有了同望远镜、X 射线、电子眼和其他现代设备类似的优势；这种设备不但节省了探讨原理和细节所需要的大量时间和精力，并且还把这类精力转化成了有效的研究方法。

走势图行为——新的学科

这一思路很自然地使股票走势图具有了最实际的作用。因为它使综合协调事实的工作变得如此简单、明了、易于我们掌握，自然也就使得我们能够对图形表示的现象、交易行情的结果、形态、标准以及行为特征进行更为详尽的研究。简而言之，它产生了一种新的学科——走势图行为学。

市场走势是一种可以分析的行为，它仅仅以市场自身所产生的现象为基础，而不考虑基本面和其他的因素。事实上，技术分析也可以被看作是基本面因素的对立面。在市场分析过程中，基本面特别强调的是股票身后的公司，包括它的业务，它的前景，它过去、现在和未来的收益，它的资产负债表，它的财务状况，它的管理质量等其他各种因素。基本面因素还包括了所涉及股票的股息率、股本、收益、分配以及其他各种因素，这些因素同股票的内在价值、理论价格、预期出售价格，或其真实价值都有着直接或间接的联系。

这些基本面因素都至关重要，投资者和交易者都必须对其加以认真考虑。技术因素则可以被称为除去基本面和外在因素之后，所有同股票市场价值有关的诸方面的总和。

技术面对基本面

当进行完收益、财政能力及其他基本面因素的分析后，我们仍然感觉到有些与股票未来出售价格有关的因素仍需留待考虑。这最后需要考虑的因素就与技术市场行为有关。

意识到了其他因素的存在及其重要性，将使我们的分析工作变得简单易行。我们把技术分析定义为市场自身所产生的现象。这个市场只不过是一组买家同一组卖家竞争而已。在任何开放的市场中，如果卖家多于买家，股票的卖出多于股票的买入，那么这只股票的报价和成交价格就会理所当然地下跌。

我们不是要指出为什么出售的股票大于需求，我们的目的只是要探求一个技术性事实，即卖家多于买家。这是对我们来说非常重要的一点，因为，只要我们能确定这一点，即使所有基本面因素都支持股票上涨，股票实际还是肯定要下跌。

上述讨论构成了我们在本章开始所做陈述的基本原则，即分析股票走势图以及进行技术分析时，不需要对收益、管理、资产负债等基本面因素加以考虑。我们将会看到，基本面是技术分析研究的极为重要的补充部分，并且在很多情况下，基本面比短期的技术因素都具有更加长远的重要作用。在本章开始介绍的对股票走势图的基本定义中，我们已经意识到，走势图自身是完全忽略基本面因素的。实际上它忽略了所有因素，股票走势图仅仅只关注技术市场行为、买卖差额、股票供需差额，简而言之，它关注的是仅仅在一个自由公平市场中，实际交易自身的各种现象。

技术分析失效的原因

可能由于这种招数过于神秘，导致产生的暗示性太强，以至于我们不得不质疑，为什么在基本面走强、技术指标疲软这两种矛盾的情况下，股票价格选择的是突然性下跌呢。可能有许多产生的原因，但就像技术分析一样，反技术分析也主要产生于市场本身。可能会有一些投机者数月前买进股票并期待着基本面向有利的方向发展，当基本面出现有利状况时，投机者就会卖出股票并获取收益。也许一些有实力的专业人士或公司的管理人员吃进了太多的公司股票。也许他们意识到了基本面指标并不像消息所显示的那样强，也可能大量抛售导致股票价格的下跌。还有很多的原因可以说明，技术指标是基本面指标的对立要素。

最重要的意义就在于，当二者不一致时，总是技术指标获胜，因为它离市场更近，而开放的市场正是股票价格波动的根本因素。至少技术指标获得了短暂但极其迅速的胜利。因此，可以说技术指标对急性子的交易者和投机者来说比基本面重要得多，这些人追求的是当前价格波动所产生的利润，而不像投资者那样买进股票等待长期的收益。虽然通过股票走势图我们可以对当前的技术指标做出更好的判断，但这种技术指标却一直发生着波动，价格很容易出现几天甚至几个小时内就从强变弱的大幅度波动。实际上，在很短的时间里，大量的买盘和卖盘就会进入市场，这些买卖盘影响着技术分析，并参与了走势图的分析。事实上，技术分析一般并不是变化如此之快，一旦确定了技术指标为强势或跌势之后，我们就已经站在了游戏的前方。因为技术指标这种因素，并不是要影响昨天甚至当前的价格涨跌，它要影响的是未来的价格。

技术指标一般不会迅速地发生变化，除非是基本面受到了极大的冲击，其力量之大足以改变供需现状。在一般的市场行情中，一个强势技术指标需要经过数日、数周、数月才能够发展起来，一旦发展起来，将会有数月的强势影响期，然后再经过数日、数周、数月才能够耗尽自身的能量而转变为跌势的状态。在所有这些逐渐的变化过程中，市场利润就来自于对技术状态的正确分析之中。

技术方法概要

概括地说，仅仅了解股票的基本面状况是远远不够的，我们还必须了解股票的技术指标。短期来看，技术因素比基本数据还要重要，但是一个优秀的钓鱼者两头都要抓。基本面因素对于一般的交易者来说，的确易于掌握，但技术因素只有通过股票走势图将其转化为某种学科才可以做到简单明确。

通过股票走势图，我们就可以更深刻地了解股票市场上持久缓慢的供求力量平衡波动现象。

警告在前

下列课程中专门强调，交易者最重要的就是要具有宽阔的胸怀和保守的精神。如果我们要在开始时对股票走势图课程做一个概括介绍，那就是警告读者，一定要对表面上确定的现象多加怀疑。这听上去好像是一种令人沮丧的学习方法，但实际上是一种深谋远虑的学习方法。我们绝对相信，股票走势图在描述个股或整体市场的技术状态时是非常有价值的。我们认为股票走势图是预测未来价格趋势的最重要的、最诚信的工具。坚持不断地重复我们的观点：股票走势图是股票交易成功的绝对必要工具。

小心自以为是

正是这种对股票走势图功效的绝对信任，使我们必须做出上述警告，以制约过度的自信和过度的怀疑。当初学者开始掌握了走势图观测的基本原理，并看到自己的一些原始预测显示正确的时候，他们就会感到无比兴奋。初学者面临的最大风险就是来自对学习内容的初步认识。有了开始的几次成功后，他可能会错误地把偶然的预测当成是必然的结果，而变得过分自信进而过度参与交易。最严重的就是，他突然会发现自己陷入巨额亏损的深渊之中，从而变得优柔寡断、不信任、怀疑、痛苦、失望。

没有轻易到手的利润

在我们的档案里面和交易者的熟人里面，的确有数以千计的这类例子，他们在初次成功的激动中就会变得自以为无所不知。技术分析所带来的早期成功强化了他们的贪婪，使他们一头扎进了走势图解读和走势图交易的陷阱中，而没能充分利用自己的耐心和自制力以完成专业知识的学习。

可以肯定的是，从股票走势图和技术分析的研究中得出的所有原理都是有价值和重要的，否则它们就不会被包含其中。但是，同样可以肯定的是，没有任何一条原理是百分之百正确的。尽管遇见了一些困难，但我们已经观察到，几乎每一种结构和规则都存在着例外。此外，几乎没有任何股票走势图规则和股票交易规则可以不存在例外。只要在某种条件下和某个特定时间里，就一定会出现例外！

在走势图解读和走势图交易中，早期察觉例外情况，用直觉和潜意识对某些结构加以怀疑是很重要的；最重要的，就是要在这种例外情况出现时避免或限制投资损失。

我们尽力提出了一些达到这种合适状态的方法。在上一节中，我们分析这种状态一般来自长期的学习、经验和直觉。但最重要的则是，在这几节中，我们试图鼓励对所有的规则持有健康的怀疑态度，在有价值的重要学科面前学者般的保守和谦逊精神，以及在实际市场交易中保守的行为习惯。

刊登走势图的报纸

近几年，散户和专家对于股票走势图的兴趣大大增加，旺盛的需求导致现成股票走势图供货渠道的增加。甚至一些报纸也开始系列刊载或偶尔刊载单个的股票走势图。然而，报纸上定期出版的股票走势图一般只会局限于指数图，或领头股的走势图，要想找到你关注的某只股票的走势图，就得看运气了。

在定期刊登指数图的纽约市的日报中，我们常见到的有《纽约每日投资新闻》和《华尔街日报》。《华尔街日报》每日分别刊登下列证券的最新指数：30 种铁路股票指数、30 种工业股票指数、20 种公用事业股票指数、40 种债券指数。《华尔街日报》是阅读现成走势图的最有价值的出版物。

《纽约每日投资新闻》刊登的 90 种著名股票长期日指数图，其中多数图都附有纽约证券交易所的日成交量。

《纽约先驱论坛报》每天上午都刊登 100 种自选优质股票的前一日收盘价的走势图。《纽约时报》每天上午刊登 50 种时报股走势图。《纽约太阳报》是一家晚报，它在最后一版里刊登自己选出的 50 只股票的指数图。多数具有稳健风格的大城市报纸都时常刊登各种金融、商业趋势和股票走势图。

刊登走势图的杂志

杂志在紧跟散户对股票走势的兴趣上显得动作缓慢，但仍有许多杂志刊登大盘指数图。《华尔街杂志》是其中一家最著名的半月刊，它不仅刊登 295 种普通股票的指数图，还刊登了其他各种金融走势图。《福布斯杂志》定期刊登《纽约时报》和《编年史》，并每周发布长期的走势图，这个走势图展示了《纽约时报》三个系列的股票四到五年的走势，这三组股票包括 25 种工业股、25 种铁路股和 50 种工业和铁路股，它们被混合编入一个单独指数。

《编年史》是由《纽约时报》出版的周刊，登载同类股票的短期指数，同时也刊载一些令人感兴趣的比较走势图，显示所有重要的工业股票的分类走势。《巴伦周刊》是由道琼斯公司出版的周刊，登载同该公司出版的《华尔街日报》基本相同的股票走势图。

《纽约证券交易所报告》每月出版一期并免费函索邮寄，刊载金融和股票趋势图，同时也登载大量有价值的统计资料。

销售日线图的服务商

指数走势图对于评价大盘的走势是非常有用的，但是对于一位希望在走势图分析方面取得成绩的交易者来说，手中必须有单个股票的走势图，因为它们是股票走势图这个学科的基础部分。

1919 年建立，现坐落在纽约市第 11 大道上的走势图销售统计公司，是制作并销售现成股票走势图的先驱及最有名的出版商。这家公司提供纽约证券交易所里所有股票的最新日线走势图和周线走势图，包括 1926 年以来所有日交易记录、注册上市日以及 1929 年以来的周交易记录。

这家公司自 1924 年开始定期用活页方式出版了超过 500 种日线走势图、周线走势图、月线走势图的"优秀组合"，其中包括 100 种活跃股票和知名的大盘指数。对于不想研究太多股票的交易者来说，可以买一套类似的记录，它分为两组走势图，各包含 50 只活跃股票。

尽管日线走势图、周线走势图、月线走势图的整体观测是技术分析中最有价值的工具，但按照自己的意愿，你可以在各含 50 只股票的两组标准数据中分别查到日、周、月的独立走势图。走势图销售统计公司也在设计某种构架，以便客户定购不同规格、不同种类和不同时间的证券及商品的走势图。

现成的走势图

尽管个人用户对现成走势图的需求近些年来有所增加，但服务商仍旧觉得银行、经纪公司和其他金融机构才是最大的定购者。我们当然不反对研究股票走势图的研究人员去定购这类服务，但事实上，我们曾提出过，着手设计自己的股票走势图，才是最快速、最简单易行、最可靠的办法。

这些现成的走势图可以使交易者获得一个良好的开端，因为这些走势图提供了一个过去走势的背景资料，这种背景对研究变化中的图形非常必要。然而我们还是要建议交易者自己动手绘制走势图。如果认为购买现成走势图比自己每天绘制走势图能够关注到更多的股票，也可以继续购买现成的走势图。但是过分依赖现成走势图，将会使我们对本学科的认识停留在表面阶段，因为这种方法太过简单。听起来，购买这种服务似乎像是在危害我们的进步，这样说并不完全正确，但我们的陈述理由的确是正确的。

自己制作走势图的好处

从纯心理学角度来看，一个定期购买现成走势图的交易者，对于走势图的重视程度必定远远低于那些每天自己制作走势图的交易者。除非交易者本身具有非凡的智慧和对目标追求的决心和专一性，否则那些购买走势图的交易者就会觉得反正从早到晚时间都很紧张，只好不假思索地将其浏览一下或束之高阁。交易者可能会自我允诺第二天再认真学习，可第二天还是没能学习。第一天失去了兴趣，第二天则更加悠闲。

自己制作走势图的人却具有完全不同的心理状态。他也许会因为其他事情耽误了一天的走势图制作，但他很快就会感觉到自己已经很难再补上这一天了。他更愿意每天都把股票数据记入走势图，并把这作为一种定期制度和生活习惯。

近距离接触图形

除了这些心理因素之外，坚持自己制作走势图还有很多其他实际作用。这种作用来自每天不断地接触这些图形。把现成图形拿到面前的人极有可能仅仅略读了一下自己感兴趣的一小部分，而没能注意到其余部分所发出的关键的获利信号，从而导致自己蒙受损失。

自己制作图形的交易者则不会如此。不管自己是否对这些股票感兴趣，他每天都必须一丝不苟地，并花费大量的时间制作每一张走势图。通过这种被迫的，但却可靠的同每一种股票的近距离接触，自己制作图形的交易者极有可能让自己的研究兴趣和关注点覆盖各种不同的股票。因为随着时间的推移，每一种股票都可能会发展为明显有利可图的形态。

必要的走势图数量

制作走势图的第一步，就是确保有足够的走势图数量，以及构成自选系列的证券名称。对于初学者来说，因为他们还不能确定是否会投入大量时间和精力进行走势图研究，所以选择 15 到 20 个走势图作为临时试验也就足够了。对于那些很清楚自己会投入多大兴趣进行图形研究和技术分析的交易者来说，列出 50 到 100 个股票图形也不为多。

几个月之后，当不断更新系列走势图的事情已经成为日常工作，交易者将会惊奇地看到自己所取得的进步。一旦熟练之后，不到 45 秒钟他就可以完成一幅走势图，填完 10 幅走势图的日交易走势只需 8 分钟、50 幅需要 40 分钟、100 幅需要 80 分钟。如果他很幸运地有一位夫人，或一位秘书，再或是一位热心人给他宣读每天报纸上的有关数据，所需时间将会减少一半以上。

挑选股票

在挑选需要制图的股票时，个人的兴趣自然会起一定的作用，交易者的爱好也会包含在其中。然而，在其他因素都相同的情况下，市场上最活跃、最重要的领头股显然更加适合用于图形的研究，因为它们较为活跃，且通常在一个更为标准的形态里波动，它们很可能表现出了"华尔街"的意愿，也总是清晰地展示出大盘波动的趋势。

选择那些已经发行了相当数量的股票也是非常明智的。这有利于增加散户的兴趣，有利于市场的成熟，有利于更高的活跃度，也会使技术图形更加清晰。

只要利用每天的一个固定时间段来勾画自己的走势图，就完全可以取得极大的收获，最好在上午开市之前或晚上闭市之后。通常晚上更好一些，因为那时会有更多的时间，让交易者能从容地研究各种结构、决定合适的计划，如果交易活跃还可以把订单寄给经纪人。

不管确定哪个时间，要想成功，最重要的就是坚持，并形成规律。有许多的例子可以证明，人们是可以挤出时间制作走势图的，并且只要这种规律不改变就有希望成功。

画图用纸

开始走势图组合的下一步就是要获取必要的用纸。对此，每个人的喜好有很大的不同。许多学习走势图的交易者都有自己喜欢的纸张种类，甚至造纸公司，他们只用这一种，其他的完全不入法眼。多数专家、服务机构、制图人员都使用活页纸夹，纸的尺寸为 24″×12″，但是一般人会感到小一些的纸夹更为合适，比如 $8\frac{1}{2}$″×11″。

一般一些小型纸夹比大尺寸纸夹有很多优势，它占用的空间小，浪费的空白部分少，更容易放置在公文包里，更易于从文件夹里取出以便进行处理和使用。

大尺寸用纸的主要优点就是不需要经常更换新纸页，不仅如此，对那些使用较快的短页纸而言，它还有别的优势。使用大尺寸的纸张，价格标线可以在纸面上上下波动，时间走完时股票价格范围也不会超出这张纸。同样，可以在更小的纸上使用较大的价格标线，以勾画出更明显的技术变化走势。

无论是使用大尺寸纸张还是小尺寸纸张，都应该强调纸张的合理选用。其实这只是一件次要的事情，一旦读者习惯了使用某种纸张并习惯了阅读自己的走势图，任何类型的用纸都会带来令人满意的效果。

坐标尺

我们制作走势图时，对走势图用纸的唯一要求，就是它必须具有垂直和水平线，一般叫作坐标纸。只要不到看不清坐标的地步，同一方向上的线条数越多效果越好。有些类型的坐标纸，每一天都会有一条标注日期的垂直线。这样就很容易看清每一个交易日，但有时又会使走势图变形，因此，就需要我们把股票市场上停止交易的固定假日和特殊假日留出空格。

一般标准空白的坐标纸，一英寸内包括有 20 条垂直和水平的划线或"网线"，这类用纸在多数大型文具店、办公用品店里都可以买到，并且一般可以满足全部制图目的。在工作中，我们觉得柯佛尔—埃塞公司的第358-17 号坐标纸是债券制图用纸中最实用的一种，其规格为标准的 $8\frac{1}{2}''\times11''$ 四眼活页夹；这张图的水平标尺可以分为六等分，各代表每个正常交易周的 6 个交易日；垂直标尺分为八等分，每一分相当于交易中每个价格点位的八分之一。这家公司的 358-17L 号坐标纸具有同样的刻度，但规格为 $11''\times16\frac{1}{2}''$。柯佛尔—埃塞公司还印制许多其他种类的走势图用纸和活页夹，大家如果喜欢并且觉得好用，可以直接从该公司购买；该公司的坐标纸目录中就有这种产品的广告，可以向他们开设在纽约和芝加哥的商店或新泽西的总部函索。

诺伍德·麦斯善本公司也印制各种不同型号和规格的坐标纸，这些都已经成了股票制图的专业用纸。

制定标尺比例

获得合适的坐标纸并确定了需要制图的股票之后，就要定制制图比例了。图纸上的水平线可用来测量价格和量能，这些指标的实际数值将显示在垂直线上，最好放在图纸的左边。价格比例会由于许多因素而改变，主要取决于图纸的规格及划线，还取决于股票价格波动的范围。举例而言，如果使用一张高 10 英寸的坐标纸，每英寸内有 20 条交叉网线，我们就会看到每个第 20 条线都是用粗体印刷的标志线。对在 100 点位之内交易的股票来说，垂直标尺上的每条粗体线，即每英寸里的所有第 20 条线都代表股票的 5 个完整价位点。据此，每条线就可以代表一个价位的四分之一，而更小的八分之一价位就由两条线的中间位置表示。

当开始绘制一张新的走势图时，最好回头浏览一下过去一年里的价格波动范围，取一个平均价位，比如说 65 美元，作为页面中间位置垂直标尺上显示的粗体水平线价格标志。此价位之上的下一条粗体线，即下一个第 20 条线的价位就是 70 美元；在 65 美元价位之下的则是 60 美元，依此类推，直到垂直标尺充满本页。

如果股票的平均价格范围较大，并且波动幅度又很宽，则适宜使用大的价格标尺。每条粗体线可以代表 10 个价位点甚至 20 个或者更多的价位点，使纸面上的每条水平线分别表示半点或一点。在这种情况下就很难绘制出一个价位点之下的小数部分了，但是在价格波动很大的时候，如此精确的价位也没有那么必要了。

同样的原理也适用于使用特殊股票走势图用纸，比如 K. & E. 358－17 型纸。对多数平均股价范围内的股票而言，垂直坐标尺上的每条粗体线（第 8 条线）都代表一个价位，每条普通线则代表八分之一价位。对于那些波动范围宽、价格高的股票，比如美国罐头、AT&T 等公司，每条粗体线就可能代表两个价位点，而细线则代表四分之一价位点；对于价格非常低、波动范围又窄的股票而言，一条粗体线可能仅代表半个价位点。

绘制价格数据

我们在设置完左侧页边的价格标尺之后，标注价格就很简单了。每天的报刊都为我们提供了最高价、最低价、收盘价、成交量等必要数据。我们只需要在图纸上标出最高及最低价，用一条垂直线把这两个价位连接起来就成为日内的价格范围。收盘价是一张完整日线图的最重要的组成部分，它由细短水平线表示，沿垂直线横向延伸，直到走完。

当然，如果需要，也可以把开盘价和收盘价都标上，但我们认为收盘价更有实际意义。开盘价很少同前日收盘价有很大的变化（当然，只是说很少，并不是说没有），它们也远不如收盘价那样重要。

此外，我们认为不绘制开盘价的好处还是大于坏处，比如避免了太多的数据所导致的图形杂乱无章。如果开盘价和收盘价都要绘制，开盘价就用水平线标在日线的左侧，收盘价标在右侧。

成交量

成交量是股票日线图的另一个重要数据，它可以用垂直线标出，有点像画在固定底线位置的价格线。我们可以取图形上边或下边的任何一条水平粗线，将其定为零，并标在左边的垂直标尺上；这个标志需要足够高或足够低，并且不要妨碍价格走势图。如果股票成交量通常较低，就把零线上方的各条粗线定为20000股，用以表示该股票的日成交量。如果股票成交量通常较高，或有可能较高，就把各条粗线定为100000股。在价格走势的垂直坐标线上绘制出同一天的垂直量能线，将其从零线位置向上延伸，直到日内交易总量的位置。

如果可以把量能标尺放在图形的底部，就更令人满意了。这就需要把价格标尺放高些，以使成交量较高时也不会碰到价格线。在成交量放大的交易日里这种情况就有可能会出现，绘图者就需要把它们定在可行的位置，并用圆点标在成交量线的顶部以表示准确的成交量标尺被中断了，然后在圆点线上方用小字体写上实际总成交量。这种写法如果持续几天，页面就会混乱不堪了，所以只应该写入千位整数，并且字体越小越好。

改变量能走势线

如果股票价格下降了几个月，掉到了走势图的下边并且影响了底部正常的量能线，一个可行的办法就是把整个量能线提起来，把它从走势图的下边提到顶部，使曲线出现在价格波动线的上方而不再是下方。

当然，这样就会打断走势图上量能走势的连贯性，但研究人员在自己绘制图表时完全可以采取这种办法，不要为了避免价格标尺同量能线发生冲突而在关键价位上中断旧图另开新页。这是一种紧急波动方式，仅仅应用在反常的价格活跃期和快速波动期。

这种波动不会削弱图形的功效，因为我们把下边第一部分的量能线同随后改变到上边去的量能线进行比对是很容易的事情。当我们把量能线改变到走势图的顶部时，也同时要注意把零线即基线放得不要过高，以免此线走高时冲出上边缘。

时间标尺

走势图底部的标尺是日期刻度，它标志着走势图在时间上的进程。很简单，每条垂直线就代表一个交易日。我们在开始绘制新的股票走势图时，就需要对价格和量能准确地标出首日日期。在实际的走势图纸上，垂直线都靠得太紧，如果要写下每个连续的日期，势必会造成互相干扰。读者可以制订自己的方法，比如可以仅在周六或周一登入日期；只要在整个走势图运行过程中保持有规律的时间间隔就可以。

时间标尺中的空当

由于纽约证券交易所休假，许多的股票走势图都会跳过某日的垂直线，甚至周日也无例外，但我们非常不赞成这种做法。从实际和理论两方面来看，不管什么原因，忽略纽约证券交易所闭市日的图形都是很有道理的。当然，如果闭市很长时间则另当别论，比如1914年世界大战初期及1933年3月银行业休假。只要股票或大盘没有公开交易，就在应该出现价格和量能记录的地方留下了空白的垂直线，这样会使图形看起来怪怪的。如果我们留下了这类空白线，它往往会搅乱真实的交易记录图形，而这些图形是观察走势图和分析技术走势的基础。

为了将上述概念表述清楚，假设纽约证券交易所由于某种原因，决定在某周二和周三暂停交易。在这种情况下，走势图上就不应该留下任何的空白垂直线，周四的价格走势应该紧跟着周一的垂直线绘制。

按照正常的次序而言，周一的交易图形总是要紧跟在周六图形的后边，中间不要留出周日的空白线。这种理论对于年度坐标图纸而言是一种极大的障碍，因为在这种图纸上整个年度的每一天都有一条标明日期的线。当然这种障碍同样也存在于时间刻度为每周六等分的走势图之中，但这类走势图至少可以忽略周日一天。

另一方面，当证券交易所正常开市，而某只需要绘制图形的股票却停牌时，留下空白线就是合理的了。这种空白线完全就是另外一回事了，因为在这种情况下存在着大量的成交机会，没有交易的事实是整个交易记录的一个组成部分，所以应该被包含在图形之中。

如果出现这种情况，我们可以采取一种非常简单的办法，就是把垂直线留为空白，但要在量能指标底线略低一点的地方插入一个小 x 或 o，以此表示该日已被记录在走势图上但成交量为零。有些绘制者遇见这种情况时，就用带点的垂直线绘在价格标尺上来表示收盘的买价和卖价，但我们认为这么做除了使走势图更加混乱之外，没什么好处。

绘制除息图形

还有一些办法可以用来表示特殊的变化，这些变化都应该是股票交易记录的组成部分。当一只股票除息时，走势图上如果没有标志显然是不合理的，而且会引起混乱。出现这种情况时，就要在价格图线的正上方标出一个小 x，用来表示该日为除息日。当一只股票除权或除息时，可以使用 XR 或 XS 予以表示。

关于基本面的有用标注

许多交易者感到在走势图页边标出相关股票的重大基本面波动情况极为有用。把最新的变化说明列在每份走势图的正面，这些数据就会每天自动出现在交易者面前，当这些基本面的技术意义变得重要时，也不需要每次都重新收集这些信息。

最有用的基本面信息包括：公司收益、股息率、股息日、股本、已发行股票数、长期债务、大银行或 RFC 的贷款、拖欠股息、流动资产和负债率等等。

一旦从过去的交易记录中确定阻力位和支撑位，我们就可以在价格标尺上进行核查，你可以使用自己的符号来标注不断变化的重要位置。同样，你也可以加一些有利消息的简短说明，只是不要把现在及将来的技术图形变混乱。

换用新的图纸

一张图纸用尽后，就要准备一张新的图纸并配上合适的坐标尺。除非原来的坐标尺已经完全不适合现在的状况，否则，在换用一张新图纸时，最重要的就是不要改变原来的标尺规格，因为改变标尺规格就要改变走势图的各个方面，并会极大地降低同旧图有关的图形价值。

改变左手页边价格标尺的上下位置，而不改变标尺本身规格的做法不但是允许的，并且是推荐用的。比如，前一张图纸上最低的水平线标定为价格 40 美元，当该股票价格在本图纸末端已经上涨到 46 美元，下一张图纸上的价格标尺就应该降低以使最低水平线位置为 20 美元，而不再是 40 美元。这种办法自动地提高了新图纸上的价格线，从而使走势图靠近图纸的中间位置。这个位置不但便于我们的观察，同时还不容易在随后的价格波动中掉出图纸底边。在价格快速上扬过程中，价格线很快靠近图纸上端，情况也是如此。

绘图者总是希望，价格范围上下波动过快以至于还没有把图纸用完就已经超出了图纸的上下端这种情况少发生一些。一旦发生这种情况，我们就需要换一张新图纸，并把价格标尺上下移动，以使价格线再次靠近图纸的中间。前一张图纸就要在最后一条垂直线处中断，以便在需要重新绘制起点时可以同下一张图纸连接起来。

有时候你会发现，股票价格很快就超出了图纸，可能是从上边也可能是从下边，其原因就在于所制定的价格标尺太大了。当这种问题变得比较突出时，你没有别的办法，只有换一张新的图纸并配上小些的价格标尺，即用更小的垂直标尺间距来对应一个完整的价位。此外，我们如果要比较两张价格标尺不相同的走势图，也是很费劲的，通常只能按照修改后的标尺重新绘制第一张走势图。这种情况并不常发生，你也很快就可以学会，按照股票通常的价格范围和波动特性制订价格标尺是最恰当的方法。对于同一只股票所绘制的所有走势图，都要在每页的顶部清晰地标上页码。股票名称、装订符号都要仔细地放置在每张图纸最明显的位置，以备查看。

虽然绘制走势图可以使用钢笔，但我们感到使用铅笔更方便快捷，效果更好，推荐使用可以绘出粗黑体字的 2 号或中号软笔。趋势线、形态线，凡是不属于图形自身组成部分的其他注解都会经常进行修改，应该使用浅色笔以方便涂抹，我们推荐将 3 号笔削尖使用。

必要的时间范围

要想这些图能够在研究结构和技术分析中起到实际作用，股票日线图必须至少连续绘制几周，最好是几个月。持续的时间越长，图形记录就越完整，在实际研究和分析中就越有价值、越令人满意。

尽管丈量最近的小幅波动日线图是必要的，但是如果考虑的是短期或者中期的趋势，我们也可以选择周线图、月线图，甚至年线图。请看下列美国罐头公司的日线图、周线图和月线图（图1-1，图1-2、图1-3），以便更好地理解本课内容。

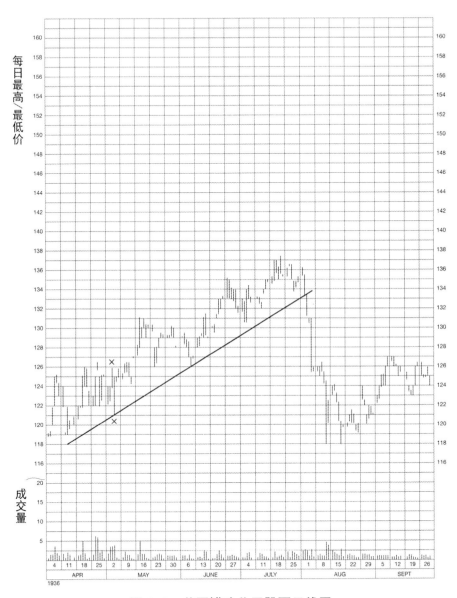

图 1-1　美国罐头公司股票日线图

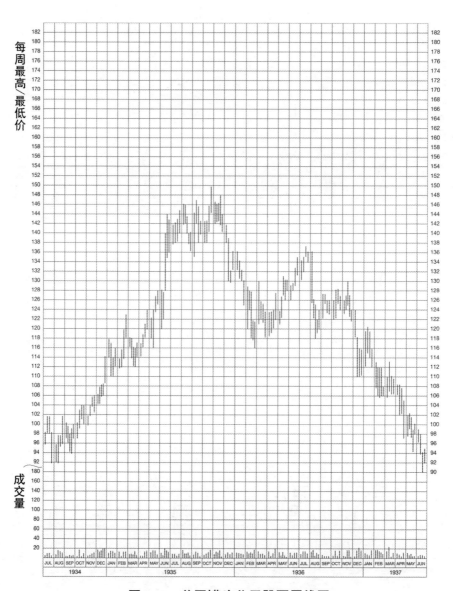

图1-2　美国罐头公司股票周线图

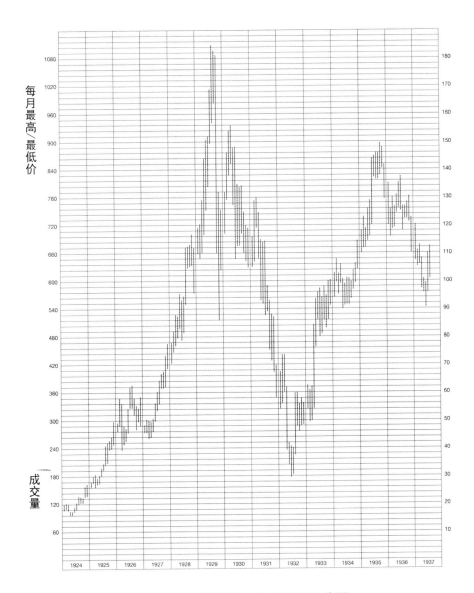

图 1-3　美国罐头公司股票月线图

周线图需要录入的资料更少，而且还可以提供更简洁的记录，但它们不能给出日线图所具有的那种即时波动图形。周线图的价值在于两个方面：一是帮助交易者提高快速判定长期趋势的能力，二是帮助交易者提高确认可能出现大笔买盘和卖盘交易区域的能力。

月线图提供了以年度为周期的长期牛市或熊市价格变化的压缩图形，它同时还展示了上述大趋势的重要反转走势。尽管月线图在短期内作用有限，但的确可以提供长期有益的观测。在所有这些走势图里，我们相信日线图和周线图对于学习技术分析的交易者是最有帮助的工具。

到目前为止，我们一直在谈论用于单个股票的走势图，但我们已经看到，走势图还可以用于成组的股票，也可以用于整个股票市场，事实上它适用于一个自由开放市场上按波动价格成交的所有商品。

股票价格波动

在一天又一天、一月又一月、一年又一年的价格记录过程中，我们明确地看到了同时发生的三种价格波动。它们分别是牛市和熊市里面幅度较大的波动，即发生在大幅度振动之中的中级下跌及反弹波动，以及一天内、偶尔是一周内的构成中级趋势的小幅波动。

大幅波动

这类波动是牛市和熊市中长期的价格走势，可以持续几年之久，是资金雄厚又有耐心的长期投资者所关注的收益焦点。这种趋势极少改变运动方向，看上去和商业周期联系紧密。很明显，它们受经济政策等基本面影响较大，而较少受到本书所关注的供需因素影响。

道琼斯工业平均指数走势图（本书开篇插图）绘制了 1897 年至 1937 年 8 月的 13 个牛熊市中的大幅波动，包括了 6 个已完成的循环周期和到写作本书为止仍未完成的第 7 个循环。请读者注意成交量锐减阶段，市场此时会习惯性地升高股价而引发牛市；还要注意成交量极度放大，但没有相应的价格上涨所发出的警告，这个警告表示上涨进入了末端。还要留意熊市是如何随着成交量激增和价格波动而从牛市的峰顶开始出现的，以及接踵而来的价格下跌，直跌到股票抛售压力反弹正常并重新引发新一轮牛市。

请关注一下 1924 年到 1929 年大牛市之前的长期底部，随后发生并延续到 1932 年的惨烈熊市，以及近期的牛市再现。这张走势图清晰地展示了站在市场前沿是绝对必要的，并告诫人们逃离股票市场是最愚蠢的做法。

中级波动

在每次大牛市和大熊市中，都存在着多次幅度略小的振动——中级投机波动——通常一年时间里会发生多次。这给技术型投资者提供了极大的获利机会，就总体而言，要比介入整个大幅波动的长期投资者获利丰厚得多。

中级波动中的价格特征和量能作用，同大幅波动中我们所注意到的情况极为相似，这些中级波动也正是大幅波动的组成部分。然而，由于频繁的逆转、较短的周期以及中级价格波动的范围等原因，一个人要想连续获利就必须使用比判断长期大趋势更加准确的预测方法。只有完全地理解和熟练地运用技术分析的规则才能获取最大的回报。

小幅波动

所有构成中级波动的短期波动都可以归类为小幅走势或直接叫波动——大约就是一周、一天、一小时、一分钟的波动。然而，只有那些性情敏捷和专业熟练的人，才能够从如此窄幅的波动中不断获利。交易佣金和资本利得税同小幅波动可能产生的有限利润很不相称，并且丝毫不能给无经验的投资者所受到的精神折磨和资金风险带来回报。但是，价格的小幅波动具有技术分析的实际意义，这种变化对于处在不确定区域的价格波动方向给出了早期提示，标示了中级振动的开始，还对市场交易者的操作时间给出了有用的指导。

月线图中显示的主趋势

上文所述价格波动的三种分类，可以在美国罐头公司股票的日线图、周线图和月线图中看到（图 1-1、图 1-2、图 1-3）。月线图（图 1-3）包含了 1924 年到 1937 年的中期走势，它描绘了 1924 年到 1929 年末的大幅上扬或叫大牛市，描绘了 1929 年末到 1932 年中期的大幅下跌或叫大熊市，接着又描绘了 1932 年中到 1935 年末的另一次大牛市。1935 年末到 1937 年中的下跌可以被看作一次大熊市，也可以被看作是对 1932 年开始的大牛市的一次中期回调。正如所述，只有在未来才能说这到底是一个反转还是一个反弹，因为一个新的长期趋势中的价格首次波动常常很难与前一个长期趋势中的中级反转相区别。然而从实际交易者的观点来看，到底是反弹还是反转并不重要。如果他学会了辨认中期反转点，如果他能够在中期上扬走势开始时买入又在逆转为中期下跌走势时卖出，他就会稳获收益而不用管长期趋势如何。

周线图中显示的中期趋势

图 1-2 展示了美国罐头公司自 1934 年 7 月到 1937 年 6 月每周的价格波动范围。在此期间共出现 6 次中期行情——1934 年 6 月到 1935 年 10 月的上扬，再到 1936 年 2 月的下跌，再到 1936 年 7 月的上扬，再到 1936 年 8 月的下跌，再到 1936 年 11 月的上扬，最后到 1937 年 6 月的下跌。每次的价格波动都给了聪明的交易者一次收获的机会（1936 年 8 月到 11 月的有限上涨除外）。

中期行情的预测，比如美国罐头公司周线图中的图形，将是要在本书中主要学习的内容，因为它们给我们带来了最稳妥最可靠的投资收益。但是，为了预测这种变化，我们必须追踪并了解在中期趋势演变过程中上下波动的小幅价格波动，为了研究这些小幅波动，我们还必须转而学习日线图。

小幅波动研究的重要性

图 1-1 显示了从 1936 年 4 月到 9 月美国罐头公司股票的每日价格和量能走势。将其同周线图比较之后，我们看到它包含了从 2 月份开始的中期上扬走势的后半部分，8 月份出现的回调部分（同确定的主趋势方向相反的中期行情一般叫作回调），以及 1936 年 11 月一开始的中期上扬的开始部分。从这 6 个月的价格日线图中，我们可以看到至少 20 次小幅波动，每次都持续几天或几周。我们将会看到，小幅波动一般范围有限（以百分比计算）、速度太快，以至于我们很难进行获利交易。然而它们有利于构建基础和形态，也可以发出信号，使我们觉察出美国罐头公司股票可能会形成新的中期波动行情。

在后面的章节中，会专门分析和解释小幅波动是如何在中期和长期波动中显示变化的。我们目前需要集中关注的就是股票价格在三类趋势中的普遍一般波动特性，以及小幅波动是最重要的这样一个事实，因为在小幅波动中的变化预报了可以给我们带来利润的中期趋势的变化。

从广泛意义上而言，技术分析实际上就是对股票价格习惯性波动和量能行为进行的研究，以及对习惯性变化所包含的意义的研究，或者对违反当前习惯和趋势的研究。这种习惯行为及其变化是很容易通过走势图得以察觉、研究和解释的。事实上，没有完整走势图的帮助，要完全理解并分析它们是极为困难的。这就是为什么本书的讲解是以走势图的使用为基础的，并不是因为走势图本身有什么魔力，而是由于走势图可以使我们更加轻松地正确分析股票的技术面并预测可能的价格趋势。

第二章　重要反转结构

走势图优势概要

当我们在第一章解释交易记录和技术分析时，曾评论了股票走势图的优势，这些优势同摘录报纸中的数字进行单调的研究相比，会显得格外突出。我们认为，股票走势图不仅仅节省时间，还可以提供完整的记忆，并通过交易记录的协调配合，使图形记录变得如此简单，可以引导我们深入地研究技术分析这门学科。关于这种技术分析，我们注意到，它是由同基本面毫无关系的一些因素组成的，这些因素同全面研究并预测未来价格波动有明显的关系，特别同市场交易本身所产生的条件有关。

当我们熟悉了股票走势图后，将会发现自己可以辨认特殊的图形和形态，这时如果我们想要成为本学科的大师，并从自己的分析中获得丰厚的收益，最重要的就是不要完全忽略构成图形和形态的基本面状况。

基本面状况就存在于股票市场实际交易之中，股票市场实际交易就是数千人投资行为的结果。这种投资行为分别基于他们自己的希望、担心、期待、知识（或知识欠缺）、需求和计划。如果我们忽略了股票走势图中人的因素是非常危险的，我们必须提防这种危险。既然人的因素是基础，一开始就将其纳入基础研究的范围则是明智的。

散户投资者与专业投资者

大体上来说，有两类股票市场交易者对价格起着重要的影响，即散户和专业人士。这二者数量都相当大，都是一种总称；二者也没有包含一切参与股票交易的人和机构，但都适合于我们的讲解。

交易中所说的散户，是由全世界的一个个投资者组成的，他们在开放的市场上为了投资或投机买卖股票，他们的买卖很随意、业余，数量也很小。

交易要素中的专业人士是由个体、组织或协会组成，他们是专业人员，他们买卖股票是为了大笔的专业投资赢利。

从此定义出发，理解专业人士在市场活动中总是比散户能获得更多的成功就不困难了。就数量而言，他们是少数，但他们有很好的组织和训练。他们的潜在资本可能比散户投资者潜在资本的总量小得多，但他们的资本在用途上却起着百倍的作用，原因就在于他们有专业的组织，投资活动受到专业的指导，他们在具有明确目的的契约和特殊的管理下发挥着最大的作用。

这个契约和强大的专业组织的明确目的，就是专门升高或压低某只股票、某类股票或整个市场的价格，它的最终目的就是为专业组织赢利。他们有两种方式可以完成此目的，可以先从散户手里买到股票再以更高的价格将其卖回散户手里，或者向散户卖出股票再以低价买回股票。

为什么散户投资者总是失败

如果专业人士能够定期完成上述操作，那么理所当然，在他们获利时，相对的散户就会赔钱。换句话说，散户投资者就是牺牲品。许多权威人士和股票市场评论家反对这种不加掩饰的笼统陈述。他们从过去就一直这样反对，但是事实一再证明我们的观点，所以，我们还是坚持自己的论点。

当考虑到专业人士是从专家角度进行交易时，我们便要进一步坚持自己的观点。这是他们谋生的手艺。他们必须获得丰厚可观的利润，否则将不能在本行业生存。不成功便成仁，失败者退出这个圈子，成功者留下形成新的团队，继续为可观的利润向散户买卖股票，维持自己的生活。

虽然我们确信这是一种理论上的事实，但我们不能叫读者对此情况采取认命的态度。这是我们本讲的目的所在。首先，专业人士不可能总是获得利润，他们也会犯错误，并且他们处于少数。其次，散户投资者也不会总是失败。第三点，我们的陈述是一种概括性状态，即专业人士获利而散户赔钱。但很多情况下都是双方均可获利。

最后，我们在上文对专业人士和散户投资者所做的定义也必然是一种概括性定义。二者之间本没有一个可以清楚划分的界线。在克奥库克经营杂货店的一位先生，可以在理论上令人信服地将自己排在专业人士之列，因为他具有非凡的能力可以获得同专业人士几乎一样可观的收益；但严格而言，在定义上他还不能算作专业人士。如果他完全消化了本章和其他章节成功进行股票市场交易的内容，他是一个模范学生，他就可以比其他散户投资者获得更大的股票收益。

如何成为专业投资者

我们需要意识到，上述两类交易者都可以从阅读本书中获益。但本书的作用是要帮助散户投资者中那些有抱负的交易者获得真正专业人士的能力、技术和利润。

我们有两种达此目的的办法。第一就是按照专业人士的兴趣研究各种情况并进行分析，这些专业人士必定都是技术分析的专业人员；第二就是探索专业人士在市场上的所作所为，并跟着他走。

第一种方法是分析散户交易要素未来的操作方式，第二种方法是分析专业要素未来的操作方式。市场上的技术型交易者好像处于两类人士中间，并有望胜于二者。

在很多情况下，都不可能分清某种技术信号是由散户投资者造成的还是由专业投资者造成的，一般也没有必要加以区分。举例来说，如果走势图显示有超过卖盘很多的大笔买盘将要进入某只股票，我们没必要担忧这些买盘是来自散户还是来自专业人士。如果买盘来自专业人士则更加证明我们的理念是正确的；最重要的在于买盘就要来临，必须将其作为分析中的主要预测要素加以考虑。

虽然散户的买卖力量对技术走势具有决定性作用，但我们必须意识到，最强和最重要的迹象来自有组织的买卖力量，它们是专业机构的交易。我们必须记住，这两类投资者过去、现在和将来的投资活动，但我们将看到的是，专业人士和机构的活动可以带来最可靠的指导，如果幸运的话，我们还会经常得到他们的指导（如果我们可以辨认的话）。

专业组织

在过去，专业投资组织里边最重要最著名的就是"集合基金"。我们不会不厌其烦地告诉读者什么是集合基金，它是如何操盘的，因为这种老式的集合基金已经被证券交易委员会认作是非法的。然而，事实是专业组织依旧在市场中运作，并且创建着同样的投机局面。我们可以将专业组织定义为：为了一只股票或一类股票而集合在一起操盘的投资机构。这种操盘是一种具有完整周期的工程项目，依次由四部分组成——吸筹、抬价、派发、压价。

牛市中的专业组织需要吸筹、抬价、派发，熊市中的专业组织就要派发、压价、吸筹。前者获利的方式是从散户手里买入股票，推高市场价格，再向散户卖出股票；后者是向散户卖出股票，压低市价，再从散户手里买回股票。

当然，散户绝不会是相同的一批人，但他们的确是相同的一类人。此外，我们并没有认为在牛市中专业组织在欺诈性地及不公平地升高和压低他们手里的股票。相反，如果这个组织分析正确，股票就一定会自动沿着这一方向波动。通过观察定期循环的形态和它们产生的结果，股票走势图帮助我们了解了专业投资者的操作并使我们站在了市场正确的一面。

观察被专业操控的走势图

股票走势图是经常给我们提供交易记录的图形，但它并不总是易于理解的图形。事实上，可以明确作为预测指导的结构（形态）极少出现，但它们一旦出现就会显得非常重要，它们的重要之处就在于，走势图阅读科学就是用来研究某种标准图形的，这种标准图形就是通过自身的连续出现，和随之而来的与其一致的价格波动，来帮助我们预测未来的价格走势。

我们在观察这种连续出现的形态和图形的习惯特征之后，就可以给它们确定一些技术名称。我们会看到一些预测价格走势反转的图形，或其他一些代表价格走势不变（持续下去）的图形。按照同过去走势有关的相对位置，我们就可以断定它们预示的是吸筹、抬价还是压价，随后我们就可以采取相应的行动，充分利用有保证的未来走势进行实际交易。

一些图形可以被相当合理地进行解释，另一些图形则产生于总是使用相同操作策略并钟情某类股票的投资者。后一种形态则几乎不能被解释，它们可能产生于一些不确定或难以理解的原因。但是，如果我们发现这些形态在预测未来价格走势中有价值，我们也不必过分关注这些形态是如何产生的及随后的习惯性变化。对于实际交易来说，确认了形态和了解了它后续的走势是什么样的就足够了。

形态的形成

下列章节中，我们尽可能地提供了本范围内重要的形态、规则和实战的完整图形。然而，我们观测走势图绝不仅仅是记忆形态、图形和联想，然后预测结果那样简单。一般的股票图形是无数不同形态的组合体，对其准确的分析依赖于持久的研究，在技术面和基本面的关键位置长期吸筹的经验和知识；最重要的就是依赖权衡不同迹象的能力，以及根据规则和细节来评价整个图形的能力。

反转是最重要的

我们将会看到，最重要的综合分析能力，就是在股票价格波动中能够判定重要的趋势变化或转折点的能力，这将是我们未来研究中的最重要部分，但我们现在可以先来关注一下这类反转的一般规律。一只个股或整个股票市场的价格走势长期保持同一水平的情况是很罕见的，价格通常都在不停地运动中。它们或上或下，或沿着趋势运行，一般都是不规则的趋势，但依然都有自己的运动方向。一旦某种趋势形成，就应该假设它会一直走下去直到反转。这是一个简单的陈述，但它却能够唤起人们对图形中转折点的重视。下文我们还将再次讲述有关对已经建立的趋势逆行操作的问题。

只要说走势就是股票交易中重要而实际的赚钱线路就足够了。一定要顺势而行，直到出现明确的反转。当然，难就难在这一点上。确定反转结构是很不容易的，因为这中间会出现大量误导经验不足者的小型反转。但整体来说，还是有一些可以提供帮助的全面观测数据。一个主趋势很少突然或毫无警告就自行反转。一旦趋势建立，反转就需要花费一定的时间和能量。因此，反转信号一定会在实际反转前的一段时间内出现。

最重要的信号就是小型反转开始，原走势速度减慢，也可能原走势正以圆弧形逐渐结束。在原走势最后创出极端的价格之后，它一定会受到随之而来的波动的考验。如果这一波动同原趋势方向相反，证据就会逐渐显示反转开始了。

量能的重要性

价格范围不是判断这种反转的唯一标准。对于老练的交易者来说还有很多微小的反转迹象，但是最容易辨别并且价值仅次于价格范围的标准，就是成交量的放大或称为交易的活跃性。

在本书中，我们还有大量篇幅要进行量能的讨论，特别是在第八章，将详尽地探讨反转过程中的量能波动。我们认为，一开始就告诉读者成交量是很重要的，是很恰当的预告。走势图和技术分析研究始终都会回到市场的实际交易和买卖平衡的基本原则上来。我们已经看到当买盘强于或大于卖盘时，价格就会上扬，反之则价格下跌。因此，当价格处于下跌趋势时，供需平衡就会稍微偏向供方或说卖方。这种情况将会持续直到技术指标发生变化。

反转时量能为什么会增加

当技术指标中期待的变化真的出现时，最合理的结果是什么呢？自然，变化将是买盘的增加。更多更大量的买盘往往是逆转下降趋势的最合理的能量。买盘会逐渐地活跃起来并慢慢地变得和卖盘一样多。最后，如果买盘继续发展，将会超越卖盘并慢慢地把力量优势从卖方反转到买方，随之而来的就是主趋势发生反转。

但是量能是如何受到这种变化的影响的呢？毕竟，每一个买家都会有一个相对应的卖家。这是正确的，但是我们必须考虑到主趋势肯定会有一个推动量。卖盘终究会干涸，而不需要增加量能就会导致平衡发生变化。但一般说来，卖盘有足够的散户要素保持它的稳定，直到这些散户投资者开始意识到卖出是不明智的。他们在趋势已经反转很长时间后才会意识到这一点，我们却要尽力在他们之前觉察到这一点。

抵消推动力的量能

我们假定在反转发生时，卖盘仍继续稳定抛出，这就需要更大的买盘量来使主趋势发生反转，这种买盘量肯定要比通常的下降趋势中的买盘大得多。卖出了多少股票当然就会买进多少股票，但二者都要有更大的量才能阻止并逆转下跌趋势的推动力。因此，在主要反转过程中售出指标将会显示比前期有所增加。

如果读者不能够马上理解上述相对简单的解说，也没有必要为此感到焦虑。对于这种反转中的量能放大的解说，从实际操作观点看并不是很重要的，一般认为，这种解释也并不完美（因为实在是理论上很正确，现实中却看得不是那么分明），并且我们还将在稍后的章节给予详尽的讨论。如果这种解释是唯一正确的，那么我们就不会看到反转时量能有可能变化很大，也有可能变化很小，既然有这样解释不了的情况存在，我们对此现象的考虑就显得没那么重要了。由于本书的解说看起来是最基本的也是必然会产生的，所以我们将其首先推出，其实还有许多其他更重要更易于理解的概念。

成交量增加现象的另一个原因，就是原走势开始遇到了阻力。手握巨量股票准备卖出或买进的专业投资者（他们其实是投机者）必须减缓操作以免价格升降速度过快。但是，当他们看到出售和买进股票相当顺手时，一种自然的冲动就是加快操作速度并尽快完成它，假设新的买盘或卖盘果真继续活跃，成交量就会增加并导致趋势逆转。同样的情况也适用于专业人士的操作和其他人为操纵。专业投资者买进股票最得心应手的办法，就是先抛出大量股票压低价格，甚至可能还会使用相应的虚假抛售（证券交易委员会认定为非法操作，但……）以提高量能并吸引交易者的注意力，然后突然转为买进并买光市场上先前为了打压价格而带进场内的所有股票。很容易就可以看到这类人为操纵是如何在趋势变化和逆转时提高成交量的。在第八章，我们将注意到一个例外，即成交量放大出现在趋势变化之后而不是之前。这种有悖常规的例外经常会出现在熊市走势转为牛市走势之际，但几乎从没出现在牛市转为熊市之时。

入门回顾

为了满足读者期望，我们进一步罗列了一些股票走势图和技术分析的入门基础。我们尽力说明了为什么技术分析是非常重要的，以及走势图是如何帮助我们进行研究的。我们重点指出了观测主趋势和长期趋势早期反转迹象的意义。我们认识到，在散户之前对反转的出现进行分析才是重要的。我们认识到这种反转常常产生于有实力的专业投资者的操作，我们还试图解密，为什么技术分析会常常警告我们市场不会沿着显而易见的趋势运行。

最后，我们发现在形成完整的交易记录图形过程中，量能和价格同等重要。我们特别指出，还有一些并非少见的形态和图形，它们给我们的操作行为提供了可靠的线索并使我们从中获利。在后面的章节中我们将继续对最常出现的和最可靠的技术图形进行更为详尽的研究。

主要反转与次要反转

在对重要的走势图形态或结构进行研究时，把显示反转走势的图形作为首要目标是合乎道理的，因为我们已经注意到了这种反转走势的明显重要性。从实战角度来看，它告诫我们要将短期的投机操作从先前的主趋势中转到新出现的反转趋势中来。

当然，在长期主趋势没有真正发生逆转时，也会经常出现一些反转。这种反转也是具有一定技术意义的，因为中期反转也是非常值得关注的。形成某种结构图形所需的时间越长，这种形态的预测意义就越强，其后的波动时间也就越长。可以这样说，一种结构的长度、规模、力度，表明了它将发展为一个主反转趋势还是次反转趋势，是否值得关注。

头肩形态

通常表明趋势可能反转的最重要的结构就是头肩形态。它大体包括原走势方向的一个顶点；并且紧跟着会出现另一个冲击点，此点位价格会超过第一个顶点价格；然后就会出现同前两个点位方向一致的再次运动，它会同第一个顶点位置基本齐平，或者比第一个顶点高一点，但不会超过第二个冲击点。

第三个陡峭波动的高点就是原走势所达到的最后一个目标位了，接着就会逐渐发展出同第三次冲击点相反方向的新的走势，这是一种反转的趋势，也是一种全新的趋势。

正如本书多数图形所显示的那样，本结构对上涨和下跌都适用。如果原来的走势是向上的当然反转结构就是顶部反转，那么图形就叫作头肩顶。如果原走势是向下的，那么此结构就是底部反转，图形就叫作头肩底。

此术语的含义可以参照一下头肩顶图形。上文所提到的第一个顶点叫作左肩，第二个顶点位置要高些形成了顶部，第三个也是最后一个顶点同左肩位置同高，叫作右肩。这是一个完整的形态，同人的头及双肩的解剖形态相似。

头肩底的名称自然对应的是头肩顶的相反意思，相同的图形仅仅把向上变为了向下，同人体的关系也就成为一种奇特的形态关系。头肩底图形有时也叫作下垂底，因为它有点类似于物体下垂的形态，所以这一术语对于底部反转图形更为恰当。

头肩顶走势图例子

如果概念上的描述不能给读者一个十分清晰的头肩结构图，几个走势图的例子肯定可以做到这一点。美国钢铁公司股票在1929年牛市顶峰时的走势图可以很清晰地看到一个完整的头肩顶图形（图2-1）。先观察一下较大且明显的图形（整体来看），8月最后一周价格上冲到B点位时形成了本形态的第一个"肩"，也就是左肩。B点到C点的小幅回落形成了左边或叫颈底。在9月的第三周，从颈底位置价格开始强烈上冲到F点，这个点位是价格达到的顶部最高点，也是价格反转点。从此点位价格急剧下跌到了I点，直落到右颈线的位置，然后重新升到J点形成右肩。在这个点位价格再次出现反转，急速下跌形成新的下降趋势，这个新的趋势是一个持续了3年的主趋势。

当介绍这个形态时，我们称它"几近完整"。在一个完整的头肩结构中，左右肩所达到的价位以及两边颈线价位都应该大体相等，但在此例子中图形却并非如此。但图2-1仍旧是一个典型的头肩形态。此形态运行了两个月并包含了形态中的各个价位，这种规模表明了大趋势已经反转。

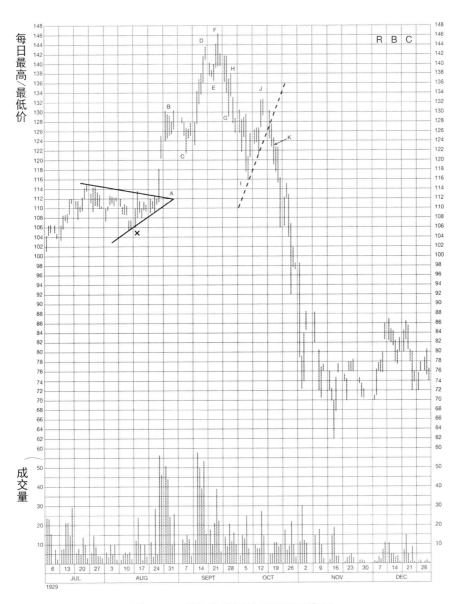

图 2-1　美国钢铁公司股票日线图

头肩形态特有的成交量

在美国钢铁公司股票形成头肩顶过程中，量能活动是很典型的。请注意伴随着左肩形成而出现的高成交量，顶部出现的更高的成交量，以及右肩部略微增加的成交量。这是头肩顶结构中典型的量能情况，但我们也应看到，两个肩部和顶部的成交量并不总是按照这种典型公式运行的，比如，右肩部的成交量可能会高于左肩部，偶尔也会高于顶部的量。一般来说，双肩和顶部的形成中，成交量都会放大，当然，这也被认为是反转中高量能运行的结果。

我们下面还要讨论不同价位的颈线结构所代表的含义，以及图 2-1 中其他令人感兴趣的点位。让我们先来讨论另一个头肩顶的例子，此形态对初学者不是很明显，但此结构中的双肩和颈线价位都完全符合理想的图形。

日内反转

量能规则一般是有效的，它能够带来我们称作日内反转的走势。这种走势被许多人叫作反转日、量能暴跌、顶点的变化。当市场在成交量稳步下跌时，可能会突然出现一天超大量能，上午的价格疲软，下午的价格强势，收盘价是最高点。

合理的解释是，日内反转是为了对股票进行吸筹。他们会在上午不计价位地抛出股票，在暴跌中吃进大量的止损抛单。急剧的下跌和活跃的大成交量吸引了投资者的注意，许多不谨慎的交易者预测价格还会更低就会卖出手中的股票。

当这种疲软的价格和大量的卖单达到顶点时，他们就会实施真正的战术，买进所有待售的股票。他们会发现抛单在下午的上涨中比上午的下跌中量大得多，因为许多的观察者认为反弹只是短暂的，都纷纷在比市场高些的价位卖出了股票。一天结束时价格也基本返回最高点，并准备第二天或未来几天继续上涨，专业投资者已经为了自己的目的收集了大量的股票。高成交量是这种波动中的自然伴随物。

日内反转的例子

日内反转如果呈现倒置的 U 或 V 型，这样的走势就意味着下跌的趋势；如果出现在底部并呈现为正 U 或 V 型，则代表上涨趋势。不论在哪种情况下，都可以做下述解释：上午开盘后价格会沿着同前一个趋势相同的方向运行，同时成交量放大；当天的下半时段价格掉头逆行，收盘价就是同开盘价正好相反的最高或最低价。

我们可以在本章所附的走势图中看到多个日内反转的例子。请先看：

图 2-2，西方联合公司股票 5 月 4 日日内底部反转。

图 2-3，美国工业酒精公司股票 2 月 5 日日内底部反转和 2 月 25 日日内顶部反转，尽管由于量能没有放大到同前一个交易日相同的水平而欠典型，但仍是一个极好的例子。

图 2-4，博登公司股票 4 月 23 日日内底部反转。

请注意，日内反转自身并不是对实际交易产生影响的预测信号。首先，并不是所有的日内反转都能马上引起明显的趋势波动，可能数天或数周后才会开始走出实际的反转。

然而，作为一种经常出现在可以提示波动的形态或结构里的现象，它具有暗示趋势可能出现的作用，它极为有效地警告我们密切关注走势图，因为似乎可以从走势图中看出什么样的形态会出现，它还有效地提示我们做好准备应付即将到来的波动。

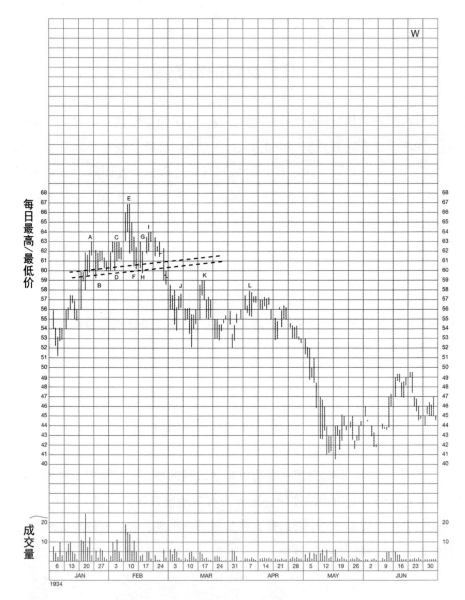

图 2-2 西方联合公司股票日线图

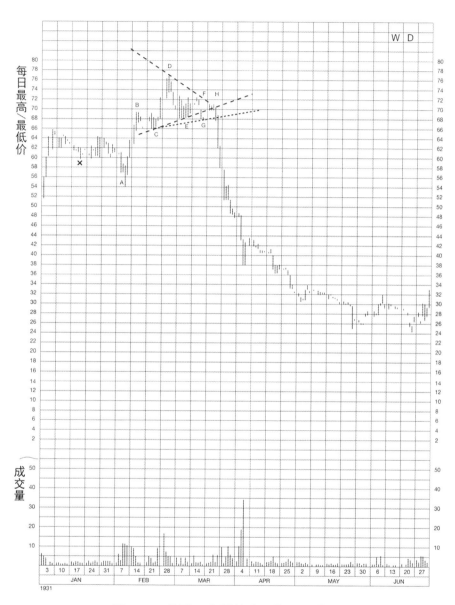

图 2-3　美国工业酒精公司股票日线图

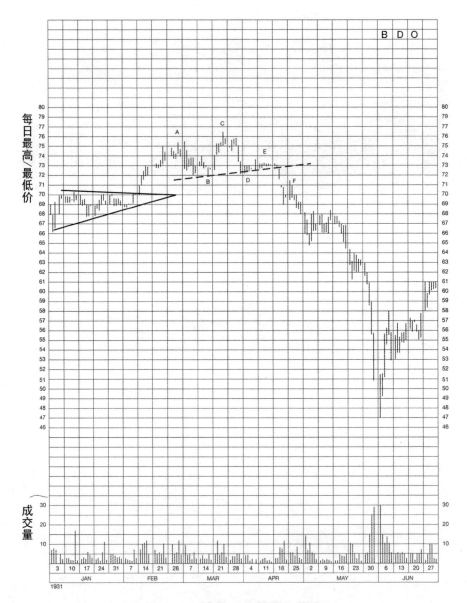

图 2-4　博登公司股票日线图

顶部和底部的比较性量能

我们一直在讨论伴随价格趋势变化而出现的高量能的一般特征，顺便提到了在这种波动中频繁出现的日内反转现象。这里要留意量能是否"相对"放大，也就是说，当我们提到高量能时，我们是指成交量比前一段维持的量能有所放大。当把出现在顶部并提示趋势将会反转的量能，同出现在底部的量能进行比较时，最重要的就是要牢牢记住相对性。二者的特点通常都是成交量放大，也就是说比一直维持的量能要高，但顶部的高量能几乎总是要比底部的高量能大得多。

顶部和底部量能差异的主要原因就在于：散户投资者以极大的兴趣积极地参与了牛市上扬行情，因而要想止住并逆转这种散户乐观的参与情绪，就需要比阻止下跌行情尽头出现的相对交易乏味的市场情绪更大的量。

价格和量能必须同时考虑

最近讨论的要点表明，价格图形和量能图形都是重要的，并且必须将二者加以整体考虑，从而获得完整有效的技术分析结果。我们在前面章节曾说到，量能势头扩大之后将会阻止上扬走势或下跌的走势。读者将会发现，高量能在许多其他条件下也同样会有助于行情反转。

实际上，交易者常常听到、看到或从走势图中注意到，一只股票或大盘市场频繁地走出同散户预期或可能预期的相反的行情。这完全是专业投资者操盘的一种结果。散户在预测中一般都会出现错误，因为如果价格走势明显，任何人都能从中获利，那么专业投资者吃什么、喝什么呢？

专业投资者可以从交易中获利，但他不能跟着大众从明显的走势中获利，只能逆散户操作而获利。

专业投资者欺骗散户的量能

因此，把技术分析作为识别专业投资者欺骗散户的方法，以及为行情逆转做准备时的良师益友并不是没有道理的。比如，1931年10月大盘市场从整体下跌转为中期反弹。同期，伍尔沃斯公司发布特别股息公告，新闻界和经纪人也传言该公司向英国子公司转移股本引起市场牛市热情。

各种迹象都表明，该公司的股票会走出熊市的阴霾，大幅上涨。散户投资者贪心地买进了该股票，几天之后，该股票就从45美元涨到了55美元，但就在利好公布后，该股票就开始高位盘整了。卖盘极度放大，价格在后续的几天里几乎没有任何上涨。你肯定猜对了，这是专业机构在抛售。散户一直在买进该股票但股票价格却没有相应上涨。原因何在？还是回到那个原因，专业投资者在巨量抛售。该股票仅仅在10月末上涨到55美元多，年底之前就跌回到了35美元。

我们可以再回顾一个利用价格欺骗散户，随后量能放大带来反转的例子，那就是1931年12月初洛里拉德公司重新发放股息时所发生的案例。在消息公布日内，价格仅仅上涨了两个点就没有再上行。一天内成交了40000股该公司股票，这同平日不足10000股的平均成交量相比显然是巨量了。在后来的一周内该股票不但丢失了上涨的两个点，还创出了新低。

再看一例，1931年11月3日，大盘极度低迷。RKO公司陷入破产困境并拖垮了RADIO公司。瓦巴什公司也陷入破产困境，并且好像还有一些运输部门（铁路公司）也将在未来几天内陷入困境。事实上已经有两三家公司被列入不履行合同的名单，铁路职工的工资诉讼使情况变得愈加沮丧。所有的情况都对股票市场极为不利。自然，散户抛出了手中股票。接下来将会发生什么呢？

市场在上午的交易中急速地下跌，但也仅仅比前一个收盘指数下跌了一个点。之后，市场就开始缓慢地反弹，最终上涨了3个点收盘。从技术上说，这是一个日内反转。抛售量比前几个交易日有所增加，但并没有极度放大。研究者应该关注的要点就是，散户一定是由于熊市消息而在大量抛售，但价格反而上涨。最合理的解释就是，专业投资者不顾看跌消息而增加了买进量。在短短的 4 天里市场走出了两个月来的新高，从市场出现支撑和收集股票迹象那天算起，大盘指数上涨超过了 12 个点。

突破颈线

图 2-2 是西方联合公司股票 1934 年前 6 个月的走势图，图中左肩由 ABCD 四个点位组成，顶部点位是 E，右肩为 FGHI。双肩结构所耗费的时间、顶部的高成交量以及几乎水平的颈底区域 BDFH，全都与理想形态相符，这表明价格将会大幅度下跌。在此图中，左肩形成的成交量有一天曾超过了顶部的成交量，情况经常如此；而右肩的成交量只比前两天略有增加。

我们现在继续关注此头肩形态中的颈线，它是此形态中的生死价位。首先要注意的是价格从右肩 I 点位到颈线或低于颈线的回落，这条颈线是左肩底部和顶部回落点位所形成的连线。当 2 月 17 日市场从 I 点位回落时，我们已经有理由认为头肩形态的反转正在形成；事实上，一些资金充足、胆大的交易者，可能已经在此价位勇敢地抛出了西方联合公司的股票。但是，很有可能 I 点位的回落在 61 点位置停止然后调头上行，如果发生了这种情况，头肩形态将不复存在，那些大胆的交易者还是应该承受这点微小的损失，至少也要等一段时间以验证对市场怀疑的正确性并等待获利。

可见，真正头肩形态完成的重要信号就是对颈线的突破，在我们所研究的案例中这一突破发生在 2 月 23 日，市场价格收在 59.5 美元，低于颈线 B—H。此处需注意突破颈线时量能的增加同前几个交易日相比更为显著。量能的增加确认了低于颈线收盘所发出的下跌信号，同时它也是有水平颈线头肩结构的典型特征。

肩部宽度的改变

在我们对上一段的论点做出明确并有效的结论之前，先来看看一些其他类型的头肩形态，在这类头肩形态中常会出现一些变化，这些变化会频繁地出现，我们必须学会如何辨认和解释它们。在美国工业酒精公司 1931 年上半年的股票走势图中（图 2-3），右肩（F 点）形成的时间明显比左肩要长。从 E 点到 F 点的反弹形成了颈线 C—E，此颈线在 3 月 12 日被突破但抛售量很小，没有能够明确地确认趋势的改变，只证实买方力量没有完全耗尽。从 G 点的反弹形成了另一条颈线 C—G，这条颈线在 3 月 19 日被有效量能突破，至此反转图形完成。

顺便提醒读者注意，此走势图中有相当典型的量能变化，以及 3 月 10 日的日内反转走势。

现在我们来看图 2-4，此图展示了博登公司 1931 年前 6 个月的股票走势。在此案例中，图形正好和图 2-3 相反，即它的左肩比右肩大很多，形成的时间也更长。它的颈线 B—D 在 4 月 15 日被有效量能突破。

比较一下美国工业酒精公司和博登公司两张走势图，我们可以尝试着解释一下造成肩部不同宽度的原因。在博登公司的案例中，左肩较宽说明股票大户明显准备在 73 美元和 74 美元附近获利了结，在买方力量还相当大时，抛售已经基本完成了。结果，在最后上冲之后，那些纷纷逃出的股票大部分落入弱小的散户投资者手中，随后在右肩 E 点位的反弹就显得那样窄小无力。在美国工业酒精公司的案例中，当价格达到左肩 E 点时，大户投资者还没有准备抛售股票，散户也仍在买进。在 D 点，卖家开始出手股票并一直持续到 H 点，此时购买欲望已经耗尽，价格开始大幅下跌。

不可否认，我们只给出了一种最简化的解释，并没有考虑影响趋势反转的其他很多因素。但是，必须要记住的是，我们不需要过分关注"为什么"，只要市场一如既往地按照这个形态给我们的指示运行，我们就不必关注为什么如此等等问题。

行动的时间

我们现在可以重新回到上一节谈论颈线突破时所提出的论点。我们已经了解了在价格突破生死攸关的颈线时，头肩形态是如何完成的，量能是如何确认突破有效的。很明显，没有必要给予过多地解释，颈线位一旦被有效突破，就是下单卖出股票之时。在较大的反弹产生之前，反转趋势所带来的价格变化有多大，完全取决于形态的规模、价格区域的大小和所耗用时间的长短。一个清晰的头肩形态过后，会出现一个幅度较大的波动，并会给密切关注变化的投资者一个可观的获利机会，如果手中有做多的股票，他得到的重要信号就是获利了结出局观望。

在我们列举的所有案例中（不包括美国钢铁公司图 2-1）和在绝大多数清晰的头肩结构中，颈线突破及成交量放大所证实的卖出信号，都会在下跌趋势聚集了量能之前出现，留下了获利了结的足够时间。现在让我们再仔细地研究一下图 2-1。

下垂肩的警告

在一些高度兴奋的市场中，散户的参与性极强，比如 1929 年牛市末期的情况。在这种市场中，新出现的技术形态会发展得很快，并且反转趋势也会以惊人的速度形成。头肩顶形态中的下垂颈线通常预示了技术上将会快速走弱。当价格从顶部下跌至左肩和顶部之间的颈线位置之下时，就形成了这种下垂线，在美国钢铁公司股票走势图中（图 2-1），I 点位在 C 点位下方出现，可作为这种下垂线的例证。这是一种很明显并且是很明确的警告信号，即使随后出现的右肩价位走高也不能消除这种警告。在美国钢铁公司的案例中，从 I 点位到 J 点位的反弹虽然高出了左肩 B 点的价位，但也不能改变图形看跌的含义。这种反弹有时可能会明显地走高甚至高出顶部 F 点，但仍旧形成了较大的反转形态，我们在第四章讨论加宽顶部形态时就会看到这种案例。

另一方面来说，颈线是形态中的关键线。颈线被明确突破后，肩结构才真正完成，反转信号才算发出。在美国钢铁公司的案例中，颈线（C点到I点的连线，图中未标出）直到10月19日周六才被刺穿，日内价格下探至106美元，收盘于111美元。

幸运的是，在快速形成带下垂颈线的头肩顶过程中，经常会在颈线被刺穿之前出现一些其他显示反转信号的关键线和技术指标。现在就开始讨论头肩反转中出现的其他形态和关键线将会导致混乱，我们将在后面章节按合理的顺序提出讨论。

形态中套形态

在图2-1中，还有一个更小些的形态，这种情况是头肩结构学习中的一个必要部分，也是任何一种形态学习中的必要部分。到目前为止，我们关注的仅仅是大的、显著的形态，直到右肩颈底在I点形成或在J点开始反转，这些形态才会出现。仔细观察还可以发现在D、E、F、G、H位置有一个小一些的下跌头肩形态。可能这个形态没有大到使我们相信长期上升趋势会被打破，它可能仅仅预报了一个小的或中级的反转，但它的确发出了一个技术下跌的警告，使我们对未来的走势开始警觉。显然，它为F点到I点的变化可靠地预报了一次中级反转。

毫无疑问，交易者已经注意到了这一点，所以我们可以提及本课程绘制走势图所用的一些其他线条和符号。这些线条和符号同后面章节将会谈到的其他结构和重大的价格行为有关，我们会适时地谈及。

上升颈线行为

在强调这点时，我们以图2-1中头肩顶为例，在此结构中，下垂或叫下跌颈线表示了市场走弱并预报了价格的快速波动；但这并不是说右肩颈底高于左肩的图形就不是下跌形态了。所有的头肩顶形态在含义上都是下跌。伯登公司走势图中那类上升的颈线表达的含义是，随后的下跌不会很快开始，并且获利机会也会更大些，因为在全面下跌之前及时发出了卖出信号。带有上升颈线的头肩形态通常都会提供最为明显的信号，如果行动快，其潜在的获利机会也是最大的。

颈线的突破在上升颈线结构中比在下垂结构中更加依赖量能的放大。在后一种结构中，突破在开始运行时需要的量能相对少一些，变化开始以后量能就会快速地增加。简言之，带有下降颈线的结构更加复杂棘手，需要交易者反应更为机警以便获取最大的回报。

绘制多家股票走势图的好处

对下垂肩图形的讨论，以及它对交易者所提出的警告，给我们提供了绘制多家不同股票走势图有好处的明证。

头肩结构是在中期上升趋势的顶部最频繁出现，且最容易辨别的一种形态。这就是我们为什么会在 1929 年的顶部和 1938 年上半年股价大幅上扬的顶部看到众多精彩例子的原因。但是正如大家知道的那样，并不是所有股票都会同时出现顶部；一些股票出现顶部的星期（比如在中期行情的案例中）或月份（比如在主要反转的案例中）会早于其他股票达到顶部的时间。当交易者看到他们所绘制的一些股票走出了头肩形态（或我们将要讨论的其他一些反转形态），他们就会期望走势图中其他上涨的股票也有相同的表现。

一般来说，具有上升型颈线的头肩顶形态，往往在大盘见顶之前创出顶部的股票中出现，或在普遍抛售开始之前创出顶部的股票中出现。当大盘走弱才创出顶部的股票往往会走出下跌型颈线然后暴跌。

因此，绘制大量股票走势图并看到其中一些股票已经发生逆转的交易者，就会得到其他股票也将反转的预先警告，并且可以快速果断地在反转开始时采取行动。

头肩底形态

到目前为止，我们一直讨论的是头肩顶形态，预测了从上升到下降的反转形态。但是我们也提到在下降趋势的底部，头肩形态也同样可以成为反转走势，有时把这个位置的头肩形态叫作下垂底。

对典型的头肩底进行更审慎的考察之前，我们先做一个大概的一般比较。在对市场反转过程中成交量的作用进行研究时，我们曾提到一个事实，股票成交量所表现出来的特性就是在价格下跌中没有在上扬中活跃。这一点在大熊市的末期特别值得关注，例如在1932年到1933年的市场中，散户已经对股票失去兴趣，交易主要由专业人士和必须进入市场的投资者来进行（当然，散户也从没有完全退出市场）。这种底部成交量小于顶部成交量的一般性规则可以反映在典型的头肩底图形中。由于活跃度降低，此类形态规模往往较小而形成时间较长，头肩结构顶部（或颈线突破日）出现成交量放大的现象常常也不很明显。活跃度降低还使上扬趋势在运行中表现缓慢。这就意味着在头肩底结构中比在头肩顶结构中需要更多的耐心进行操作。事实上，就其本性而言，价格宽幅波动中形成的头肩形态，出现在底部比出现在顶部的频率要低。然而，它们的确会出现在底部，并且在底部和顶部都具有同样的重要性和可靠性。

头肩底反转例子

图2-5是伍尔沃斯公司股票1936年前6个月的走势。跟踪这只股票的读者应该记得，在此之前它长期缓慢地下跌，然后在10月中旬快速上冲至63美元的走势。首先请注意由左肩A、底部D和右肩H所构成的大型形态，这是一个几近完美的结构，其规模和力度都达到了可以预测反转波动的程度。它的颈线B—G点位在6月9日被突破，并伴有急剧放大的成交

量。两肩和底部的成交量并没有比肩和底部的间隔期有明显的放大，正如我们注意到的那样这有点类似于底部反转的情况。

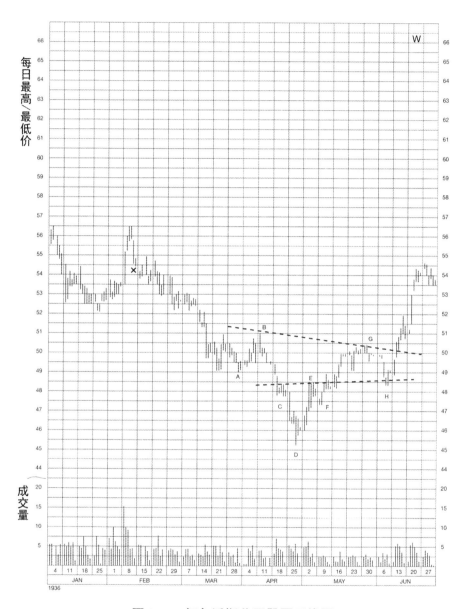

图 2-5 伍尔沃斯公司股票日线图

在伍尔沃斯股票图形中，我们还可以看到另一个头肩底结构（C—D—F），虽然形态较小不很明显，但确实有效。在 5 月 13 日颈线（穿过 E 点的虚线）被突破后，我们可以安心地买进股票了。上涨走势到达 G 点后出现的回落再次考验了我们的耐心，但是，经常性的情况就是回落的价格到达颈线位后就会出现真正的大幅上涨趋势。保守的交易者无疑更喜欢等待更大规模、更确定的走势出现后才投资买入。

头肩底形态中的特殊变化

在讨论头肩顶反转结构时，我们曾提到可能会出现的肩部高度和宽度的各种变化。在头肩底反转中也会出现相同的变化。例如，图 2-6 显示了由下降型颈线 B—D 形成的头肩底形态，这个形态在 1933 年 10 月逆转了蒙哥马利·沃德公司股票的下跌走势。图 2-7 显示了一个左肩宽右肩窄的形态，此形态同时形成了杜邦公司股票的反转走势。

在蒙哥马利·沃德公司的例子中，伴随着成交量剧增，颈线在 11 月 7 日被突破。价格在上涨中没走多远就遇见了抵抗，踌躇不前近两个月后才开始强力上冲。

在杜邦公司的图形中，窄幅右肩预示着一种快速的价格变化。颈线B—D只在 F 点形成了一个齿状，虽然量能很大，但 11 月 3 日当天价格依旧回落最终收在形态之内。最后决定性的突破出现在 11 月 7 日，当天量能放大，收盘价高出颈线一个完整价位以上，标志着需求最终强于供应。

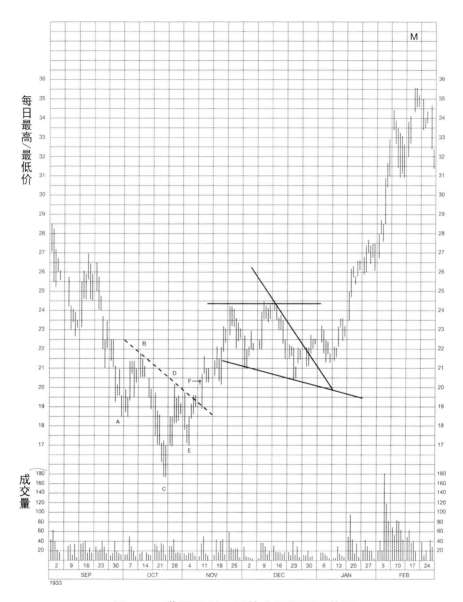

图2-6　蒙哥马利·沃德公司股票日线图

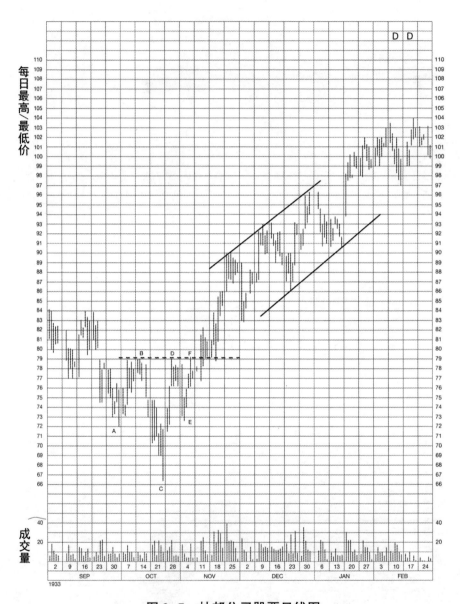

图 2-7　杜邦公司股票日线图

平缓形肩部

在开始讲解头肩结构时，我们曾描述了沿着原趋势运行的三个陡峭波动部分。这是给初学者讲解图形的最简洁的方法，但可能总是有点偏颇。正如我们描述的那样，这类结构总会有三个阶段，但它们却常常并不表现为陡峭的上冲式，更多的是平缓或微斜式，而且这种情况下，价格突破也不是每次都会出现（意思是会出现形态失败）。

真实的肩形可以是尖顶式、圆顶式、平缓式和倾斜式。需要我们注意的是，股票往往会竭尽全力地沿着原来的主趋势运行，但有时会受到技术变化和反向压力的限制，这一点我们将在支撑和阻力的题目下进行讨论。

顶部自身也可以相当平缓而非陡峭，这往往只是一种例外而不是规律。正如在本章前面小节里我们已经描述过的那样，最终的上冲常常是以日内反转来完成，同时伴有成交量放大。

上行之后是顶部

这一点对于熟练的走势图研究者来说，是简单而明显的，但经验告诉我们对初学者应该多多加以强调。许多的新手在看到一幅普通图形时都显得非常急迫，以致常常放松分析它与主趋势之间的特有关系。

因此，我们应该牢牢记住，顶部反转结构只在上涨之后出现，底部反转结构只在大跌之后产生。当然，这一规则既可以应用于头肩模式也可以应用于所有反转结构。

有时头肩形态在很长一段时间里没有明显的上行或下行走势，只是横盘一侧运行，这种形态就没有特殊的技术意义了。研究者可能会在下跌趋势中看到直立形头肩形态，或在上涨趋势中发现下垂或倒悬图形，这种形态不可以被认定为趋势反转的信号。事实上，它们常常发展为持续性形态。这类形态预测了原方向的持续走势或反弹走势，我们将在后面章节加以研究并学习。

未完成的头肩形态

一个新手常犯的错误，就是刚刚看见头肩形态的雏形就立刻行动，根本没有耐心等待出现决定性的颈线突破。不可否认，其诱惑力是巨大的，特别是当那熟悉的结构显示预期中的反转结构就要出现时。

图 2-8 显示了具有头肩底形态的一种形态，它出现在 1937 年 5 月及 6 月初。如果你盖住了图表中 6 月前两周中间粗线右边的走势后，你就会明白为什么有这么多的投资者看涨克莱斯勒公司的股票了。但是颈线 N—N 一直没被突破，6 月第一周的反弹没能使价格回到 115 美元之上；直到 6 月 30 日触到 94 美元，下跌的趋势才开始反转。

通过对收集到的活跃股票走势图的仔细查看，就可以发现大量的好像可以成为头肩反转形态的结构，但它们却一直没能完成此形态。

等待确认

初学者常常看到我们发出令人不安的警告。由于遵循了保守的做法，没经验的交易者就会认为自己可能损失了一个价位或更多的潜在利润，这的确令人难受。从长远来说，交易者在实际操作中就会发现，只要避免不成熟行为所导致的危险波动，他就不会损失丝毫的利润并可以免受精神的折磨。在华尔街有一个普遍的常识，那些试图在最低点买进又想在最高点卖出股票的交易者，往往会失去更多的获利机会，而偶然幸运买进或卖出者反而获得更多的收益。在学习头肩结构时我们曾强调，如果颈线不被有效地突破，该形态就不算完成，趋势反转的预测也不能被确认。我们还需要关注到一点，有效的突破通常是由一定量能的放大予以确认的，当然这并不是一成不变的。小心和经验使得我们在决定什么时候遵照走势图行事时有了更多的标准可以参考，至少可以供新手参考。一般来说，当准备在50 美元和 100 美元之间出售股票时，最明智的办法就是等待股票价格收在远离生命线至少一个点的地方，这个位置是股票运行比较稳定的区域。对于波动剧烈并且无规律的股票来说，这种边际利润可以加倍。对于习性稳定、价格较低的股票，边际利润可以减少到半个价位，在 100 美元之上出售的股票应该相应增加。

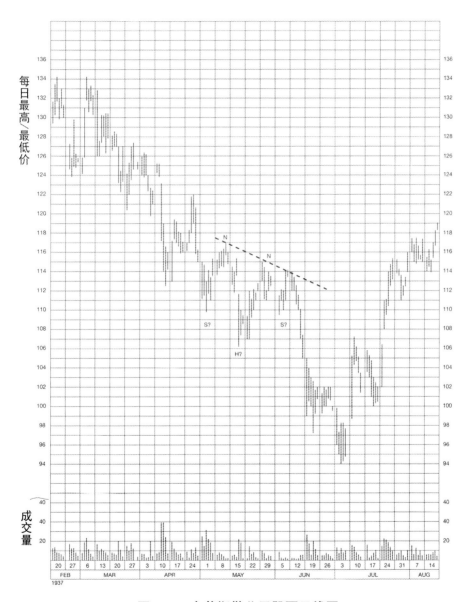

图 2-8　克莱斯勒公司股票日线图

我们在此发出的警告，主要是为了告诫急躁莽撞的交易者，使他们能够认识到自己容易草率行动，需要加以主观克制。

周线图和月线图中的形态

在即将结束普通头肩反转结构的讨论时，我们有兴趣观测一下它们在长期走势图中的构成。让我们来研究一下图 2-9，该图展示了 1934 年到 1935 年间艾奇逊公司股票周线图中的头肩结构，以及 1932 年联合化学公司股票月线图中长期下降趋势反转的典型例子。

除了技术型交易者所关注的纯理论性质之外，对长期交易者和投资者来说，头肩结构在确认长期变化中是非常有用的，同样，它们在周线图和月线图中所显示的形状和预测的准确性是这类形态可靠性的又一证据。此外，它们有时还可以防止交易者在实际操作中逆主趋势而行，螳臂当车，倾家荡产。

最后，它们还会吸引我们去注意在研究日线图中经常使用的，某个股票的长期有力的运动。我们将受到鼓励去观测日线图中主运动方向上的有利买点和卖点，具体点位要依情况而定；我们也不会轻易地为那些假运动而气馁，这些假运动常常逆周线图所预示的趋势而动。

头肩形态的可靠性

在完成对头肩形态的观测时，需要反复强调的是，这种形态不仅仅是一种频繁出现、广泛流行、众所周知的反转结构，在实际操作中，它还理所当然地是一种最重要、最可靠的形态。它并不会比其他所讨论的形态更加准确可靠，它们也很容易遭到反对，这一点我们过后会谈及，但我们依旧认为头肩结构带给投资者的失望是相当少的。

在认真研读本教程的过程中，读者可以检测这种结构的可靠性以及其他结构的可靠性；后几章出现的走势图，虽然它们主要插入在其他形态的案例中，但也有复习评论的价值，并且许多走势图都包含了头肩形反转。

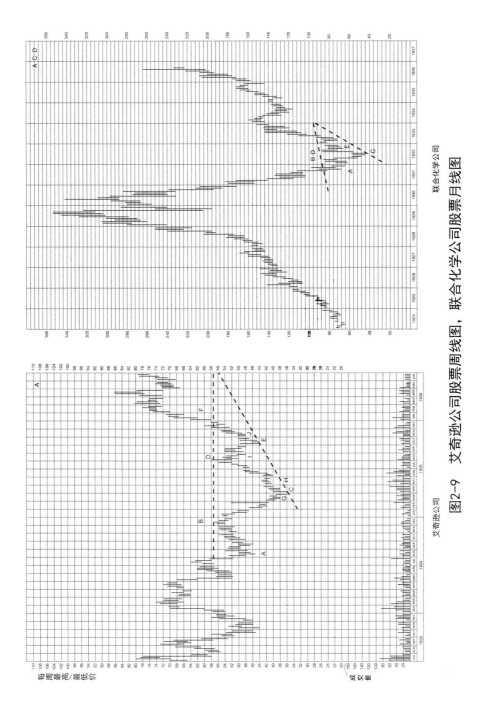

联合化学公司

联合化学公司股票月线图

艾奇逊公司

图2-9　艾奇逊公司股票周线图，联合化学公司股票月线图

丈量波动的范围

在本章开始，我们曾提出过一个见解，即结构的规模大小、时间的长短将会为我们说明价格运动的范围。这类时间框架选择的规则总是会使初学者着迷并且频繁地交易，然后亏损、陷入困境。最乐观地说，也会使其无法考虑真正可靠的获利策略。

在继续本教程之前，我们明确地做公正陈述：检测审核了数百种规则，但我们却从没有发现过一种可靠的时间要素或定时规则。毫无疑问，证券价格是按周期进行运动的，但只要简单地看一眼卷首的长期走势图就可以发现，循环周期的时间长短差异是极大的，除了得出一个泛泛的时间概念之外别无所获，其差异之大当然也就不能使我们据此进行有收益的买卖。从中期反弹到回落所需的时间差异甚至更大，在我们必须进行交易的个股股票操作中此差异特别值得注意。简而言之，我们有充分的理由相信，在中期和短期交易中可以转化为利润的定时规则是永远不会出现的。

然而，的确可以从某些技术形态中推论出一些丈量规则。在此简要提及一种同头肩结构有关的规则，我们还将在下述章节继续讨论它们可能的作用。我们还要慎重地建议交易者，目前只需注意一下此类规则并在走势图中加以核查，但在我们给出更为详尽的论述之前，千万不要在实际交易中尝试使用。

这种测量规则同可能发生的价位有关，在这个价位上价格将遇见突破头肩形态后第一次重要的前进阻力。如果丈量一下从头顶部到颈底线的垂直价格距离，然后从最终突破颈线的点位开始向相同的方向画出一条同样长的垂直价格距离，所确定的点位常常就会落在或靠近首次反弹或盘整的价格区间。这种反弹在新趋势重新确立之前可能是短暂的，也可能持续较长时间。例外的情况会大量地出现，最好的丈量也只是个近似值。

从头肩形态中做出的最重要和最可靠的推论就是，我们手中股票原来的走势已经不复存在，新的趋势将会持续运行，至少会持续到能够获取可观利润为止。

走势图形态的合理性

很自然，技术派学者有理由要求一个合理的解释，为什么某些特定的结构能够预报趋势的反转，头肩形态就是这类问题的一个合理答案。在此之前，我们曾注意到多种不同的这类结构，其预测功效得到了有力的证明，但对其合理性解释却模糊不清。我们的一贯态度是，发现和建立这类结构的实际使用价值比解释它们为什么如此运行要重要得多，其实在多数案例中，只要稍微思考一下，就可以得到对于个别现象的基本解释。

这种解释，几乎毫无例外都会把我们带回到技术分析的基本原理中去，交易中人的要素、买卖的相对平衡以及没有得到证实但极有可能出现的专业人士的操纵行为。

我们已经注意到，多数的反转走势都是逐渐完成的，其过程是不断加大的卖盘慢慢抑制住了大笔买盘，或买盘力量的不断加大慢慢抑制住了原先的卖盘压力。

头肩反转的合理性

在头肩结构的情况下，反转是缓慢走出的圆头形，不像其他反转那样明显直观，其他反转结构中的反转是以有序方式完成的。在头肩形态中所表现的区别可以由某些股票在一定时间里的快速运动来加以说明，这种剧烈波动明确地显示了这些股票是受到追捧的，或者说它们受到了专业人士的操纵。

一个完整的头肩图形仅仅是由一只活跃股票快速运动中的三个点位构成，在此点位原走势的推动力遇到了趋向逆转的技术力量的阻碍。

第三章　重要反转结构（续一）

渐进型反转

在第一章谈到技术行为和市场买卖力量平衡变化时，我们曾指出，技术条件的改变不是一朝一夕的事情，通常都要展开相当长的一段时间。原来的主趋势会逐渐地被买方超过卖方的力量所逆转，或者相反；通常，我们有足够的时间在走势图的力量对比指标中观察这种反转。

在前一章中，我们也曾指出，头肩结构——最重要的反转形态，是一种详尽完整的渐进反转运动，它意味着技术条件发生了变化，主趋势也将随之变化。反转结构的第二类——普通圆顶形反转，是一种更具自然规律的买卖力量平衡发生变化的例子。事实上，在所有可以预测原趋势可能反转的走势图结构中，它是最简单最容易理解的形态。

普通反转的定义

普通反转是主趋势的运动方向慢慢发生的一种平缓的变化，是买卖力量平衡逐渐发生变化的最直接的结果。比如，一段时间以来买方力量已经超过了卖方力量，所产生的结果就是股票价格开始整体上涨，正像交易走势图记录中所显示的那样。

因此，只要股票买进者继续保持比卖出者更加迫切、更为活跃、人数更多、力度更大的状态，原来的上涨走势就会继续运行。现在我们假设卖盘略有增长，同时买盘稍有减弱或同原来力量保持一致。这种技术平衡的微小变化将会显示为原来上涨走势的减慢。

当卖盘出现逐步的增长时，它最终会增长到和买盘一致，理论结果就是二者将达到平衡。市场价格将会长时间的稳定，保持不上不下的状态。

我们再假设新的变化在继续，卖盘的力量一直比买盘强劲，直到最终大大强于买盘。现在天平已经向另一边倾斜。目前的卖方数量已经超过了买方数量，其结果就是股票的市场报价开始逐渐下降。如果买卖力量平衡状态持续平稳地发展变化到了一个合理的阶段，即使没有走势图，我们也可以看到股票的价格运动是一个长期发展的趋势——它开始慢慢地进入顶部，价格盘整不前一段时间后开始退却，原来的上涨走势开始反转为新的下降走势。

如此产生的技术图形就是一个普通反转，即圆顶形，这是反转形态的第二类。事实上，它正好就是一幅从买盘力量向卖盘力量不断变化的技术图形；或相反，它显示的就是技术面的逆转以及因此而产生的主趋势的反转。由于这种图形类似一个碗，我们也把它叫作"碗形结构"，正立状态它是普通的上涨反转，倒扣状态它就是下跌反转。

圆顶走势图例子

这种结构非常简单，以至基本不需要过多的解释和举例，但我们还是要看一眼图3-1中的圆顶形或叫作普通下降型走势图，这是1930年3月到4月美国钢铁公司股票的走势图。自1929年11月出现150美元的恐慌低位以后，总趋势一直在上行。最后，在1930年3月，价格从185美元之下一路攀升到195美元之上收盘。在这个结构中可以看到几次伴随着高成交量的日内反转图形，这种形态清楚地显示了卖盘逐渐强于买盘的增长过程、卖盘的最终胜利，以及股票技术条件的反转和主趋势的反转。

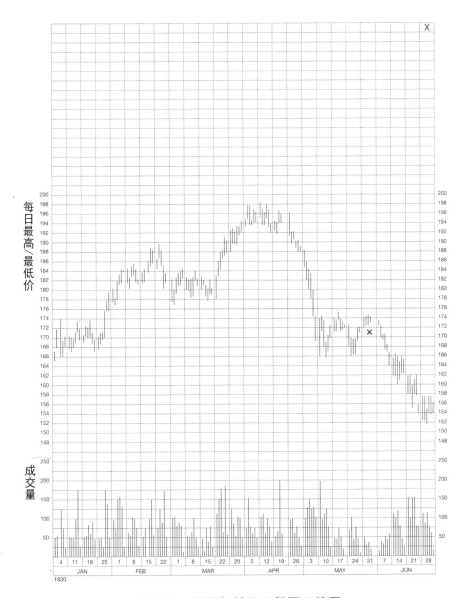

每日最高、最低价

成交量

图 3-1　美国钢铁公司股票日线图

通常，所谓普通反转就是在反转发展为一个新的相反的走势后原趋势结束的一种图形。圆形反转同其他反转形态，特别是同头肩形态的相似之处是很容易看到的。它们都是一种反应买卖力量变化对比的技术图形，只是在普通反转中变化更为缓慢、更为稳固、更为均匀，而在头肩形态中运动却是急剧的。在本章所附的钢铁公司圆顶图形中，读者也可以看到同头肩图形的相似之处。

这两种结构的分界线有时是很难界定的，走势图研究者把某一种结构分类为圆顶图形还是头肩图形，常常只是个人的一种判断。幸运的是，对这种走势做出何种判断并不很重要，因为两种结构意思相同，都明确有效地暗示了原趋势已发生反转。

如果它是一个陡峭并且界定明显的头肩结构，而不是均匀地融合成了逐渐反转的图形，那么美国钢铁公司股票走出的圆顶形态就会被看作是头肩顶结构。我们回头看一眼图 2-4 可能就会注意到，尽管它的尖顶使其归属于头肩结构，但这一结构通常还是可能被认作是圆顶形态。

我们可以在走势图中发现更多圆顶形的例子。1930 年 4 月的价格指数呈现出了一幅典型图形，它完成了恐慌后的修复又使价格主趋势发生了反转，之后便开始了长期熊市。

指数走势图形态

我们也大概注意到，指数走势图是如何以及为什么经常呈现完美图形的。它们由许多单独的股票构成，因此它们呈现出的是多种形态的合成图形，而这些形态都是由构成指数图形的个股所完成的。当众多股票形成一定的图形时，指数合成图形就可能产生一种具有相同含义的形态；当这种结构出现时，它的量能和重要性就会数倍增大，因为它显示的是一种不可避免的一致趋势。

比如，如果多种股票都在相同的时间里走出了头肩结构，很显然，指数走势图也将显示相似的头肩结构。然而，由于不同的股票通常不会在绝对相同的时间里走出峰顶和谷底，所以指数走势图所显示的形态往往稍欠清晰。因此，我们认为，在重要反转时刻，指数会比个股显示更多的普通或圆形反转图形，实际情况也的确如此。

我们已经注意到1930年4月间钢铁公司股票走出的圆顶图形。现在，我们看到指数也在同一时间呈现了同样的图形。结论自然就是，除了钢铁公司的股票外，其他有代表性的股票也在同一时间形成了反转形态。其他图形可能是任何的反转型，然而，其中同圆顶形相似的图形较多，这足以使综合指数具有同样的结构形态。因而，这个技术型顶部是一种强有力的结构，这种结构逆转了1929年恐慌之后的长期反弹走势，使之开始了更为长久的熊市。

圆形底

圆形底也叫"普通上升型反转"，是同普通下降型反转相反的一种图形，后者是把上升转变为下降，前者却正好相反预测了上升的走势。圆形底是产生于买方力量逐步增长的一种图形，买方的力量最终克制住了卖方的压力，使技术形态发生了从弱到强的转变，并使原来的下降趋势转变为上扬趋势。

圆形底比圆形顶更为常见，其原因我们将在量能一节进行讨论。在此之前，我们首先学习两幅简单、典型的圆形结构走势图。图3-2就是这种圆形结构，它描述了1932年间凯斯公司股票长期熊市的反转走势。3年来价格一直持续下跌，同时伴随着间隔性的上下波动，这种波动范围变得越来越狭窄。

最后，在1932年5月开始横向运行。6月10日买盘出现爆发行情，两天内把价格推高了10美元，其原因可能是专业投资者收集筹码过于急躁。此后，价格回落到底部的上升走势线附近，接着量能快速增加，弧线加速上扬。

图3-3的圆底形态反转了古德里奇公司股票的中期下跌，并反转为新的上升走势。该股票在1935年10月为7美元，1936年2月已经涨到了21美元。像凯斯公司的圆底图形一样，在底部我们可以看到一个短期的冲刺。几天内它冲破了正常的弧线，但并没有扭曲或打乱典型的碗底图形；另外，我们在图中还注意到了上升型展开后成交量也开始快速放大（出现在古德里奇公司股票走势图中的A—B—C结构我们将在第六章进行讨论）。

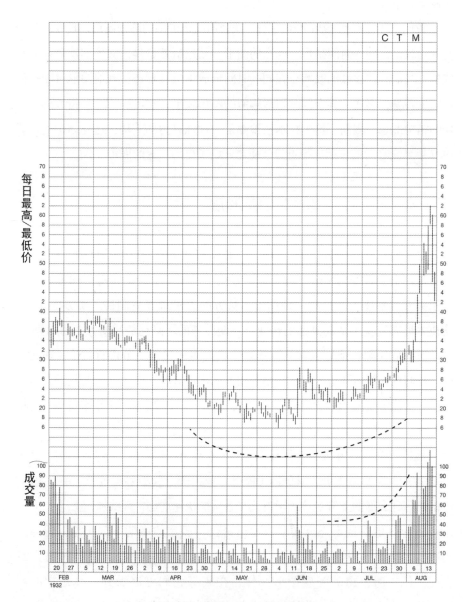

图 3-2　凯斯公司股票日线图

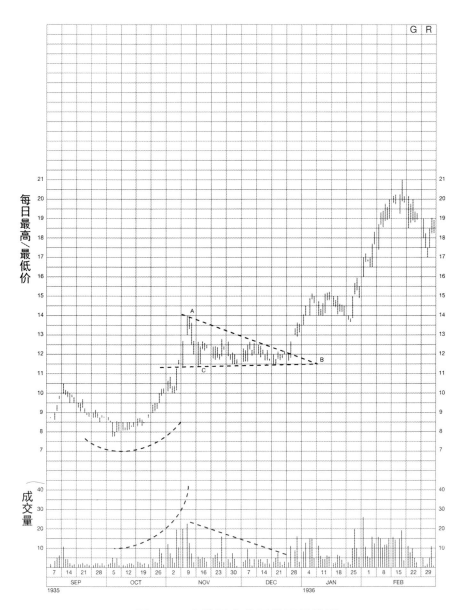

图 3-3　古德里奇公司股票日线图

圆形反转中的成交量

前面曾提到普通圆形反转在底部出现的频率大大高于顶部。这正好符合了我们有关成交量的认识，我们已经注意到成交量往往会在牛市的顶端放大，随着长期下跌逐渐减少。简单的圆形反转是一种技术力量发生缓慢有规律变化的图形。这种缓慢有规律的变化将会被突然加剧的交易活动所打乱。这就是为什么普通圆形反转很少出现在活跃的顶部，却常常出现在熊市的底部。

普通反转中成交量的增大

如果交易者重新看一眼我们一直在讨论的圆形反转走势图，他就会注意到，在所有情况下，当弧线划过"死亡中心"转入新的走势时成交量都会快速地放大。这种交易活动的明显加剧几乎都会随着圆形反转的开始而出现，或许这就是发出买卖信号的重要提示。

交易者将会发现，许多其他反转结构的走势图，以及前文提及的一些头肩形态，都多少具有一些普通反转的性质。特别是头肩结构更具这个特点，因为在此结构中，反转的完成不会出现大幅度波动和急剧冲刺。例如，图2-4中博登公司股票走势图。总之，只要任何一种结构出现，通常就会发现两者带来的是相同的预测结果。

圆形反转结构非常简单，所以不需要再花费更多时间加以研究，可能它是最具有逻辑性并且最易于理解的一种反转结构。虽然它也会像其他走势图结构那样可能出错，但它所具有的预测含义足以使其赢得技术研究中的重要地位。

三角形或螺旋形

普遍认为，第三种重要的反转结构是三角形，也可以叫螺旋形，这是因为它的外形类似于所叫的名称。我们赞成使用三角形一词，因为它更接近所描述的图形以及更容易描述和分类。但是还有许多作者喜欢使用螺旋形一词，因为当这种结构接近顶点时更使人联想到越卷越紧的弹簧，最后还会看到摆脱了压力之后得以释放的图形。

同其他图形一样，三角形也是由价格变化而形成的。我们首先要研究的是它的基本形态，它是一个伸向右边的等边三角形，左边是底部垂直线，中间线是一条延伸到右边的水平线。它的顶点也是形成在右边，在顶点方向三角形指向未来的结构而非过去的结构。我们将在下述各章把这种基本形态叫作"对称三角形"。

这种基本结构是价格在较宽幅度内波动而开始形成的，随后以对称形态逐渐变窄，致使价格波动越来越小，达到顶点后每日的价格波动异常得小，由于兴趣和交易变小，成交量也自然处于最低潮。

事实上，这种形态从未完整收尾，常常不规则地以突破而结束。虽然在解释三角形形态中掺入了过多的随意成分，但这种图形却是最普通最重要的走势图形态。

三角形——不可靠的反转

由于我们在本章主要研究的是反转结构，所以当前的学习就要把三角形作为一种反转形态加以考虑，但我们要是能够意识到在技术形态中，三角形绝不是一种反转启示，这就非常值得了。实际上，三角形常常以中间持续性结构出现，而非反转结构，我们将在第六章中再次学习这种持续性结构。

暂时能够意识到三角形既可以是持续性结构，也可以是反转结构就已经足够了。这就是为什么它并不像头肩图形那样是个重要的反转结构。三角形可以列为次要反转结构，因为头肩形态几乎总是预示着反转，而三角形，虽然也经常出现，但它并不能给出明确可靠的反转暗示，所以只能屈居第二（原作者应该笔误了，是第三）。

三角形作为反转结构所存在的缺陷，影响到了实际操作，因为在其形成过程中不能明确预示是中间形态还是反转形态。当然，走势图交易者必须密切观察结构完成之后的波动方向和特征，以便确认自己所做的分析是正确的，所关注的形态是真实的。然而，在其他走势图形态中，根据形态自身的特征和类型，交易者在形态未完成前就可以准确地预测出下一步的波动形态。

在三角形案例中，除了后来突破三角形顶点的波动可以给出走势方向之外，我们没有任何规则可以使交易者判定此三角结构将是中间形态还是反转形态。因此，相比之下，三角形不能比其他反转结构更早地发出预测提示。

突破变化

显而易见，在三角图形的走势中，随着价格波动和活跃度变小并逐渐形成顶点，一个关键时刻临近了，即不规则的小幅价格波动将要让位于幅度较宽走势明确的波动。

三角形顶点之后开始的波动叫作"突破"，它一般预示了较大并有利可图的价格波动。在某些案例中，顶点之后会出现一种虚假突破，其短暂的价格变化同随后的主趋势正好相反。这种虚假突破将在第九章做更为详细的探讨。这种波动出现频率不高，但当其出现时就会给我们带来三角结构的另一种缺陷。

我们并不是要求读者轻视三角形走势。相反，我们认为它是一种非常重要并极为有用的走势图结构。我们只是试图清晰完整地讲解一下这种形态的缺点，特别是预测反转时的缺点，因为相比其他技术图形，它的缺点略微明显。

持续整理多于反转

应该再次陈述，三角形既是一种普通并重要的反转形态，同时也是一种更为普通并重要的持续整理结构。换句话说，在其他条件相同的情况下，三角形更多地表示的是一种对原趋势持续整理的形态，而较少表示对原趋势的反转。

我们曾说过，在这种结构形成过程中，很难根据图形确定它将会发展为持续走势还是反转走势。以上陈述可以使我们得出如下结论，在未出现相反的走势之前，一般可以假定三角形形态将发展为持续整理的中继形态。

帮助预先判断的诸因素

三角形结构开始之前的整体运行形态可以帮助我们对走势进行判断。如果前面的走势已经运行了较长时间并且初露乏态，三角形就极有可能会显示的是反转走势。如果原来是一个短期走势，其他的指标也显示了走势将会持续，其结果就可能是这种持续走势，而极少会是反转形态。

在对称三角形的走势图分析中，其他基本面要素的分析也常常是重要并有益的。在此结构中，技术图像自身不能给出明确的预测信号，对称三角形仅仅强调了一种迹象，即在靠近顶点的位置将会出现宽幅、快速、有价值的价格波动。走势是上还是下，我们应该等待突破后回答这个问题。

我们已经指出了可能的指导原则，大体上，最有帮助的指标，一般是同基本面有关的诸因素，起码肯定不会是技术结构中的诸要素。公司收益如何？前景如何？是否有惊人的消息？总体经营前景怎么样？其他股票的技术形态和大盘的技术形态是强还是弱？虽然不是所有的基本面因素都会强烈影响技术形态，但是这些所提到的问题常常可以正确地回答有关技术问题，回答一个形成中的对称三角形是真正的技术反转还是持续整理结构（短暂盘整后回到原来走势的结构）。

三角形反转的例子

我们感到有必要探讨一下三角形结构的缺点，但首先还是切入最直接的兴趣点——哪种形式的三角形是明确的反转走势呢？

当三角形走势从上升反转为下降时叫作"顶部三角形"，当它的走势从下降反转为上升时叫作"底部三角形"。

图3-4展示了一个完整的反转型对称三角形，这是1936年4月奥伯恩公司股票的顶部走势。即使不把A点、B点和顶点C连接起来，交易者也可以不费力气地看出表中的三角图形。3月5日的最高点A是中期牛市的顶部，奥伯恩公司股票走到了54.25美元的价位；B点是在价格最后冲刺之前出现的小幅回落的底部。在这两个点位之前该股票一直是在高点越来越高，低点也越来越高的走势中小幅波动。之后，尽管底部依旧小幅升高，但反弹的力度却越来越弱，结果价格幅度越来越窄最后收敛为顶点C。在价格幅度逐渐收敛的时间段里，请注意成交量也会随着顶点的接近而逐周减少。

但是，正如我们在介绍三角形形态时所谈到的那样，仅仅依靠一幅走势图，是没有办法得知价格最终会向哪个方向突破的。如果跟踪多幅走势图，我们就可以看到很多其他走势图此时正形成反转结构，这样就有理由猜测奥伯恩公司股票走势图中的三角形会出现反转。

成交量确认突破

我们的猜测在4月11日得到了确认，日内价格突破了下边线，成交量明显放大（还要考虑到当天是周六，交易时间只有两小时）。收市时最后一笔交易突破了原三角形形态，当然这还不能算作决定性突破，在我们判断范围内只能是一个假突破（后面章节将对此进行讨论）。但周一却给出了明确的判断，成交量比前两周放大，价格明显突破原走势，收在原形态下方3个点位之多。这正是卖出奥伯恩公司股票的时刻。

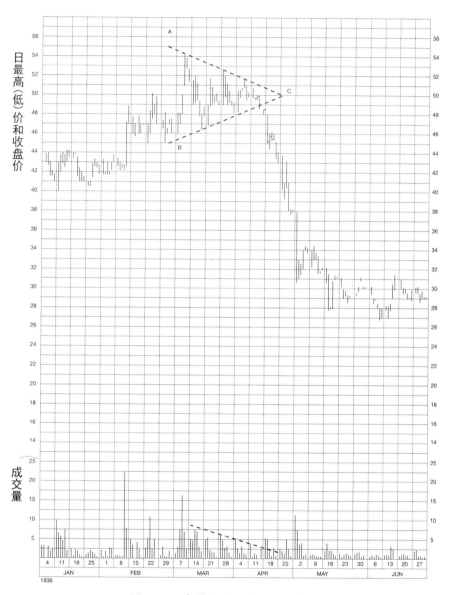

图 3-4　奥伯恩公司股票日线图

我们已经强调过图 3-4 走势中的量能行为，这是因为在图 3-4 中，不论是反转还是持续整理，都是一个典型的三角形结构。在形态向三角形顶端运行中，成交量并不是每天按一定比例减少，但这种萎缩却总是非常明显的。当价格突破形态时，成交量应该出现明显的放大，长期低迷盘整的成交量稍有变化，都应该引起怀疑。真正的突破并进入新的趋势（或重拾原有走势），都应该得到成交量明显放大的确认。交易者将会注意到，明显突破后成交量放大原则在三角形和在其他形态中都同样适用。我们将会进一步注意到，这种基本原则——随着价格突破并进入新的趋势或摆脱整理形态——实际上对所有重要的技术形态都是有效的。

顶点并不总是会出现

在结束图 3-4 的学习之前，我们还要讨论另外一个问题，以免在交易者脑子里对三角形图形产生误解。

在形成突破并开始新的变化之前，价格并不一定收敛为标准的形态顶点。事实上它们也极少形成顶点，突破常常出现在远离理论顶点的位置。只要价格幅度明显收敛，三角形形态逐渐形成，我们就必须画出一条边线，至少也是临时边线，以便密切注意成交量放大时形成的突破。在活跃股票的走势中，即那些有大量流动卖盘又有大量散户跟风买进的热门股票，突破可能不到顶点就发生了。另一方面，在那些只有快速涨跌才能吸引散户视线的冷门股票的走势中，成交量和价格幅度几乎会缩减为零，直到进入预计的顶点才会形成突破。

突破可能会快速出现

对称三角形反转的早突破和晚突破（也就是到不到三角形的顶点）都没有什么特殊的意义，在这种情况下发出的预测是一样的。然而，那些需要长时间才形成顶点的三角形，必然要求对可能出现的突破变化进行更加严格的验证。顶点位置的价格变化幅度很小，以至于由几笔交易引起的微小变化都可能会突破理论边线，但这并不一定就是真正的突破信号。在下单买卖股票之前，三角形结构越长越窄，等待明确突破的必要性就越大，这种突破必须在形态之外收盘并伴随成交量明显放大。

顶部三角形的多样性

在图 3-5 中，一个有趣的走势图需要我们仔细观察。该走势图显示了休斯敦石油公司股票价格和量能的变化，当时该股票走出了令人关注的中级反弹，之后又回到长期走熊的趋势。这个变化的顶部形成了一个形态，说明了我们在前文已经阐述过的观点，即虽然某种结构可以由多种方式分类，但它们依旧会给出相同的预测。

比如，本图的顶部结构可以说是对称三角形，也可以说是头肩顶。某些交易者愿意看到本结构发展为头肩形态（顶部是 D 点，肩部是 A 和 E 点），而另一些交易者更乐意看到它是一个在 A—C 和 B—C 线之内收敛的三角形价格走势。两种解释都完全有效，正如上文所提到的那样，二者具有相同的意义。在这种案例中，三角形的边线 B—C 恰好是头肩形态的颈线。该线在 8 月 8 日被放大的成交量突破。

边线的严格解释

在绘制三角形 A—B—C 的边线时，我们忽略了单日顶点 D（它超出了边线），这跟我们前面提到过的例子相似，一个在解释三角形时有必要采用的近似。一个严格的技术人员可能会将此作为违反本学科原则的例子加以反对，这个原则认为，一个形态终端总是应该通过外侧边缘，而从不应该由价格范围的某部分给予界定。一般来说，我们赞成告诫交易者在不具有丰富经验之前不要对此走势图过于随便。在本案例中，三角形形态边界外观明显，A—E—C 连线的确没有超出价格整理的外侧边缘。

早期突破

休斯敦石油公司股票走势图展示了一种典型的三角形早期突破形态，事实上，突破时还不到从形态开始到理论顶点 C 的一半。正如我们上文提到的那样，这种早期突破一般都是正确的信号，需要立即做出交易行为，在本案例中就是要卖出。

在突破信号出现后，休斯敦石油公司股票的抛售大概在 75 美元价位上下完成了，之后又经历了一段抵抗下跌的阶段。但请注意，随后的反弹并没有超越突破位价格，反转结构最终得到了验证，并给那些有勇气相信图形的技术型交易者带来了巨大的利润。这种没能够返回到突破线位置或头肩形态的颈线位置的反弹是一种频繁出现的情况，在有关阻力位和止损抛售的章节中我们还要继续给予讨论。

休斯敦股票走势图的另一个特色体现在 A—G—F 大三角形中。严格来说，这更多地带有直角三角形而非对称三角形的性质。在本书中我们还要进一步讲解直角三角形的作用。此时，告诉大家一下这种大型形态（长期走势形成的形态）会给出大幅下跌更准确的早期预报就已经足够了。在 9 月 22 日成交量放大时出现的突破是决定性及典型的。

周线图和月线图中的三角形

图 3-6 展示的是长期走势图中的三角形反转结构，一幅是新泽西公共服务公司股票的月线图，另一幅是新泽西标准石油公司股票的周线图。对交易者来说，它们具有同样的作用，这正像我们在第二章中所讨论过的头肩结构长期走势图的作用一样。建议读者返回有关章节，复习一下这类走势图的实际价值。

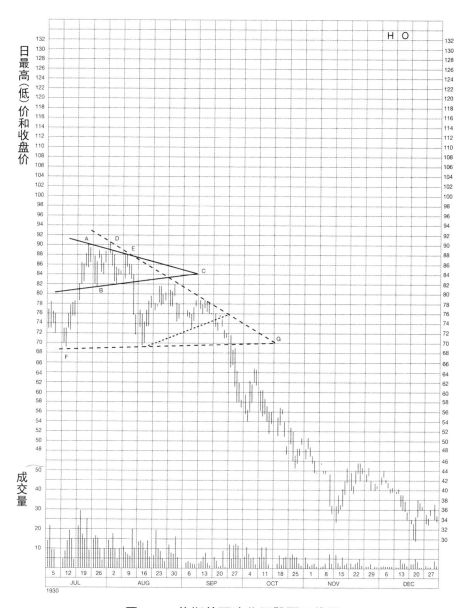

图 3-5 休斯敦石油公司股票日线图

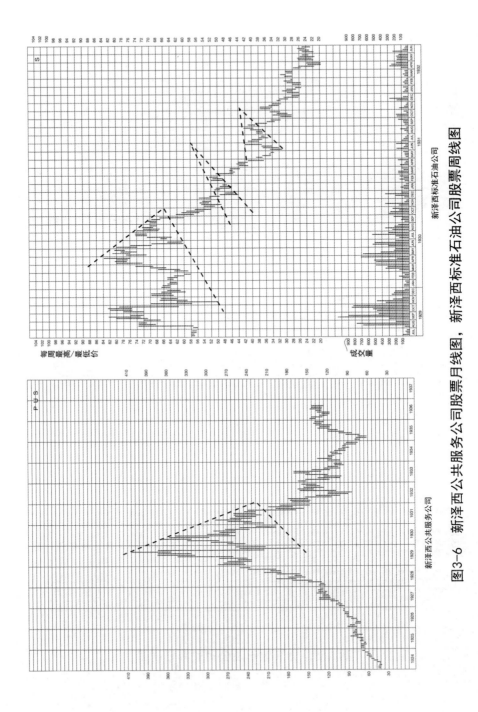

图3-6 新泽西公共服务公司股票月线图，新泽西标准石油公司股票周线图

底部三角形的反转

我们可以用两个简短的例子来讨论底部对称三角形的反转，它所发出的信号预示着下降转变为上扬的反转。

图3-7展示的是1933年秋季奥伯恩公司股票出现的底部三角形反转。价格在11月3日突破了上边线，但这次突破不是决定性的。次日是周六，如果我们把走势图中显示的成交量翻一倍以便同全日交易进行比较，就会确定这次的突破及趋势反转。

图3-8显示的是1935年约翰斯·曼维尔公司股票形成底部反转的一幅对称三角形。研习本图最重要的就是要注意4月3日价格的波动，该日价格跌破底部边线，但又重新返回并收盘于边线内。关于这个问题可以参考此前有关三角形虚假突破的讨论。在这类三角形中，我们已经构思了一个突破前的顶点。4月3日的成交量没有产生任何意义，加上日内的收盘价收在三角形内，这足以使我们不至于做出错误的判断和采取过早的行动。4月5日出现了一次同样的价格波动，收盘几乎又是在三角形之内，但请注意，这次的成交量开始放大，这是三角形出现预报含义的重要线索。在随后的几个交易日里，量能行为确认了这次反转的预报。

价格变化和形态大小的关系

我们在头肩结构的学习中曾经提到过一个基本原则，即价格幅度越大以及技术图形构成时间越长，该图形的重要性就越大，该结构所预示的波动也就越大。本原则也同样适用于对称三角形，但我们必须强调的是，规则是对一般情况的解释，它常常受制于很多例外的情况。有时候小三角形也会导致长时间的持续波动，相反，大三角形却很少引起令人失望的短期波动。不过，规则记在脑子里总是有用的，我们的警告主要是提醒交易者技术图形随时会发生变化，决不能认定一个股票走势后就将走势图束之高阁不再研习。

交易者将会感到，回顾一下我们展示过的走势图并将其形态大小和随后的价格波动加以比较是很有意思的事情。

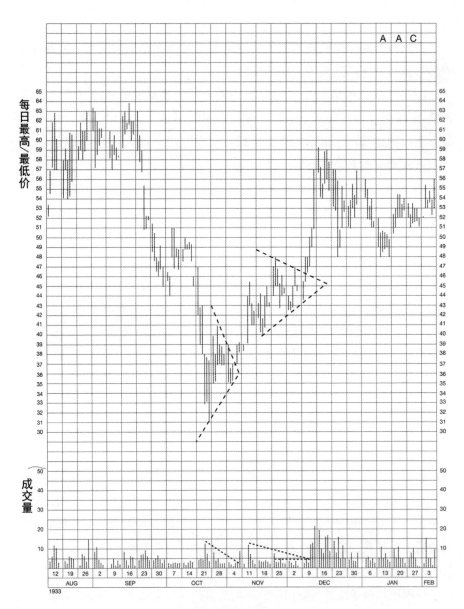

图 3-7　奥伯恩公司股票日线图

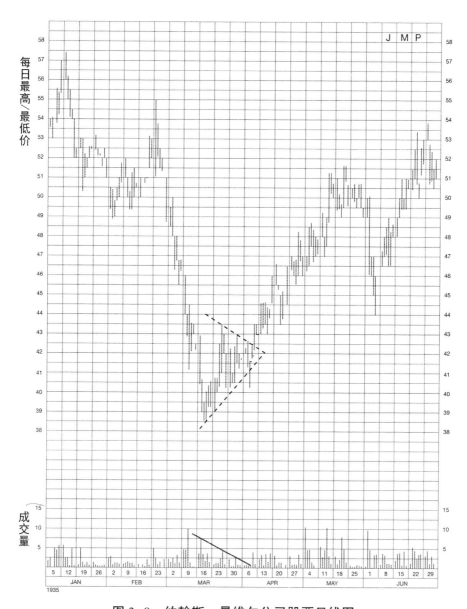

图 3-8　约翰斯·曼维尔公司股票日线图

顶点之后的洗盘性波动

在结束对称三角形反转结构之前，有必要提及一种不常见的行为，它一般在三角形顶点完成后很快出现。在此点位，或者在此点位之前，常常会看到突破形态的波动，紧跟着就会出现快速可观的上扬或下跌。但在一些特殊的情况下，特别是当三角形表现得不规则以及大盘表现得不活跃时，对称三角形就会走出完美规则的顶点，但却不会出现突破形态以及之后的急剧波动。相反，股票会变得相当不活跃，价格范围也仅仅比顶点适度地变宽。

盘整

在这种情况下，我们会经常发现无方向的价格波动不仅会持续一周以上的时间，而且其价格幅度还将围绕这之前的顶点位置上下盘整。换句话说，三角形走势虽然被破坏了，但并没有形成新的上涨或下跌走势，股票价格将在比顶点位置更宽的范围内波动。价格会显示出三四天温和的下跌，可能会跌到比顶点低三四点的位置。之后，它就会无力地掉头上行三四天，可能会走到顶点之上三四点的位置。在股票反弹并找到新的方向之前，可能会出现四五次这类慢悠悠的反转走势，以致再次出现的主波动趋势都很少显示出快速急剧的特征，甚至重新走出一个小的技术结构，有时还会拉长原三角形结构直到逐渐形成另一个顶点。

这种不常发生的洗盘是较长三角形顶点的变化产物，也是三角形通常所具有的快速突破变化的例外。通过密切观察，交易者会从这种洗盘中得到窄幅操作的机会，在顶部下方几个点位买进，在上方几个点位卖出，以便应对又一次的下跌。这种交易转换几乎等于小笔倒买倒卖，尽管获利颇丰，但同时又极具风险，需要随时采取止损下单给予保护，所以不建议普通走势图交易者采用。

直角三角形

到目前为止，在三角形反转学习中，我们讨论的只是对称三角形，它有一条不很清晰的垂直线作为底边，还有两条相等的边直达顶点。对称三角形极为普通，但远没有各类直角三角形那样容易分析。直角三角形同样是由价格区域的收敛形成的，它的底边也是形态左边的一条设想的垂直线。它们的差别在于，直角三角形没有以同样角度从底边凸出去的两条边，它只有一条同底边成直角延伸出去的边，另一条就构成了三角形的斜边。在形态中带有斜边向下的直角三角形叫作"下降三角形"，它几乎总是预报了未来的下降波动；带有斜边向上的直角三角形叫作"上升三角形"，它几乎总是预报了未来的上涨波动。

更为可靠的预报

因此，直角三角形比对称三角形具有更实际的预测价值。我们知道对称三角形有不能预测未来走势的缺陷，但直角三角形根据其斜边的方向就可以预测未来的走向。如果图中的斜边向下延伸，预测走势下降，反之则上涨。

和对称三角形一样，直角三角形常常作为中继形态出现，如果它的斜边指向原来的走势方向，就意味着整理后还将按原趋势运行。然而，我们却常常发现其斜边指向同原走势相反的方向，如果这种情况出现，该结构就属于我们正在学习的反转类型，它将把原趋势改变为一个新的相反的趋势。我们将很容易看到，上升三角形预计会形成顶部反转结构，下降三角形则预计会形成底部反转结构。

反转型下降三角形

正像我们在前面所指出的那样，最强劲的反转形态都是在较大的上涨或重要中级上涨的顶部形成，换句话说，它将在较大或中级下跌波动的开始阶段出现。在第二章讨论的头肩结构中，这一点非常准确，但却在小型趋势的反转中很少有实际作用。下降直角三角形也会出现在重要波动的顶部，它们还频繁地出现在小幅反弹的顶部，对技术型交易者预测反转非常有用。

图 3-9 显示了一个大型下降三角形的极好例子，它预示了一次重大下跌。格利登公司股票在 1930 年恐慌后的反弹中，逐渐到了 37 美元之上。从 3 月 20 日顶点 A 开始了数次回落和反弹，每次回落都使价格下降到 34~34.5 美元左右，但随后的每次反弹都没能回到前一次的高度。因此我们首次看到了上涨运动的反转迹象——其结构就是此直角三角形具有 A—B—C—D 一条斜边，另具有 E—F 一条水平延伸的边。

请注意，在价格突破之前，我们已经依靠形态得到了一种暗示，即价格走势即将反转和未来市场必定下跌。如果三角形形成了一幅对称图形，一条边向上倾斜，另一条边以同样角度向下倾斜，这种推断就不会成立；在对称图形的情况下，我们只有等待突破后才能看到价格运动的方向。同理，如果一条边水平伸出，另一条边有力地向上倾斜，其预测就是原来的上行趋势将会继续而不会出现反转。简言之，如果我们在其运行中识别出了这种下降形态，又由于我们碰巧是格利登股票的多头，我们就有充分的理由立即抛出股票获利了结。

突破伊始，量能不是必需的

投资者若要进行卖空操作，等待其突破是最安全的办法。4 月 24 日，格利登公司股票价格突破后收盘在形态之外，但其成交量未见放大。次日价格得到确认，但成交量仍未放大。这种突破伊始的低成交量，是直角三角形反转时的常见现象，这一点同对称三角形的突破是有区别的，在对称三角形反转时我们需要成交量确实放大才可以进行操作。由于下降直角三角形已经表示了市场日渐疲软，因而可以断定不需要过大的卖盘其价格也会跌出形态。底线的支撑力度最终也不得不退让。因此，在形态预测方向内的收盘价同底边产生的明显差距就可以被认作有效突破和卖出信号。

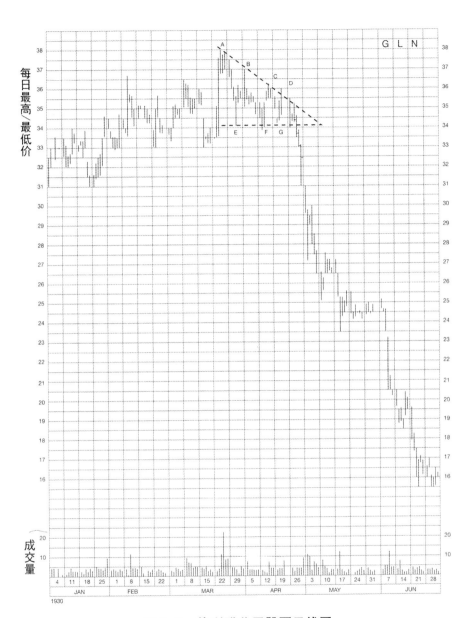

图 3-9　格利登公司股票日线图

我们无意暗示在直角三角形开始突破时成交量未放大是一种规则，因为并不存在这一规则。在多数情况下，量能急剧放大会伴随着突破出现，通常价格也会相应地波动。我们希望交易者认识到的是，在直角三角形中不需要等待量能信号来确认对下降三角形底边的有效突破，或确认对上升三角形上边的有效突破。

线外波动

请注意，在上一章我们曾明确解释了"另类有效突破"，其含义为价格突破后收盘价确切地收在了形态之外。这类突破我们已经在第二章（第58页）"等待确认"标题下给予了讨论。另一例子也对此类"警告"给予了进一步的说明，该例子就是纳什发动机公司股票在1929年出现的下降三角形反转走势，见图3-10。

纳什发动机公司股票在8月5日达到了最高点（比多数公司股票最后冲刺要早出两个月之多），此最高点显示为单日反转型。此后，该股票走出了一个大型下降三角形，其水平支撑线处于84美元。9月12日，该支撑线被突破半个点位，次日价格一度跌出一个整点，日内反弹回形态内收盘。

9月14日之后，价格在形态内波动了近一周时间未再出现突破。直到9月21日，量能放大才确认了有效突破（该日又是周六，翻倍的成交量给出了明确的预示）。

9月12日到13日纳什公司股票出现的线外波动在直角三角形中绝不是罕见的现象。这种现象不应算作虚假突破，因为它们是在预期的方向上发生的突破。线外波动时常出现在单个交易日之内，所以也被叫作"单日线外波动"。

在纳什公司股票线外波动的案例中，有理由假设参与大笔抛售该股票的专业投资者把84美元作为价格支撑位，只要股价一落到此价位他们就会撤回卖单。9月12日，纳什公司股票盘面走势疲软，导致其走势在一两天内有些失控，这有可能促使该股票的投资者不得不重新买回股票以阻止价格崩溃，以便他们在获利价位完成全部抛售。这种解释可能过于简单，不能完全说明线外波动的意义，但正如我们在前文所提到的那样，只要我们能够识别这种现象并不被其误导就够了，解释的完美与否就不是很重要了。

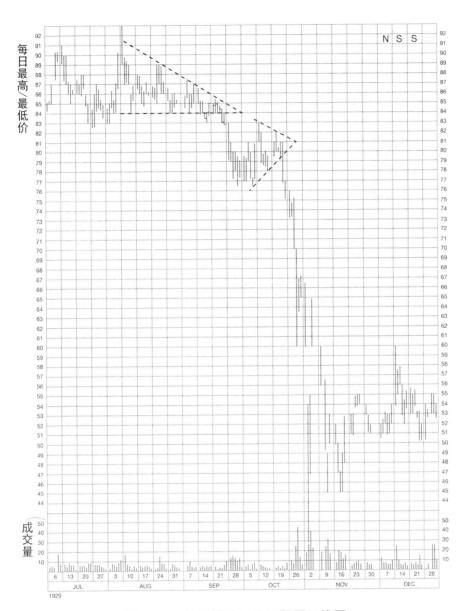

图 3-10 纳什发动机公司股票日线图

卖空

从线外波动的研究中我们得知，在出现明确突破后再进行卖空操作是最安全的策略。在纳什发动机公司的案例中，一旦确定下降三角形正在形成，就立即清空多头股票获利了结则是安全可靠的。但是，假设我们因为支撑线在 9 月 12 日被突破，就在 83.5 美元进行卖空操作并在 85 美元埋下止损卖单，几天后这笔止损单就会生效，交易就会以小笔损失而了结。如果等待确切突破后再行动，我们就可以避免这笔损失。

大盘对个股的影响

纳什发动机公司股票走势图（图 3-10）不仅仅展示了线外波动，也同时展示了另外一种现象，虽然这种现象更适合在有关市场策略中给予讨论，但在这里也值得关注。

请注意，纳什发动机公司股票的下跌走势在 9 月 21 日之后很快便引来了买盘，随后便在 79 美元附近横盘了近一个月。突破发生后，对纳什发动机公司股票进行卖空操作的技术型投资者在等待下跌走势重新开始，他们此时非常关心自己的操作正确与否。在反转形态突破之后很快出现的盘整常常产生"刹车"效果，这种效果是整个市场的力量不断作用于个股而产生的。这段时间，纳什发动机公司股票出现的盘整显然是由于下列事实而造成的：纳什发动机公司股票 8 月初就走到了最高点，而散户投资者在这段时间积极参与的大多数股票，都直到 9 月下旬才走出最高点，而大盘直到 10 月份才进入最后冲高阶段；8 月份，纳什发动机公司股票已经明确开始下行，但大盘依然很强；在 8 月份和 9 月初买入纳什发动机公司股票的新股东（投资者）没有任何清盘的压力，大盘的强度也使他们相信手中的股票将会再次走高。因此，已经被清楚地预测出来的纳什发动机公司股票下降趋势，在大盘没发生变化之前一直没有表现出快速急剧的下行状态。

大盘对个股技术走势的这种"刹车"影响，是一种经常出现的现象，它足以使缺乏经验的技术投资者在脑海中产生疑问，这也就是我们在此简要讨论的原因所在。

观察并分析 1936 年初春几家铜业公司股票走势图的交易者，可能看到了一个相反方向的类似行为。其中几家公司股票走势强劲，预示着价格即将抬升。但是大盘在此时却显得很疲软，4 月份达到最低点（道琼斯工业指数累计下跌了 20 点），这个下跌走势在开篇插图上可以看到。铜业板块的强劲技术指标被抑制住了，直到大盘的回落得到修正。然而，它却使人们感觉到其强劲上涨的力量要高于下跌的力量。

上升三角形反转

正如下降直角三角形所预示的上升将逆转为下降一样，上升三角形预示的是下降趋势逆转为价格升高的走势。我们在下降三角形一节中所讲解的所有问题都同样适用于下降走势中的上升三角形，当然，它的预测相反。

图 3-11 展示的是一幅上升直角三角形，它预测了 1933 年秋季赫德森发动机公司股票由下降转变为上升的走势。可以观察到其中一个有趣的现象，每当接近三角形的顶点时就会出现顺斜边方向价格拉升的走势，这暗示了技术力量正在快速吸筹。11 月 20 日，成交量放大，价格试图冲破 B—C 阻力线，这更显示了买方力量正在增长。11 月 25 日到 26 日，价格再次上冲并突破形态，但直到 12 月 1 日价格才有效突破。价格在 15 美元位置横盘整理，构成了一个持续整理的上升三角形，之后快速上升到了 23 美元。

图 3-12 显示的是约翰斯·曼维尔公司股票的上升三角形反转，这一反转出现在 1936 年 4 月底的下降走势中。交易者可以在图中看到头肩底的迹象，C 点为底部，E 点和 G 点是较长的双右肩，但这个形态是不规则的，多数交易者更愿意将其看作上升三角形。价格在 H 点出现回落，似要回到斜边，但在 F 点重新抬头向上，这说明了技术力量正在急速增长。J 点位的价格缺口（将在第七章"突破缺口"下对其进行讨论）进一步强调了随后将出现的大幅上升。

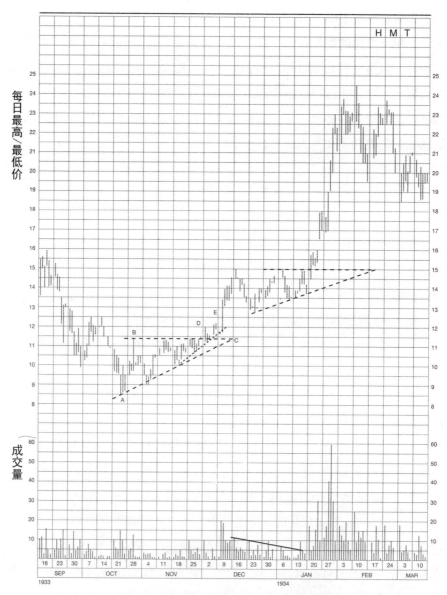

图 3-11　赫德森发动机公司股票日线图

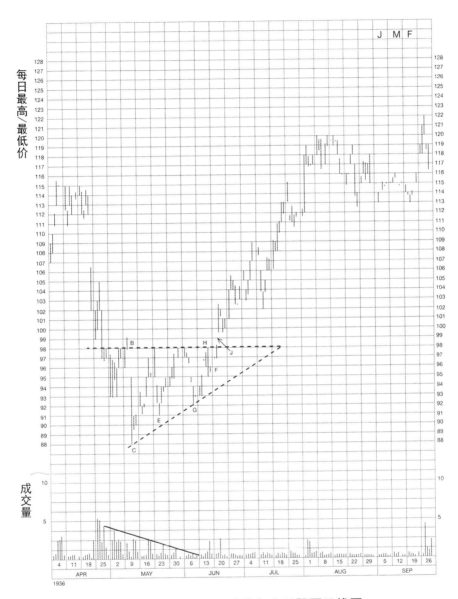

图 3-12　约翰斯·曼维尔公司股票日线图

周线图中的直角三角形

下降三角形在长期上升的主趋势末端是相当常见的。上升三角形在下降主趋势末端却是不常见的，但一旦出现就会非常重要，而且一般都是有效的。

图3-13是一个周线图中一旦出现下降三角形的绝好例子。

楔形结构

楔形结构所产生的基本条件同三角形完全不同，但它们的外观形态却互有关联。因为它可以预测随之产生的反转趋势，所以它应该归类于反转形态；但是若想解释清楚它的运行原因却不是一件容易的事情。楔形反转产生于逐渐收缩变窄的价格范围，但主趋势并没有减速运行。楔形并不像对称三角形那样随着底部越来越高、顶部越来越低的价格收敛而形成，楔形是随着顶部越来越高、底部也越来越高聚合而成的（在下降趋势中则是顶部越来越低、底部也越来越低）；但其顶部和底部的延伸幅度则会越来越小，直到股票价格进入一个比平时窄得多的范围内波动。楔形形成过程中，股票活跃度会逐渐降低，随着形态进入楔形顶部，成交量也会减少，就好像三角形形成中成交量减少一样。

在离楔形理论顶端很近的某个点位，价格会突破形态选择方向，这个过程中成交量可能放大，也可能不见放大。随后，价格会向形成楔形的相反方向发展，速度会有所加快。

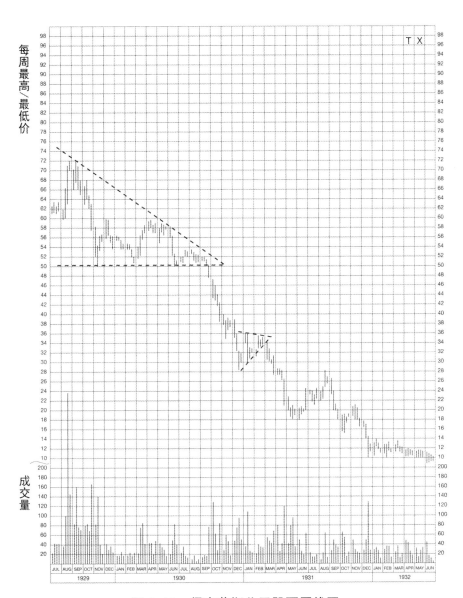

图 3-13　得克萨斯公司股票周线图

楔形例子

在对楔形形态进行深入分析之前，我们最好通过典型的例子将其外观深深地记忆在脑海里。图 3-14 是纽约电话公司股票在 1931 年走出的楔形走势。请注意在 1 月到 2 月这段时间里，其价格在一个由 A—C 和 B—C 连线形成的清晰、狭窄的轨道里逐渐走高。同时，成交量也逐渐并明显地减少（2 月 10 日和 21 日两天的急剧反弹除外）。2 月 28 日，价格突破形态向下运行，如果把当天的交易量按周六翻倍计算，毫无疑问其活跃度是一种激增。随后的下跌使纽约电话公司股票在 3 个月时间里从 124 美元下跌到了 74 美元，尽管这种程度的波动并不总是会被楔形所预测。然而，快速的突破和新趋势的明确变化的确是典型的上升楔形。

上升和下降楔形的比较

图 3-15 显示的是电器自动化新技术公司股票在 1932 年春天日线图中的下降楔形。请把图中楔形完成后的成交量和价格走势同纽约电话公司股票走势（图 3-14）进行比较。请注意，在新的上升趋势开始之前，价格突破下降楔形后出现了一个犹豫盘整阶段。这是典型的下降楔形之后的价格和量能走势，正如我们看到的那样，它同上升形态之后的典型走势截然不同。两种形态都预示着趋势的反转，但许多下降楔形的案例中，走势会延缓一段时间。有经验的交易者在价格突破上升楔形的顶部时一定会迅速采取行动；而在底部时他可能会延缓行动，直到价格和量能走势显示新的上升趋势真的开始了。

图 3-14　纽约电话公司股票日线图

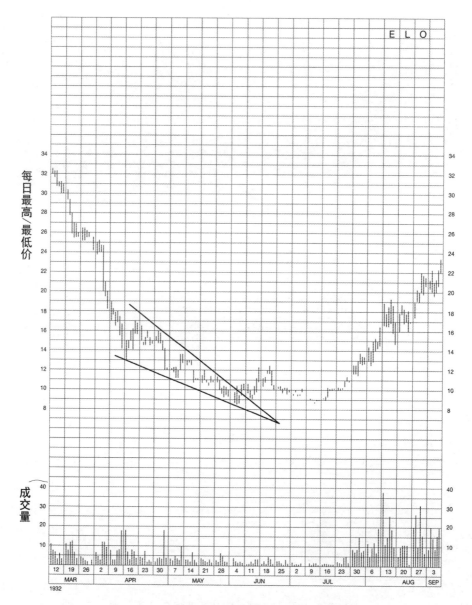

图 3-15　电器自动化新技术公司股票日线图

楔形的严格界定

此时，我们应该对交易者发出以下告诫。只有当它符合了此处的定义，楔形作为反转结构才是可靠的。楔形边线必须清楚地界定，还必须满足价格走势。楔形走势必须明确指向上或指向下。按水平方向凸出的收敛形态往往具有三角形的性质，交易者应该注意，三角形发出的预测和楔形是完全不一样的。

事实上，楔形不是一种常规结构。将其同重要的反转形态一起研究，只是因为它的图形同三角形相似，还由于被严格界定后它所具有的可靠性。

三角形反转结构总汇

我们现在来回顾一下本章所述的预示价格反转的三角形和相关结构。

对称三角形既可以表示原走势将发生反转，也可以表示原走势将持续整理，后者比前者发生概率要大。只有顶点附近的突破给出重要的信息后，这种结构才会告诉我们下一步的变化是向上还是向下。

直角三角形也经常作为中间形态或持续形态而出现，作为反转形态的情况较少。但是，它会在突破之前明确地预示出下一步运行的方向。

直角三角形的斜边如果从原形态向上倾斜，就叫作"上升三角形"，行情看涨。如果斜边向下就叫作"下降三角形"，行情看跌。

楔形是一种清楚界定的形态，它的价格走势呈收敛形，尖端要明确地向上或向下；它们预示的是自身走势的反转。

所有这类形态都具有一个共同的特征，就是当价格向顶点收敛时，成交量不断萎缩，当价格突破形态并且新走势开始后，成交量急剧放大。

我们已经注意到，楔形必须严格同界定一致，但三角形的解释就可以有很大的自由度。然而，我们愿意适当地向新手建议，在开始阶段，应该把交易限制在定义和预测都很清晰合理的形态里，一定要收集到足够的数据和积累了充足的经验再去尝试把一定的形态应用到不规则、不易解释的价格走势里。

三角形可能的原因

在结束讨论这组反转形态之前，我们愿意简短地谈论一下产生这些结构的供求因素。

对称三角形是由犹豫、怀疑以及对影响股票前景的一些事件久拖不决的因素产生的典型图形。它并不一定就是操纵和联手交易的结果。1936年美国大选之前，一些大型公用事业控股公司股票所走出的大量三角图形，就是证明对称三角形是由于犹豫等因素产生的最好例证。在一些其他案例中，价格踌躇不前只是由于买盘或卖盘暂时的疲软无力，以及交易者想在重新评价市场之前喘口气而暂停了操作。

另一方面，直角三角形的确显示了某种程度的专业人士联手交易行为。下降三角形清晰地显示了不断增加的卖盘遭遇了多少有整体意识（也就是大庄家或者操盘手）的买盘，它们就是要在特定的支撑价位买入。上升三角形显示的是：增加的买盘在特定的出货阻力位遭遇了或多或少具有整体意识的卖盘。

正像我们在图3-10纳什发动机公司案例中所提出的那样，在下降三角形案例中，我们会见到一些投机者（大投机者）向散户大批派发手中股票，在派发完毕之前他们就要支撑住市场某个价位。他们购买股票所支撑的价位变成了三角形的水平底边。在上升三角形的案例中，我们看到的是专业投资者吸筹的图形。积极买进的投资者在获取大量股票筹码之前，并不急于吸引一般散户跟进，所以他们就会在某个价位的上边对买家抛出自己吸筹的筹码以阻止价格的上涨。

当买盘在增加并吃进了越来越弱的筹码后，投资者就会感到低价位可买的股票越来越少，因此，三角形底边就会倾斜上扬。最后，他们不得不在比可以收购的价位高一点的位置卖出更多的手中筹码，以阻止股票上涨。之后，构成三角形顶部水平线的阻力就会消退。此时，其他买家发现卖盘已经耗尽，只好大幅度提高他们的买价以获取股票。突然的上涨走势吸引了更多的买家，走势图上就会出现价格不断升高的进程。

不能想当然地认为，上升三角形每次都是由一户大买家或一个投资组织所操纵形成的。可能会有一些投资者或大批交易者在收购筹码，但他们互无联系；同时其他一些不看好股票前景的组织就会在一个特定的价位卖出手中股票。就走势图所显示的而言，最终结果是一样的。

形成楔形结构的因素较难分析。最重要的因素可能就是股票活跃度的减少，这是由于投资者感觉到价格暂时超越了股票的内在价值。然而，正如我们所评论过的那样，只要了解了可能产生的结果，原因就不那么重要了。

下一章我们将讨论更为复杂的反转形态。

第四章　重要反转结构（续二）

四种反转形态

我们在学习反转形态时已经看到，它们具有各种不同形态和变形，但归根结底，它们是同一种基本现象的不同表现形式，这种现象就是卖盘与买盘之间平衡的不断变化。

我们注意到，圆顶形反转在所有这些技术反转走势中是最合理，也是最简单的；头肩结构是一种不很规则，顶部更为陡峭，且振幅更宽的反转形式；尽管三角形并非总能形成反转，但因其导致先前走势的疲软，以及随后成交量的萎缩而使自己跻身于反转形态，这一点毋庸置疑；我们很难对非常罕见的楔形做出合理的解释，但它的确给我们提供了十分可靠的反转预测。

一种容易误解的形态

现在我们来看一种形态——双重顶形态（或者它的对应形态——双重底形态），它是我们讨论最轻松、流畅的反转形态之一。阅读报纸金融专栏或听从董事会传言的外行们，毫无疑问常常听人谈及此种形态。肤浅的金融专栏作家们提及的频率如此之高，导致股市新手很可能会相信双重顶或双重底形态的确是一种反转的常见信号，而忽略了对它们的研究。不幸的是，事实并非如此。无论双重底还是双重顶形态，都不能可靠地预测主趋势是否将发生重大反转，肤浅的专家却喜欢诱导我们相信它们可以预测。其中不足三分之一的形态可能会预测反转，那些看起来像双重顶的多数形态，对于见多识广的交易者来说根本没有什么意义。

不过，真正的双重顶和双重底及与其相关的形态，的确常常预示着大行情的反转，它们在我们对标准的、重要的反转结构的讨论中应占一席之地。我们必须首先研究如何辨认可能形成真正双重顶反转的走势。

与前面走势的关系

辨认双重顶形态时，首先要考虑的因素之一就是形成双重顶之前的走势。如果股市一直处于长期上扬走势中，则双重顶形态很可能导致反转。而如果先前走势延续时间短，则看起来类似双重顶形态的形态就有可能被打破，结果是上扬走势继续。就这点来说，此结构出现在其他走势图上和出现在指数走势图上意思都是相同的，如果它们显示出重大行情反转的信号，我们就可以据此判断真正的双重顶形态正在形成。

其他有用的迹象也会出现在形态中。

典型双重顶形态的形成

在活跃的股票市场，一只股票常常会迅速上涨到顶点，同时伴随着巨大的成交量。然后在没有任何明显反转结构形成的情况下，跌落几个点位，之后连续几周保持在较低的价位不动，交易冷清。随后出现的是伴随成交量放大的又一次上涨，大致到达与前一次同样的价位后再次回落，同时成交量再次萎缩。两次急剧上涨均在同一点位遭遇卖盘的强力打压，看来似乎已经耗尽了买盘能量。于是该股票跌至两次高点之间的回落位置，常常在此点位盘整一段时间继续呈下跌走势，同时成交量放大。在详细讨论典型双重顶形态的重要特征之前，研究以下几个例证是很有用处的。

双重顶反转的例子

图 4-1 显示了一个近乎完美的双重顶形态，它是美国辐射与标准卫生设备集团股票在 1929 年形成的走势图。此结构形成之前的价格走势没有在此走势图上显示。不过，也没有必要告诉交易者，该股票在此前好几个月当中一直处于牛市，并且在 1929 年上半年其价格迅速升高。7 月份该股票到达第一次顶点 54.5 美元，在此点位附近成交量放大。然后从第一次顶点急剧下跌，在 45 美元至 49 美元之间上下震动达 5 周之久，成交量相对较小。在 9 月份的第一个交易周，该股票价格再次迅速拉升，并伴随成交量放大，一天之内价格到达并略微高过上次顶点，但未能以我们认为十分有意义的幅度穿过该点。以后的走势就无须特别加以评论了。

图 4-2 显示的是另一个双重顶形态，它是霍戴勒-赫尔西-B 公司股票 1930 年春季的走势图。该股票在 2 月份的第一个交易周离开了恐慌造成的低价，强势上涨至 28 美元以上。到达顶点时，成交量极度放大。在股价迅速回落至 24 美元后，它又开始了一次非常平缓的上扬过程，连续几天价格围绕 27 美元上下运行，交易活跃。4 月 19 日，价格升至 28.86 美元后回落，收盘价为日内最低成交价，同时大的成交量也确认了我们在第二章中看到的日内反转走势。这种走势常常预示行情的转变。第二次顶点完成了双重顶反转，股票随后迅速跌落至 10 美元（后来更低）。

就真正双重顶反转的各个必要条件来看，霍戴勒-赫尔西-B 公司股票的走势图与美国辐射与标准卫生设备集团股票的走势图相比，算不上十分典型，但两者在其重要特征方面，均符合该形态的要求。两者都是在长期平缓走势后以大成交量形成第一次顶点，到达顶点后没有逗留并迅速下跌。在两次顶点之间，两者同样从顶点都下降了 20% 左右。两只股票在第一次的顶点再次被接近之前同样经历了几周的成交量萎缩期。两只股票的第二个顶点也伴随着巨大的成交量，在与第一次顶点大致相同的价位迅速形成的成交量大小差不多。所有这些特征，在我们研究双重顶形态的实际运用时，都要加以考虑。

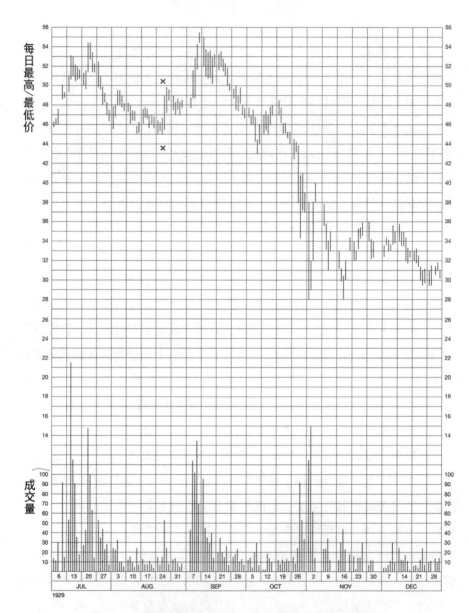

图 4-1　美国辐射与标准卫生设备集团股票日线图

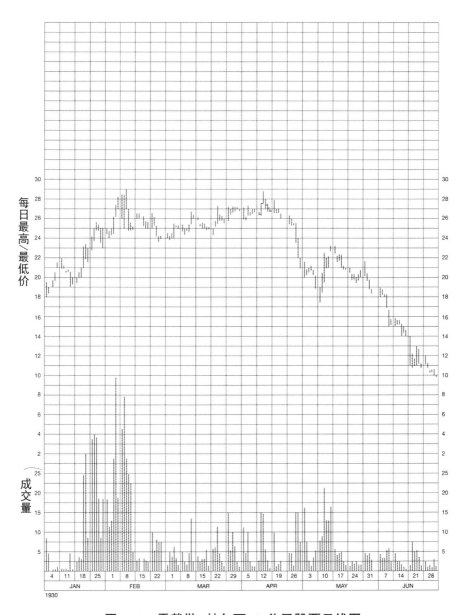

图 4-2 霍戴勒–赫尔西–B 公司股票日线图

第一次顶点形成时，成交量十分重要。在第二章里我们已经注意到，在反转点位成交量放大的一般规则，必须在真正双重顶反转的案例中严格运用这一规则。作为一种规律，第二个顶点的形成也伴随着十分引人注目的成交量，但这次成交量的规模不一定与第一次顶点形成时的交易规模一样，它常常只是略微高于两个顶点之间成交量的平均水平。两次顶点并不一定要在同一点位形成，第二次顶点也许会稍稍高于第一次顶点，但也可能达不到第一次顶点的位置。在 100 美元以下的交易中，一个整点的差距不会影响其形态的有效性。考虑到我们所研究股票的价位和它的股性（就是股票价格历史表现的一些特点），两次顶点的基本价位只要大致相同即可。

比成交量因素更为重要的，是到达第一次顶点后下跌的程度，以及两次顶点之间持续的时间。从股票的价位来讲，第一次顶点后的下跌应具有一定的重要意义。在研究前面的两个例证中我们已经提到过，这次下跌大致为 20%。若欲构成典型的双重顶反转，下降的百分比可以大大超过 20%，但不应该小于此比例太多。而且，在股票第二次上攻之前应该有为数不少于几天的蓄势缓冲期。一般来说，两次顶点之间的间隔越长，这种形态成为重大反转信号的重要性也就越大。

当股价回落，并以较大幅度穿透了两次顶点之间形成的低价区域时就可以确认反转的预测成立。

双重顶形态可以被比作一支军队在防御极强的敌军阵线前所做的连续进攻。第一次大举进攻被拦截，很快就被击退。进攻者后退至安全位置，养精蓄锐后又向敌人的战壕发起第二次进攻。再次补充了弹药后，敌军的第一道防线可能会被稍稍攻破，或者是在完全达到目标之前被拦截。不管是哪种情况，总之是进攻又被击退了，但是，这次被打败的军队力量耗尽，全线撤退。战场趋势发生了反转。让我们继续进行推理，准备的时间越长，第二次进攻的力量越强大，未能穿破敌人阵线所产生的反转意义也就越大。

交易者如果愿意的话，可以把这种比喻运用到我们以后对双重顶或双重底各种形态的研究当中去。

双重顶之间间隔较短的问题

图 4-3 显示的是普曼公司 1932 年形成的双重顶图形。读者会注意到，这一图形在某个重要方面与我们研讨过的形成反转的条件不相吻合，即两个顶部之间的间隔时间太短。尽管该形态中的其他要素与双重顶定义都是吻合的，但这唯一一个不符合的情况，使我们不得不怀疑普曼公司股票在一轮新的下降行情中是否会有大的波动。事实上，这一下降的走势被终止得过快，除了那些最敏捷的投机者，大多数人都不能从中获利。

普曼公司的这一走势图被纳入我们的研究范围，用以说明当双重顶形态在某些方面与我们所认定的反转形态的要求不相一致时，重仓买卖股票是极具风险的。不过必须承认，一般股票的确偶尔会在只有几天之隔的双重顶形成之后发生反转。在很多这种情况下，一些其他形态也提供了更为可靠的反转迹象。例如，我们会在以后的章节中研讨的倒三角形。事实上，走势图上两个双重顶离得越近，它们越可能成为形成某种技术形态的要素，而这种技术形态，在其演变中就会预示反转或预示延续。读者会在走势图中发现很多说明这些研究成果的例子，在这些例子中，股票在大致相同的点位形成双重顶，相互间离得很近，且反转跟随其后。

就这些重大反转之前没有明显图形显示的罕见实证而言，除非凭借想象力，认为几天之内由巨大成交量形成的结构可能是双重顶形态，否则我们必须要记住，很多重要波动发生时，走势图上都没有任何预示模型。图形狭长、走势不稳定的股票尤其如此，这种股票买盘和卖盘的技术因素可能会极为迅速地改变，当然其他股票有时也会有这种变化。我们力促技术型投资者注意常常会出现的、真正可靠的走势图形态，而摒弃不可靠的形态。

顺便提一句，读者会发现图 4-3 中普曼公司在 10 月份的第一个交易周于第二个顶点位置形成的小型倒三角形很有意思。这是一个很好的预测反转的清晰图形。但其较小的规模以及短暂的上升幅度都显示出其后下跌的幅度会很有限。

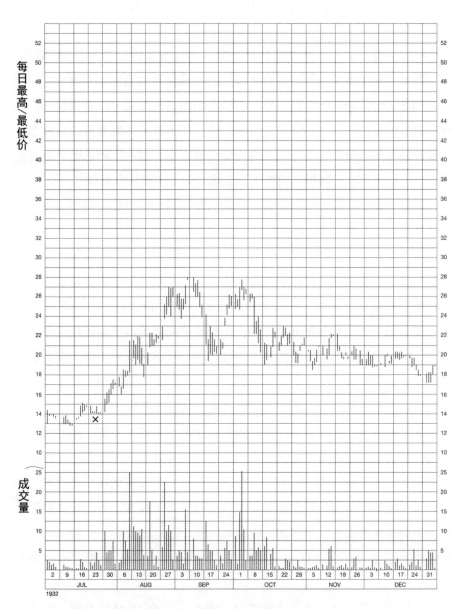

图 4-3　普曼公司股票日线图

双重底的例子

当然，双重底其实就是掉转方向的双重顶。它受相同条件的制约，并具有相同的含义。预计双重底部的成交量应明显低于双重顶部的成交量，但双重底部的相对成交量以及双重底间隔期的成交量则遵循真正双重顶形态的同一规则。当满足我们上述分析过的所有必要条件的双重底在走势图上出现时，我们有理由相信一轮相当大的行情会随之而来。这种类型的形态给技术型交易者明确提出了预示：1936年春季行情中许多领头股票将摆脱急剧下跌而出现反转，并会出现长期获利行情。图4-4和图4-5就是极好的例证。建议交易者仔细研究这些例证，仔细查看价格、成交量和交易时机，以检验双重底的可靠性，并进一步观察新一轮上升行情中两个底部之间价格盘整的状态。

多重顶与多重底

与构成双重顶或双重底相似的技术因素有时会形成三个、四个，甚至是五个具有相同含义的结构。与真正的双重顶或双重底反转相比较，间隔更为接近是这些多重顶形态的顶部（或底部）的特征。这是此类形态应该呈现出的图形，非常符合逻辑。不论是否能够公正地进行这种类比，我们都可以在走势图技术分析中假定，每当股价试图但未能击破持续行情中的某些特定点位时，每一次冲击都给反转的预示加重了分量，而且上攻的时间拖得越长，随后行情的价值越大。

不过应该注意的是，在更多的情况下，走势图中一些多重顶部或底部的图形可以被分类为其他更为可靠的技术结构——甚至会含有相反的暗示，例如持续直角三角形。

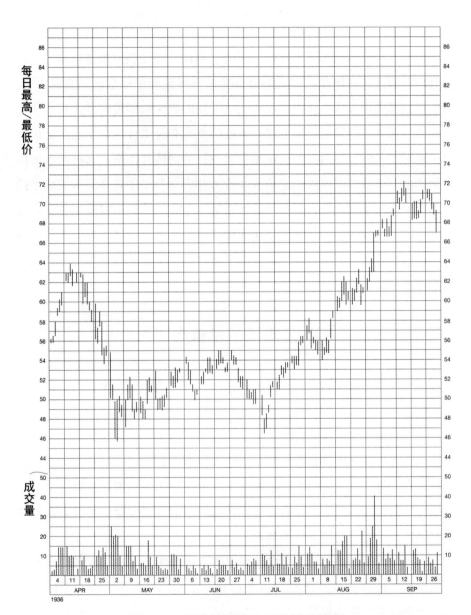

图 4-4　伯利恒钢铁公司股票日线图

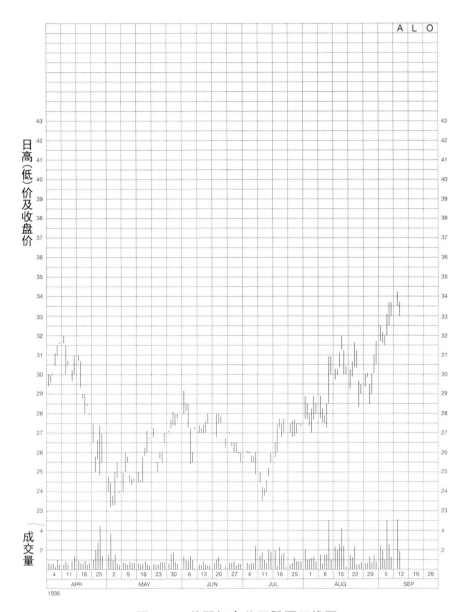

图 4-5　美国机车公司股票日线图

多重反转中的量能行为

在那些不会产生疑义，图形信息明确的多重顶或多重底图形中，第一次反转的形成伴随着巨大的成交量，但其后成交量的图线通常含糊不清、没有规律，对行情的预测几乎提供不了帮助。直至价格在新的行情中突破，成交量再次急剧上扬，才会有新的指导意义。图4-6是蒂姆肯滚珠轴承公司1931年上半年的走势图。我们可以看到，多重顶使行情发生了反转。6周之内连续四次反弹都没能将股价推上59美元。第一次顶部形成时成交量很大，但是需注意其单日反转的形式——这本身就是一个警告信号。然而，重大反转的第一次确认始于4月7日价格的突破，当时价格跌破了头两次的顶部，之后形成一个小底部——52美元；突破时的成交量比前两个交易周的平均成交量有所放大。在6月份的第一个交易周内，价格跌至32美元。这时形成的结构可能会被看作是疲软、不确定的双重底，但实际上它更应被看作是带有虚假突破的对称三角形反转，我们将在后面"底部走向"章节中讨论此种形态。

假双重顶的例子

请注意，在1931年蒂姆肯滚珠轴承公司股票走势图中，1月上旬的48美元和当月最后一周又一次在同价位形成的顶部。缺乏经验的绘图人员常常会将此类价格走势称为双重顶，这一走势图是个很好的反证。事实上，不止一个股市评论员在对1月29日的走势进行评论时都用了"蒂姆肯滚珠轴承公司股票看来已经形成了双重顶"这样的字眼。但研究人员很快就会发现，这次双重顶无论其间隔时间还是两次顶部之间的回落幅度都不支持双重顶的构成。

而且，这些次要顶部实际上构成了上升三角形的水平顶部或支撑边线，这个形态导致的是更高的股价而不是反转。

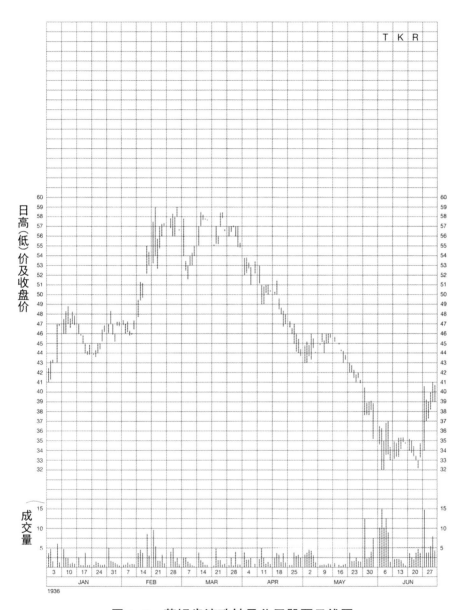

图4-6　蒂姆肯滚珠轴承公司股票日线图

多重底结构

图4-7显示的是克莱斯勒汽车公司股票1936年5月多重底反转的典型走势。第一次底部（91.75美元）在4月30日形成，成交量放大，但请注意日内以最高价95.5美元收盘——这是日内反转的一个极好例证，其本身就已给出持续反转走势的信号，尽管仅有这种行为不能保证保守的交易者采取"长线"立场。5月12日，股价再次探至91.75美元，接着再次反弹。5月19日抛盘压力又一次迫使价格回落至上一次形成的底部91.75美元。5月26日价格再次上涨，这时形成的低点暗示双底或多重底反转形态可能出现，当时价格高高收于前几次小型反弹达到的价格之上。不过，这一阶段的成交量并没有给予确认，在克莱斯勒股票不断成长的技术力量最终取得胜利之前，以及新一轮上升行情确立之前，又出现了最后一次试图跌穿先前底部的回落。一个极端保守的交易者在6月20日价格突破盘整出现决定性破位之时，如果记得星期六成交量要加倍的话，他就会得到所有他想得到的确认条件。

长期走势图上的双重顶和双重底

在各个股票的周线图和月线图上，规范的双重顶图形一点都不少见；规范的双重底图形也经常出现，并且出现的频率比双重顶要高得多。在这两种状态下，图形的理论意义远远大于实际意义（请参阅第二章我们对周线图和月线图中头肩形态的讨论）。如果周线图上缺少成交量的确认，尤其是双重底形态的成交量并没有放大的话（因为突破时的成交量通常仅在一天或两天内完成），那么在周线图的整体走势图中并不显著。

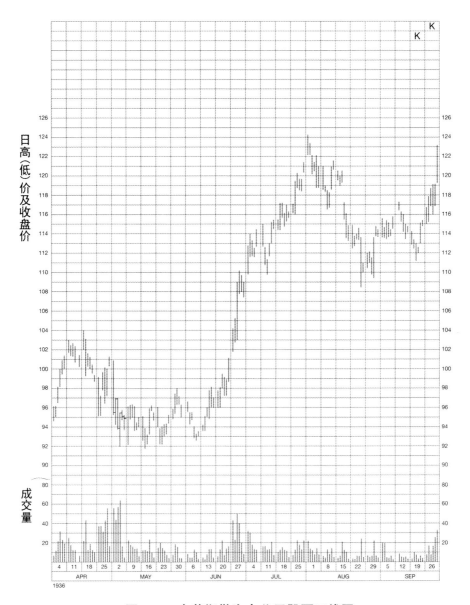

图4-7 克莱斯勒汽车公司股票日线图

图 4-8 是美国银行票据公司股票的周线图，上面显示的是一个很规则的双重底形态。在 11 美元与 12 美元这两个底部之间的间隔为一年，这可能使人们认为其互相之间没有联系。然而，我们有理由认为以基本面支撑的"铁底"的确在此价位形成，它反转了股票趋势，并构成了长期获利上涨行情的基础，此行情于 1936 年初使该股票涨到了 55 美元。两个双重底形成的反转形态使这一研究尤其有趣。在 1933 年 10 月的第一次底部，一个上升三角形给出了行情上升的信号（伴有可靠的成交量确认），随后在年末出现了一个强有力的持续对称三角形。第二个底部出现于 1934 年秋季，它是一个完美头肩形态的一部分，肩部于 7 月和 12 月形成。

"M"形顶和"W"形底结构

过去有些金融作者把一些含有看起来类似于大写字母"M"和"W"的走势图图形看作明显的反转形态。不过仔细观察一下很多股票的图形，我们就会认为"M"和"W"结构其实一点也不罕见，也没什么值得大书特书的，不过是双重顶和双重底的普通变形而已。一般来说，就成交量、走势的力度、交易时机而言，构成"M"和"W"结构的必要条件与构成双重顶或双重底的必要条件是一样的。对它的解释也与双重顶或双重底一样。

"M"结构是一种双重顶形态，表现形式为价格急剧上涨达到第一次顶部，然后以同样急剧的速度下降，在与第二次顶部的间隔之间形成一个相当深的 V 字形价格轨迹。大写字母"M"的形象更多地出现在盘整和停滞走势中，我们已经看到，在许多走势图中盘整和停滞走势都产生在双顶之间的底部价格区域。正如所料，"M"结构通常出现在习惯快速波动并突然产生反转的股票中。

"W"形态则是"M"形态上下颠倒过来，是双重底的类似变形。美国银行票据公司股票的周线图（图 4-8）描绘了双重底的完美"W"形状，美国机车公司股票的日线图也具有同样完美的图形（图 4-5）。

三重顶反转结构中也会出现罕见的完美"W"图形，其预测价值不亚于任何明确的多重顶形态。在国家电力照明公司股票 1931 年上半年的走势图上，可以看到这种三重顶结构的变形（图 4-9）。请记住：研究这种走势图上的成交量行为时，要将 3 月 28 日（星期六）走势图上的成交量加倍。

图 4-8　美国银行票据公司股票周线图

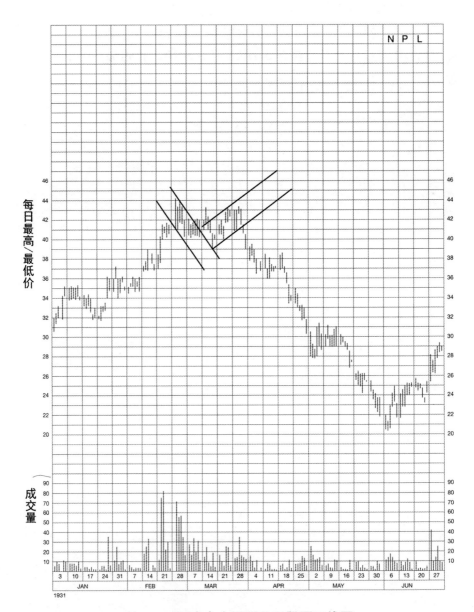

图 4-9　国家电力照明公司股票日线图

指数图中的双重顶和双重底

经验不足的散户和报纸的金融专栏作者之所以如此充满信心地将双重顶和双重底看作明确的反转信号，就是因为，在大盘指数图上，这些双重结构的确会时常出现在长期牛市或长期熊市的末期。专栏作者常常引用的最著名的例子就是 1921 年熊市结束的时候所显露出来的双重底，但明显添加了自己想象的成分。

回头再看一下道琼斯工业股票指数，我们发现 1897 年、1903 年和 1914 至 1915 年长期熊市结束的时候都明显有双重底结构出现。而双重顶结构在长期牛市结束的时候也很常见，工业股票 1899 年和 1906 年、铁路股票 1918 年至 1919 年的走势图都很明显。

人们理所当然会关注这些结构，因为在图形上，它们是突出的反转形态，但是我们必须提请读者注意长期指数图上出现的其他类型的多重顶结构，这些结构本可能会反转但实际上没有形成反转。而且，由于未能形成反转，这些结构与一般走势融为一体而被随意的走势图观察者忽略。

尽管存在这些视觉上的误差，但双重结构出现在指数图上比出现在个股走势图上，的确更具有反转力度和反转价值。

复合形态——可靠的预报员

我们准备研究的第六种反转形态是复合形态。这种形态就是原走势转为新一轮走势的可靠预测信号，与头肩形态、普通形态或圆形反转形态紧紧地结合在一起。复合形态是我们所研究的反转形态中最强有力的形态之一。它的预测能力遥遥领先于其他反转形态，只要其走势向常态发展（就是说不要变为小概率事件就行），那么不用怀疑，它会比头肩形态更为重要，会在整个反转图形中占据主导地位。实际上，复合反转形态不过是力量更强、图形更长、内容更多更详细的头肩图形。因此它更为少见，也因此在相对少见的案例中它是最可靠的反转指标之一。

可以将复合形态分为两个更为详细的头肩形态：肩形与多头形态和头形与多肩形态。它们的名称即相当明确地对其做出了定义。肩形与多头形态就是我们的老朋友——带有双头或多头的头肩形态。而头形与多肩形态则是单头但带有多肩的头肩图形。这两种复合形态都是反转信号，因此它们的出现分别意味着顶部或底部的到来。

与双重顶和双重底的关系

说到与头肩结构的密切关系，还要再补充一点，肩形与多头形态当然也具有我们刚才研究过的多重结构的性质，尤其具有双重顶和双重底的性质。不过，我们现在研究的复合形态，当它有了两个或更多的顶部时，其顶部常常紧密地连在一起，以至于无法判断其为双重顶还是多重顶。而且，上述复合形态比多重形态更为强劲有力，会更为迅速地得到认可，从而促使我们更快、更为有利地进行操作。

双头肩顶

在对复合形态所做的介绍中，我们已经注意到非常完美的形态并不经常出现，各方面都十分完美的理想形态事实上是极为罕见的。因此，如果我们为了给读者提供对这种有趣形态的第一印象，回到原来的文件里去寻找良好例证也不为过。顺便提一句，这样做的目的也是为了指出：多年前牛市中的技术形态同 1929 年所走出的形态完全一样，今天仍然会发现相同的形态。

图 4-10 显示的是坩埚钢铁公司股票 1922 年 11 月至 1923 年 5 月的行情走势（参看一下本书开始所研究过的道琼斯一般工业股票的长期走势图会看到当时股市发生的大盘反转）。1922 年 11 月，坩埚钢铁公司在经历了 80 美元到 60 美元的迅速下跌后，以 A—B—C 三点构成了完美的头肩底形态并扭转了局面。之后，股票在几个月之内冲上 D 点的 82 美元，在此遇到阻力，随后形成了我们称之为双头肩顶的左肩。短暂的反攻之后，股票

成功地越过先前阻力位，但又接连两次在随后的 E 点和 F 点被拦死，停在了 84.5 美元价位。股票从双头位再次逐渐后退，随后又进行了一次反弹到达 G 点——双头肩顶的右肩、无功而返的又一次上冲。此时抛售压力极大，技术面上的平衡已明确改变，位于 H 点的颈线位被击穿，反转形态完成。

简单头肩形态的变形

　　坩埚钢铁公司的走势图显示了一个双头双肩模式的复合顶部，其形状与我们可能看到过的形状一样完美。记住了这个典型图形，我们现在可以继续探讨更多可能发生的变形。

　　肩形和双头结构出现时，其肩部的宽度和高度与简单头肩模式肩部的宽度和高度有着同样重要的意义。尽管差别极大的情况并不时常发生，但其颈线可能会向上或向下倾斜。两个顶部会在稍有差异的价位形成。不过一般来说，图形的对称会保持得很好，研究人员会发现研究由这些复合结构形成的"节奏"十分有趣。

　　图 4-11 显示的是一个相当与众不同，但又十分有效的——极端强劲有力——肩形和双头顶结构，该形态反转了切萨皮克和俄亥俄公司股票 1929 年的主趋势。在这个结构中，双头（B 和 C）在不同的位置形成，但显然是相互关联的成对双头。左肩 A 点异乎寻常地处于高位，带有岛形反转的特征，这是一个颇有价值的预测结构，其本身就给出了"充足"买盘力量枯竭的信号。这种形态的节奏很值得注意。我们会在第五章中对此进行详细讨论。

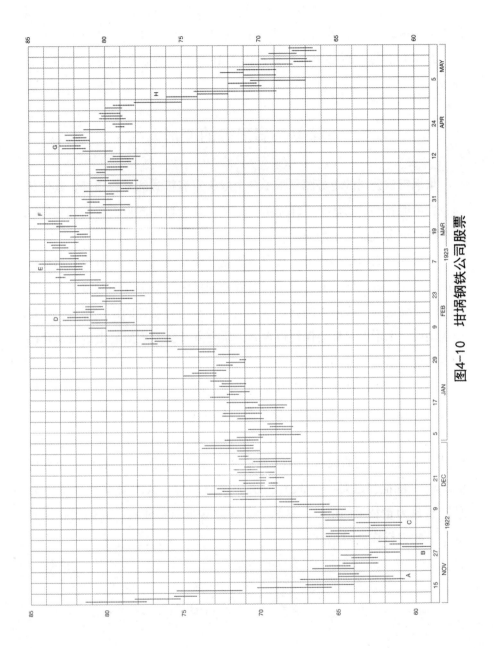

图4-10 坩埚钢铁公司股票

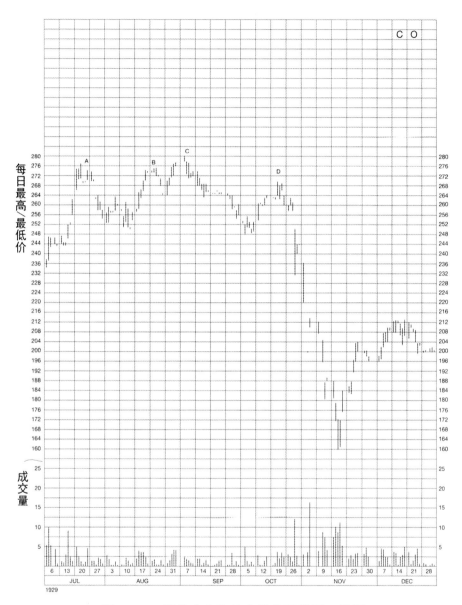

图4-11 切萨皮克和俄亥俄公司股票日线图

肩形和双头结构中的交易

保守的交易者可能会遵循我们对普通头肩形态所制定的规则，我们认为新手应该这样做，即在卖出股票之前或在双重底形态中，等待颈线的突破再买入股票。不过由于这些复合形态特有的对称性，常常可以预见突破，尤其是之前的图形或其他因素提示有反转的可能性时更是如此。例如，在切萨皮克和俄亥俄公司股票图形的顶部，10 月 19 日星期六，右肩顶部 D 点出现了明显的回落，图形非常清晰地证明卖出股票是正确的。显然，在这一案例中，应该可以再多赚几个点位的利润。

然而，在试图"发令枪未响就起跑"之前，交易者应该确信图形为反转结构。如果图形不是十分清晰、不是十分明显对称，或者从右肩的下跌不很明显，就要等待突破的确认。

交易者不要受上述"预见突破"的影响，这种看法只适用于完全对称的复合反转；也不要受在简单头肩结构中"发令枪未响就起跑"的诱导，这种结构只有等颈线被突破后才算有了反转大信号。

头形和多肩结构

这种复合反转的分类比我们刚才讨论过的那种带有两个或更多头形、只有一对肩形的分类更为常见。事实上，"显微镜下"的多重肩形在很多形态里都会出现，这些形态一般被归类为简单头肩反转形态（例如，在图 2-2 西方联合公司股票走势图中出现的 A—C 和 G—I 的两组肩形）。

节奏或对称的规则适用于这种形态以及前面讨论过的多头形态，尽管有时有必要仔细找到证据，当然，正如所有的技术形态一样，也会有例外。图 4-12 显示的是通用剧院设备集团公司股票 1931 年的走势，可以将其看作 3 个左肩并列，快速形成于 A 点、B 点和 C 点，D 点是顶部，然后是位于右面 E 点、F 点和 G 点的更宽的肩形。

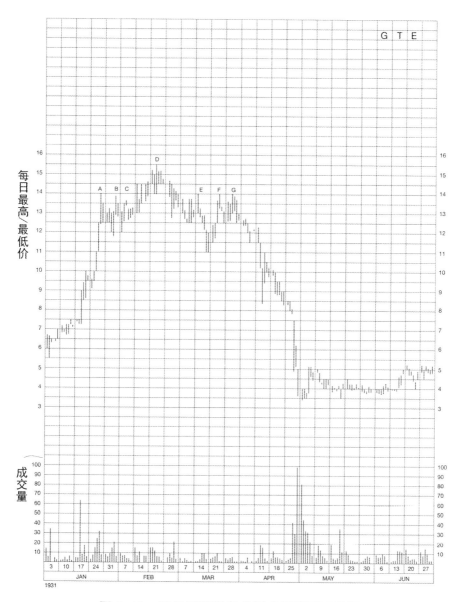

图4-12　通用剧院设备集团公司股票日线图

由于在相同的结构里，既可以看到多头又可以看到多肩，所以我们可以把对复合顶部结构的讨论和说明，应用到读者可以构思及分类的所有组合结构里。我们要说的只是，作为已经研讨过的分类，它们都有其局限性，都需要加以解释。

同顶部分类一样的复合底部

我们不必仔细讨论作为底部反转的复合结构。复合底部可以出现在复合顶部出现的各种形态中，作为反转信号同样强劲有力，可以信赖。简要分析一下图4-13，就足够归纳对它们的研究了。普曼公司股票1934年秋季的走势图显示了带有C点和D点两个清晰底部和A点至B点以及E点至F点两个肩部的复合底部反转。读者可以将其看作不规则双肩形，或者右面有两个肩形的双肩形态，在结构接近完成时出现的盘整走势，使其有些模糊不清。此结构的右肩区域也可以被看作是小型对称三角形，11月7日伴有成交量急剧放大的价格走势，同时突破了三角形和复合反转形态的颈部，加倍确定了股价走高的预测。

读者可能已经注意到，在这张普曼公司股票的走势图上出现的双重底，正如我们已经在前面的研究中提到的那样，紧密形成在一起的双重顶或双重底几乎总是更大形态形成的基础，最好用更大、更可靠的结构来加以解释。

回过头来再查看一下图2-7的头肩底形态，该形态也可被理解为具有一个顶部、双重肩部的复合结构，它的第一个左肩于9月21日形成。这张走势图的意义决不会被这种解释所改变，除非反转的预测有所增强。

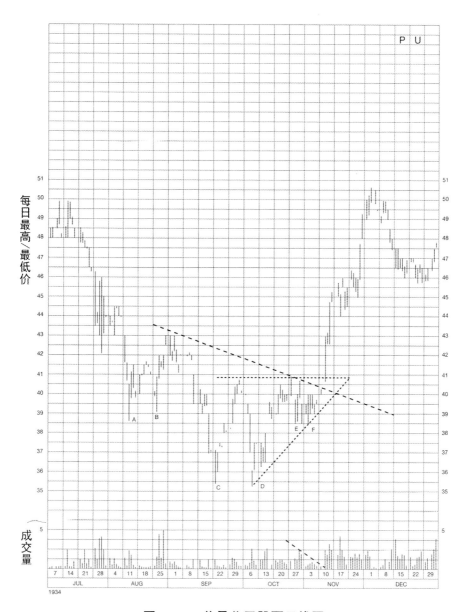

图 4-13　普曼公司股票日线图

复合反转中的成交量指标

可能读者已经注意到，我们对复合形态中成交量的作用几乎没有做过评论。这是因为在复合型反转形成的过程当中没有确定的成交量形态可以依赖，这种成交量形态的缺乏可能源于复合型反转的复杂性以及在技术力量发生改变中价格波动的次数。我们或许可以这样认为，复合形态看起来好像很难下定决心，但是当它一旦决定的时候，就是相当有分量的。成交量有一个鲜见例外的基本规律，即突破颈线需要成交量急剧放大。

不同价位的肩形

我们在第二章已经对具有一对额外双肩的头肩结构进行了评论，这对双肩或者在左边或者在右边；处于顶部时此双肩比紧挨顶部的肩形价位低得多，处于底部时此双肩比紧挨底部的肩形价位又高得多。交易者会发现很多这种例子。我们不将其分类为复合形态，是因为位于内侧的双肩已使图形完成，以及对内侧双肩颈线的突破预示了行情的反转。

顶部扩散形——一种罕见、复杂的形态

顶部扩散形是我们要研究的第七种形态，它是在价格走势出现重大反转时形成的。由于它的罕见性和复杂性，毫无疑问，它是所有形态中最难发现、最难分析的。由于同样的原因，本应该把它放在对反转形态研究的末尾来进行，在此提出，是因为它看起来类似于已研究过的头肩形态与下一章要研讨的倒三角形之间的过渡图形。

最简单、最完整的顶部扩散形可以被描述为带有一条倾斜下降的颈线和一个向上延伸高过顶部的右肩。在稍微复杂的形态（常常见到）中，它看起来像是个转变方向的三角形，其顶点位于左侧的起始位，最宽的末端

在右侧的盘整结束位。事实上，如果不是因为必须严格地与"五波规则"（波浪理论）相一致，倒是可以将其收入倒三角形的分类中，下面还会提到这些规则。

我们在走势图中发现的扩散形具有与头肩形态一样的预测价值。而且，它通常预示着超过大盘指数的波动。因为自身的结构就意味着原趋势的反转，所以它同头肩形态和圆形反转形态联系在了一起。它与标准三角形的区别在于，扩散形一般都代表走势不会持续，而三角形更多地预示着持续。当然，必须牢牢记住，在预测市场变化时没有什么技术形态是百分之百可靠的。

顶部扩散形的描述

顶部扩散形由 5 个独立的微小反转构成，每次反转都比前一次走得更远，都使图形看起来更宽，并且正如我们已经注意到的那样，该形态与倒三角形类似。倒三角形可以由任何数量的微小反转组成，而扩散形则必须有 5 个，只能是 5 个相当紧凑、不断扩散的，微小、简短的价格反转形成的波动。如果出现第六次反转，此种形态就遭到破坏，因为第六次波动会使先前的主趋势持续下去，而我们知道，这种形态之所以被称之为扩散形态，它必须是原主趋势的反转。

既然顶部扩散形在次要走势或中间走势中必须有 5 次转向或反转，从不出现第六次，那么，第一次反转就会出现在与先前主趋势相反的方向，第五次也是最后一次反转也是在同一方向，这样就将自己的走向确定下来。因此顶部扩散形结构中的第一次反转必须是下降反转。

不管怎么说，所有这些理论上的讲解，对于不熟悉此种形态的交易者来说，总是听起来有点费解。我们在前面已经说过，顶部扩散形结构是所有反转图形中最难理解的，在继续我们的讨论之前，或许用文字讲解一些例子会有助于我们的研究。

顶部扩散形的走势图例子

我们先来看看图 4-14 空气压缩公司股票从 1929 年夏末一直到当年秋季的恐慌性（崩盘）走势。股票走势在 1929 年整个夏季最后那个非常壮观的上冲势头中豪情万丈。从 4 月份 95 美元左右的低价位，几乎是连续地直线上升了 130 美元，在不足 6 个月的时间里股价翻了一倍以上。

卖盘阻力的第一个征兆出现在 C 点，这次卖盘阻力结束了历史上最长最大的牛市；在这个位置形成了对原主趋势的第一次反转，这是我们刚才提到过的顶部扩散形结构所必需的向下反转。但是买盘力量再次暂时维持住了技术平衡，适量的回落之后，在 D 点出现了第二次反转。直到第二次上涨反转冲破了 C 点的阻力并高于这个点位之后，我们才确认了这次反转是顶部扩散形的组成部分，需超过上次。因为我们已经懂得每次连续反转或反转波动必超过上次。

D 点的反转刚被高过 C 点的走势确认，就出现了第三次反转。新一轮下降走势低于 D 点后，E 点的第三次反转才被确认为该形态中的组成部分。E 点开始的下行走势被确认之后，第四次反转出现在了 F-1 点。

同样，在新的上涨波动超过了上一次顶点 E 之后，第四次 F-1 点的反转也得到了确认。最后，在位于 F-1 点的第四次反转被确认之后，我们在 G 点看到了第五次，也就是最后一次反转。

不过读者要小心，当第五次反转在 G 点形成时，它并未得到确认。直到随后的下挫穿过并低于位于 F-1 点的前一次底部时它才被正式确认。G 点开始的第五次中级反转引起的下挫刚跌破 186 美元（形成第四次反转时的 F-1 价位），顶部扩散形就在技术上完成了。

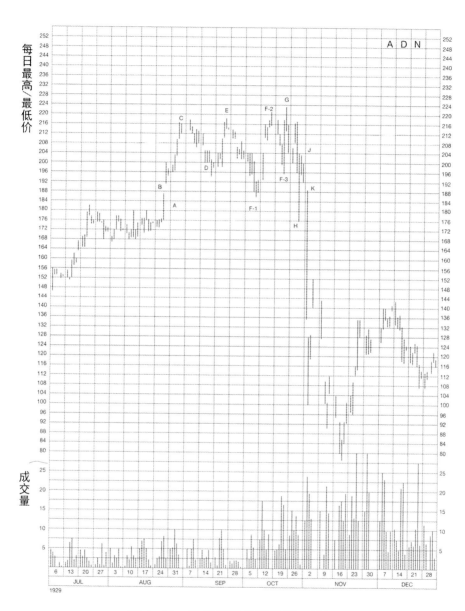

图 4-14　空气压缩公司股票日线图

形态的完成

此图预测马上就会出现一轮大的快速的下跌。它本可以立即出现，空气压缩公司的股票本来可能会继续它在 F-1 点下面的 H 点形成的下降趋势。但实际上，在 H 点有一个中等长度的缓冲期，这个缓冲期一般被认为是跟随顶部扩散形形态的完成而出现的。多数情况下，在第五次反转使股价低于第四次反转点之后，就会出现试图反弹持续原主趋势的情况，但是这一反弹很少能够超过该结构中最后一个底部和最后一个底部之间的中间价位。

面前这个很好的例子，使我们现在可以更清楚地了解顶部扩散形与顶点在左边、底边线在右边的倒置对称三角形的相似之处。我们还会注意到每次连续反转是如何必须超过前次反转才能被认为是该形态中的组成部分，我们也会更容易明白这种结构为什么叫作顶部扩散形。

有了这个例子，我们可以再一次回顾一下以前的陈述。既然顶部扩散形必须是反转结构才能成立，既然它必须在结构中有 5 个小型反转，那么我们可以得出这样的结论：5 个小型反转中的第一个必须本身是反转，即第一次反转必须反转了先前的主趋势。因此，顶部扩散形形态开始时的第一个反转必须是向下的，而底部扩散形的第一个反转则是向上的。同样，最后一个反转也是在相同方向。

扩散形形态的主要意义

在刚才讨论的空气压缩公司股票的例子中，顶部扩散形结束了该股票历史上历时最长、最壮观的牛市行清；顶部扩散结构形成后刚刚大约两周，股市的疯狂恐慌性下跌就将股价打至 80 美元以下。扩散结构没有如我们希望的那样一贯正确，但是，一旦它起作用，就一定会不遗余力使人有利可图。

一些重要的技术细节

我们希望根据这一例子澄清一些本章开始时的模糊概念。例如，假设图4-14中空气压缩公司股票持续了从H点反弹至J点，假如这个反弹一直上涨到G位的原高点，那么这一反弹立刻就会确定为始于H点的第六次小型中级反转。我们所说的顶部扩散形只允许5次这样的完整反转，即使走势出现了第七次反转，我们的图形也已在技术上遭到了破坏。很可能，先前的扩散形结构就会转变成一个清晰的倒三角形，一样也会被认为是重大反转的预示。但是在任何情况下，第六次中级反转的确认都将会立刻破坏顶部扩散形结构。

这里还有一点要提及，是初涉股市的学习者看起来很难完全掌握的。那就是，在中级反转被完全确认之前，扩散形结构中每一次反转都必须超过前一个高点或低点。

在被确认为是真正反转的F-1点和G点之间，我们看到超过上次E位高点的F-2点位。但是再一次下跌终止在F-3点，没有达到前一次F-1低点，随后又立即开始了又一次向G点的上攻。无论F-2点还是F-3点都不能被完全看作我们所需要的5次反转中的反转，因为F-2点之后的走势，没能达到能够被确认为真正反转的位置，这个位置应该低于前次反转点F-1。

顺便提一句，如果从H点到J点的反弹继续，回到大约215美元的价位，或者只是稍稍低于G点后又转头向下，那么我们的顶部扩散图形不会被扰乱。如果始于H点的第六次反弹真正超过了G点——第五次反转的最高点，就会被认为是破坏了整个结构，当然，它并没有这样运行。

结束牛市

我们在前面已经提到，顶部扩散形很少出现，而且并非一贯正确，但是当它真起作用时，是非常重要的。一般都标志着从牛市向熊市的关键性反转。这令技术型交易者感到宽慰，因为它意味着在下行的波动中仍然有利可图，即使他在确定顶部扩散形是个真正的反转形态之前已经等待了一段时间。

图 4-15 显示的是美国钢铁公司股票 1934 年春季从 60 美元附近到 37 美元长期下跌之前的顶部扩散形结构。如果我们花时间像分析空气压缩公司的形态那样仔细分析一下钢铁公司的形态，它会帮助交易者认清走势图中的顶部扩散形。

走势中第一次反转出现在点 1，3 天的回落使股票从 57.38 美元降至 55.13 美元。点 2 出现的第二次反转在两天之内又将股价推回至 58.38 美元（3A）。在这里我们看到了如期出现的第三次反转，但是要注意，始自 3A 的回落只跌至 3B 的 55.63 美元，然后股价就再次上扬。因此 3A 点的反转不能被确认，不能被看作顶部扩散图形中的第三次反转。上行走势行至 58.38 美元（3C）时出现了又一次反转。现在我们必须忽略 3A 和 3B 点的反转，如果 3C 点的反转下降到了点 2 价位之下，就要把 3C 点看作第三次反转。3C 点的回落的确使股价降至 54.5 美元，这次回落确立了构成顶部扩散形的第三次反转。

始于点 4 的第四次反转必须行至高于 3C 点位之后，才能将其看作是顶部扩散形的第四次反转。由于钢铁公司的股价在 2 月 19 日（点 5）迅速上升至 59.88 美元，因此这一确认很快得到认证。19 日的价格走势是日内反转。一周后股价下降至 54.13 美元，低于第四次反转时的价位，点 5 的第五次反转已得到确认，至此，顶部扩散形形态完成。随后出现了两次我们认为相当具有反转特征的短暂反弹，但都无功而返，都没有达到能够破坏顶部扩散形的 60 美元或更高。后续走势已无须评论。

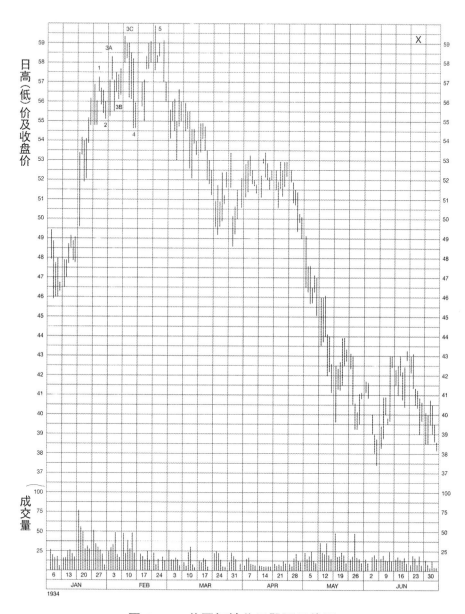

图 4-15　美国钢铁公司股票日线图

顶部扩散形完成后的反弹

我们在上述段落已经提到过顶部扩散形完成后的部分反弹。我们注意到，这一反弹常常将股价推至上次高点的一半或第五个反转点的一半。在空气压缩公司股票走势图上（图4-14），H点至J点的回升几乎将G点到H点的下降拦腰斩断。美国钢铁公司走势图（图4-15）的顶部扩散形结构于3月1日完成，当时股价在到达位于第五个反转位的59.88美元之后回落至53美元；3月2日的价格反弹至56.75美元，仍然是前一下降幅度的一半。

很显然，我们既不能期待顶部扩散形成后的每一次反弹都出现如此接近50%的位置，同样我们也不能指望任何幅度的反弹总是在价格降至第四个反转点以下时立刻出现。在大多数情况下，反弹会紧随第四次反转点被打破之后出现，并且这次反弹将会走至一半后返回，但出现的例外已足够提示我们依靠此次反弹进行交易的实际危险，足够告诫投资者不需等待反弹，一旦顶部扩散形完成，就立即抛售手中的任何"多头"股票。不过，谈到"卖空"交易，一个比较保守，但常常赢利的策略就是等待反弹，当股价回升到前次下降的40%时抛出。由于这些反弹通常都很短暂，因此，顶部扩散形结构的必要条件一经满足，在反弹实际启动之前，就指示经纪人在特定价位——理想中反弹可能达到的价位，挂单卖空。

"看涨"交易与"卖空"交易的特征

从策略上讲，当顶部反转形态出现时，平掉"多头"仓位的股票和开始"卖空"，都是基于安全因素的考虑。因此，遵循小心翼翼的原则进行交易，不惜失去几次交易机会，比拿着股票等待永不到来的反弹而蒙受实际损失好得多。技术形态并不可靠，这是我们必须牢记于心的。顶部扩散形是个十分重要、可以依赖的反转形态，但它也会失败。显示原上升走势反转的顶部扩散形一经出现，交易者就应卖出自己的做多股票，如果反转没有发生的话，他仅仅损失期望中的部分利润。另一方面，万一行情走势与其判断相反，那么准备反弹之后再卖空操作的交易者也会感到情况良好。

极为罕见的底部扩散形

底部扩散形在走势图上极少出现，因此无论怎样研讨这种形态都几乎完全是理论上的。当然，底部扩散形实际上与顶部扩散形的图形一样，只是出现在长期下跌走势的底部，并发出行情将反转为大规模上升的信号。很自然，5 次反转中的第一次必须是上升的，它反转了之前的主下降趋势。由于扩散形结构的特点就是由一个相当活跃的市场而形成的，这个活跃市场一般不会出现在熊市的末尾，至此我们就可以理解为什么真正的底部扩散形很少出现了。作为一种规律，为数很少的底部形态只要符合底部扩散形的要求，它就会呈现更为明显的底部反转形态。因此，交易者可以踏踏实实地忘掉底部扩散形，至少，不必花时间去寻找这种形态。

失败的扩散结构

我们已经讲过，顶部扩散形形态并非一贯可靠，一开始明显会成为顶部扩散形的结构可能最终不会形成。然而，这种未完成的、走样的顶部扩散形似乎对于技术型交易者来说仍具有实际意义。因为一只股票试图形成顶部扩散形的过程，看起来可以警告我们，一次重要的反转很快就会出现。例如，1929 年春季，有很多股票的走势图上都显示出可能会形成典型的顶部扩散图形。这些图形在 1929 年最后的走势中未能完成，股价突破形态上行，但它们为技术型交易者提供了突破临近，要为真正的反转形态做准备的根据。

1932 年 1 月和 2 月，有很多股票以同样的努力试图形成底部扩散形，但都未成功。那时距长期熊市的实际底部仅仅几个月。

顶部扩散形的几点说明

试图推论出形成顶部扩散形的市场因素没有什么实际的作用。即使找不到令人满意的解释，这种形态的价值也已论证得十分清楚了。不过，在顶部扩散形出现时，研究股市的历史，使人想起一种似乎很合逻辑，也可能很正确的解释。顶部扩散形结构明显地形成于交易活跃、令人兴奋的市场，那时专业投资者已将其持有的大笔股票抛出，撤离股市。然而，众多的散户股民仍维持着股市的活跃；已不受专业人士操控的股价起伏波动，摆幅逐渐加大，直到出现明显的迹象，显示已没有真正的支撑或基础来维持上行走势；大众股民想要卖出的股票已无人购买，于是股市暴跌。这种情况只会在完全突破控制的快速牛市的顶部或接近顶部时出现。

至于5次反转的规律，并没有完全符合逻辑的根据可依照。不过，经验以及我们对数以百计的股票走势图的严格观测都表明，在顶部扩散形以及其他形式的交易密集期出现的第五次反转，都常常会终结一个预示反转的形态，并给出技术力量已经枯竭的信号。

简要复习

我们在本书的这一章观察并研究了3种类型的技术形态，它们都是表明主趋势反转来临的重要形态。这些多重结构中最常见的是双重顶和双重底形态，它们严格地与一定的技术条件相吻合时是十分可靠的。这些顶部（或底部）的形成必须要有适当的时间间隔，顶与顶、底与底之间也要有适当的价格波动，顶部之间的"低谷"被跌破，才能确认形态的完成。

与简单头肩形态密切相关的复合形态，是所有反转形态中最可信赖的，如果其出现频率更高些，那么复合形态可以居于反转形态之首。

顶部扩散形是个更为罕见的形态，需要仔细分析。它不如头肩形态和复合形态那样可靠。但是当它的确在反转点出现时，就会明确预示着新行情中一轮长期、重要走势的到来，而且正是这一预示使我们有理由将其包括在重要的技术反转结构之中。

第五章　次要反转结构

重要反转形态回顾

在之前的 3 章中，我们分析了股票价格趋势中发生的 7 种技术形态以及这 7 种技术形态在进行预测时的用途。其中 5 种具有常见性、可靠性，属于重要反转结构。它们是：

1. 头肩形

2. 普通圆顶反转形

3. 三角形

  a. 对称形

  b. 直角形、上升与下降形

4. 多重顶与多重底

5. 复合形态

把另外两种形态——楔形与顶部扩散形——放在一起研究，不是因为其十分重要，而是由于它们与其他形态走势图的关系。

不常出现的反转形态

本章我们将继续研究另外 4 种在价格趋势发生反转时可能出现的技术形态。它们是股票投资者"成套工具设备"中的基本组成部分，尽管使用的频率不会很高。这 4 种技术形态中的两种——倒三角形和钻石形——与上文探讨过的反转形态有一定的关系，而另外两种——矩形（常有变异）和岛形——则十分新颖独特。

倒三角形

我们将倒三角形归类为普通三角形反转时价格盘整的一种形态。在其图形完成时会首先生成顶点，然后是很宽的终点和底部。换句话说，倒三角形是由与正常三角形正好相反的价格行为构成的。在倒三角形形态中，价格起初在很窄的范围内波动，但随着时间的推移，价格起伏变大。限制价格的图标线分离得越来越远。

我们发现在倒三角形中也有两种与正三角形一样的不同形态——对称形与直角形。而且我们还发现倒直角三角形也有上升和下降的两条斜边。倒三角形与正三角形一样，也会发出趋势反转或趋势持续两种信号。我们先停止类比，在继续研讨例子之前，需要探讨一下倒三角形与正三角形不同的方面以及同其他价格密集盘整形态不同的方面。

倒三角形与正三角形的差异

在众多倒三角形与正三角形的差异当中，我们首先发现，倒三角形出现的频率很低，倒三角形与正三角形出现的比率大概为 1∶30 或 1∶40。尽管偶尔也能看到紧凑、清晰的图形，但是典型的倒三角形图形是不精确、不规则的。对于倒三角形的阐述理解很难，一般情况下与正三角形相比获益的可能性也更为有限。事实上，除非出现其他有用的技术形态，很多倒三角形不会为技术投资者提供股票获利的机会。

不过，在讨论反转的章节中有必要指出，反转形态与持续形态的比例，在倒三角形中比在正三角形中要大得多。

另一重要差异体现在成交量图中。伴随正三角形形成的量能行为已经为我们所熟悉，我们几乎总可以看到在相对高点形成的正三角形的底部和很宽的末端，同时伴随着价格范围向顶点聚合的逐渐收缩的行为，这种收缩越来越小直到出现突破，量能重新聚集。不过在倒三角形中，量能图形差异很大。在其形态形成的开始和狭窄的末端往往量能很大。随后，成交量降低到一个较低点，但并不持续下降。相反，常常见到的情况是，随着图形的变宽，它会不规则地增加。当然，稍加分析我们就会发现更大的成交量一定伴随着更宽范围的价格起伏。倒三角形形态中的这种量能行为给实际操作加大了难度，因为在此形态中很难识别一个有效的突破。

倒对称三角形

美国通用运输公司股票走势图（图 5-1）显示的是，倒对称三角形在 1929 年形成的价格顶部，很明显可以看到一种类似顶部扩散的形态。我们在前面的章节里有过论述：顶部扩散可以被看作是一种特殊形态，或至少与对称倒三角形密切相关。不过，顶部扩散形不一定形成价格密集盘整的紧凑形态，其顶部和底部也不一定像它在倒三角形中那样沿着相当明确的边线下降。另一方面，"五波规则"尽管在之前的案例中曾经出现，但也不一定适用于倒三角形。倒对称三角形也可能会有 7 种，有时还会有 9 种反转，但很少见。（当它们成为持续而不是反转形态的时候，可能会有 4、6 或更多的偶数微小反转。倒三角形的持续将在第六章里论述。）

在目前这个案例中，不需对价格形态进行仔细研究，但分析一下量能行为是很有意思的。请注意：在 9 月 19 日和 26 日、10 月 2 日和 11 日形成 4 次顶部时，成交量都有所放大。每次价格下跌时成交量也随之减少。顺便提一句，后两次的顶部均为完整的日内反转。成交量的第一次变化出现在 10 月 19 日星期六。当时，伴随着底部的形成，成交量显著增大，这本身就是跌势来临的明确警告。10 月 23 日，更低的边线被穿破。鉴于当天突破形态的急剧程度、最低点收盘以及成交量的放大，技术型交易者已无须对即将来到的反转再做进一步确认。

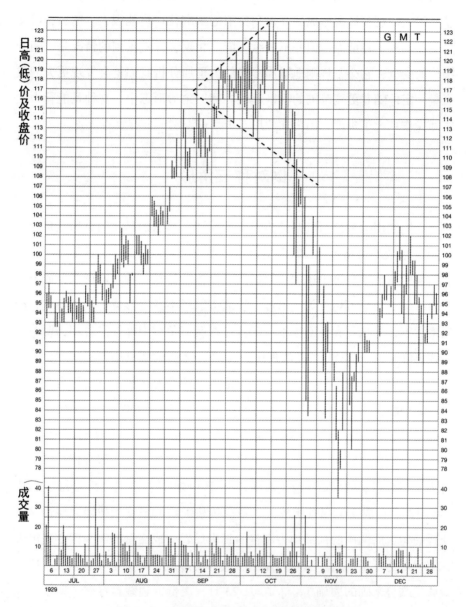

图 5-1　美国通用运输公司股票日线图

必须承认，美国通用运输公司的走势图显示了一个近乎完美的倒三角形形态，非常罕见；但遗憾的是，它并不是制图人员经常遇到的典型反转结构。

一个更为典型但获利较少的例子

莎伦钢环公司股票走势图（图5-2）显示了1936年4月发出反转信号的倒对称三角形。读者在图中会看到一个有效的反转模型。不过这种形态并没有给出可以据此采取获利行为的可靠信号。图中，以倒三角形构成的成交密集区并不是一次反转的可靠信号，倒是其他一些因素给了读者预测的帮助，比如同一时段其他走势图形成的反转形态。做长线投资的交易者（也就是本来就手握股票的投资者）完全可以获利走人，等待下一次行情信号的来临。没有股票的投资者最好不要涉入其中，它一定会产生更加明确预示有利可图的投资机会。

倒直角三角形

一条边线水平延伸、另一条边线（斜边）从原点或理论顶点有力地向上或向下倾斜的倒直角三角形，可以同已经研讨过的上升或下降直角三角形相比较。

然而，倒直角三角形的斜边并不能像在直角三角形中那样为我们提示可靠的未来价格走向。斜边不能进行预测，这在反转和持续的走势中都很明显，技术型投资者在使用倒置三角形形态时应将此牢记在心。

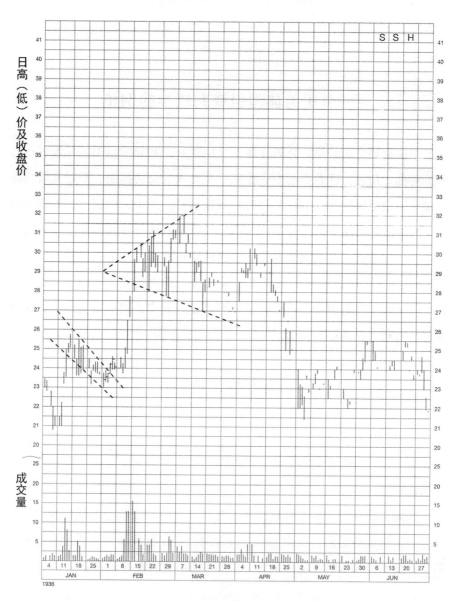

图5-2　莎伦钢环公司股票日线图

斜边下降的倒三角形

在有些倒三角形中，一条水平边构成顶部边线，而斜边从图形的原点向下倾斜构成价格区的底部边线。在美国罐头公司股票 1929 年顶部的图形中就出现过一个很清晰的例子（图 5-3）。在这一反转形成过程中，成交量行为是倒三角形成交量的典型行为。此时斜边的急剧倾斜下降显然表明了技术跌势，然而正如倒三角形中常常发生的情况那样，直到绝对的价格高点被远远抛在后面才能够最终确认主趋势反转的来临。10 月 24 日出现了第一次伴随交易放大的突破，但当天走势重新反转，收盘时价格返回到日内最高价。随后的两天，价格仍在形态内波动。根据所有我们可以从图中捕捉到的信息来看，在此阶段重整旗鼓回到 160~162 美元是完全可能的，那会是一次正常的反弹。直到 10 月 28 日价格才明确突破这一形态，成交量的压力在第二天才显露出来，此时美国罐头公司股票已从其顶点 183 美元降至 132 美元，随后更是进一步下跌至 90 美元之下。

倒三角形操作时的困难

在对美国罐头公司倒三角形图形进行分析时，我们再一次强调了在这些形态完成后进行获利交易时所遇到的困难。我们给初进股市的新手的建议是：如果手中没有股票就不要理会这些倒置形态，只有见到明确的暗示结构时才可入场操作。当然，美国罐头公司股票的做多者，在 10 月 11 日的反弹未能超过先前的顶点时，就该预测到此轮行情已走下坡路，那样他就保证会赢利；甚至，在 9 月 20 日他就可能得出这一结论。在不确定的局势下，多头获利和卖空是差异极大的两件事。拥有长期经验、资金充足的交易者可以在 10 月 12 日进行卖空操作，即使这样他也应该下一个止损单，比如 187 美元，并做好一旦他的止损价被随后而至的反弹冲破就要翻盘做多的准备。

虽无很大意义，但很有趣的是我们发现在美国罐头公司股票的倒三角形结构中有 9 次这种短线、小型的中期反转。

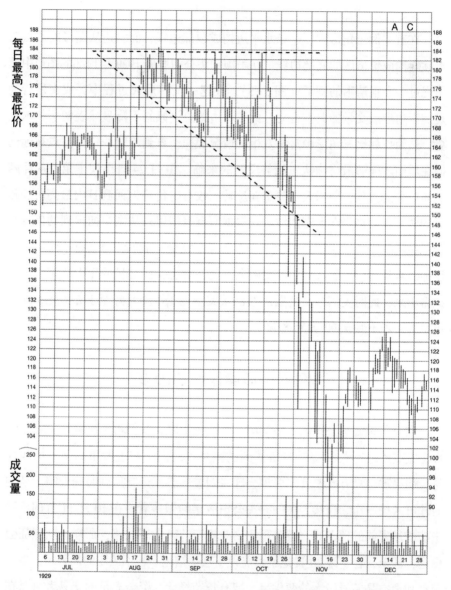

图 5-3　美国罐头公司股票日线图

斜边上行的倒三角形

图 5-4 是美国通用食品公司的股票走势图，在图中可以看到一个底边几乎呈水平状、斜边上行的倒三角形。此三角形狭长、松散，但其边界线十分清楚，三角形结构清晰。

交易者大概已经注意到，在此三角形中，突破与斜边所指的方向相反（随着时间的推移而形成），与我们在直角三角形中的预测正好相反。不过我们已经指出，在倒三角形结构中，斜边的倾斜不能起指导作用。

4 月 23 日出现了一个伴随成交量的未完成突破，我们已经在第三章中认识了这种叫作"日内线外波动"的形态。这一突破在 4 月 27 日完成，既有成交量支持，收盘又收在形态边界外一个整点价位。5 月份的反弹使价格重新回到这一形态的底部，但最高至此。请注意，反弹形成时成交量减少——反弹与基本走势相突破的最好证据（我们在以后的章节里将给予讨论）。

倒三角形说明

对于倒三角形的说明很难。尽管它的上升与下降斜边同水平边一起分别表示了支撑位和阻力位，至少是界定了需求位或供给位，其图形表示了一种缺乏领头羊而产生买卖分歧的市场状况，最终的价格走势取决于市场调节的反弹或是重要消息的发布。如果真实可靠的话，对倒三角形形态的说明靠其预测是困难的。

对水平边线的突破几乎总是有力和可靠的，这一事实也确认了当斜边向上时专业投资者在水平价位的买进，以及当斜边下降时专业投资者在水平边线价位的卖出。我们强调了在倒三角形形态中进行获利交易的困难，但同时应该指出，穿破倒三角形水平边线的有效突破对于技术型交易者来说是一个重要信号，的确常常可以使我们进行获利操作。

倒三角形结构常常伴随着不规则的成交量放大，毫无疑问，这一事实说明它更多地出现在顶部而不是底部。

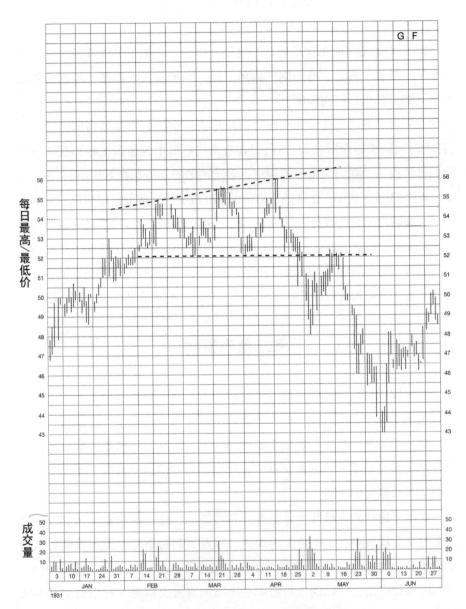

图 5-4 美国通用食品公司股票日线图

钻石形结构

下一个要讨论的反转形态叫作"钻石形"，因其图形明显与被称为钻石的四边形相似而得名。这一形态也可被看作是头肩形的变体。或者更精确一些，可以将其描绘为一种由底边相对、顶点相反的两个三角形的合成结构——倒置对称三角形和正态对称三角形的结合体。这种图形在对称完美和定义清晰的形态中很少见，对其边线的界定自由得多，对其所做的定义也随意得多。然而，这种图形一旦真的出现，它就是使交易者获利的可靠结构。它出现在顶部的次数多于底部。

钻石形反转的例子

新泽西标准石油公司股票在 1930 年上半年的走势图（图 5-5）就是一个钻石形顶部的很好示例。这只股票的价格从 1929 年 12 月的 70 美元跌至 1930 年 2 月的 58 美元，又迅速返回到 80 美元，之后在此点遭遇了强阻力。短暂的停歇之后，又一波推动力将其价格推至 84 美元。关注当时市场行情的读者们一定会回想起那时散户投资人之中的乐观情绪，许多人预测该股票价格会重回 1929 年的顶点。然而，82~84 美元区域内巨大的成交量将"充足的需求"吞噬一空，4 天之后价格就下跌了 13 美元。接下来的反弹只将其价格带至 81 美元——我们不必继续研究随后的行情。不管我们将其边线绘制得多么松散，钻石图形都十分明显。随着有效成交量的放大，5 月 7 日出现了明显突破（记住在解释走势图时，将周六的成交量加倍，这一点已经提醒无数回了），股价从 78 美元左右迅速跌至 61 美元，并在长期的熊市中持续下跌。

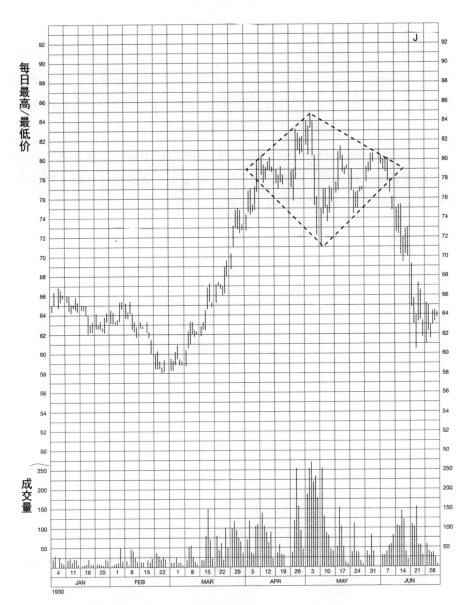

图 5-5　新泽西标准石油公司股票日线图

读者会注意到新泽西标准石油公司股票在 1930 年顶部的钻石形与具有倾斜下降颈线的复杂头肩形很相似。具有倾斜下降颈线的复杂头肩形一般不会提供良好的获利交易机会，但如果它们可能出现钻石形时，一个有效的突破信号就会在具有获利机会的高位出现。

1936 年 4 月形成的顶部

图 5-6 是 1936 年弗吉尼亚·卡罗莱纳 6%优先股的走势图，可以看到图中有一个与头肩形不太相似的钻石形，4 月 13 日的突破被成交量的有效放大和收盘价以最低点收于形态边界外的事实所确认。

底部钻石形反转

钻石形可以在顶部出现也可以在底部出现，作为一种反转形态，无论出现在哪里都同样可靠。

图 5-7 的西尔斯·罗巴克公司股票，在 1935 年初底部反转时形成了头肩形。虽然这一头肩形完整有效，却因 2 月 18 日的急剧反弹使人颇感困惑；此外，如果绘图人员寻找头肩形的发展形态的话，将会对此十分疑惑。不过走势图中的钻石图形十分明显，4 月 5 日的突破无论从哪方面看都是有效的，并且给大笔赢利提供了充分的机会。

既然钻石形是由构成头肩形的技术因素所产生的，我们就不必再费时间对其形成原因进行解释说明了。

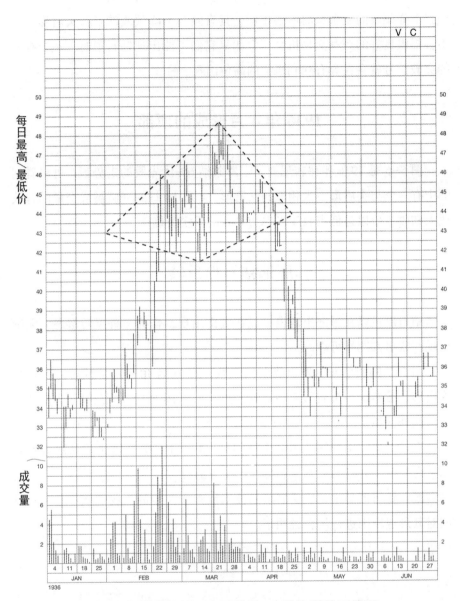

图 5-6 弗吉尼亚·卡罗莱纳 6% 优先股的日线图

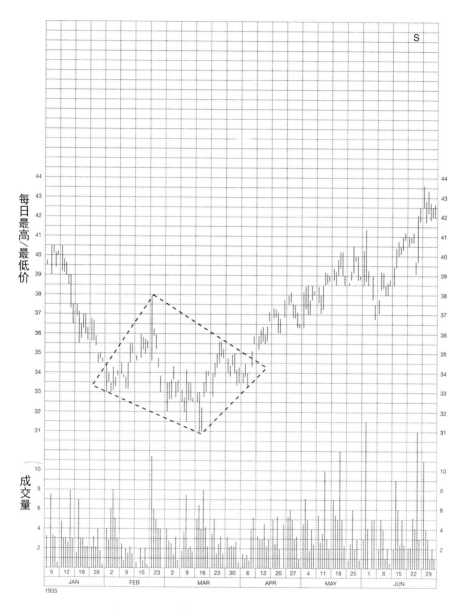

图5-7　西尔斯·罗巴克公司股票日线图

长方形反转结构

在研究价格趋势形成反转形态过程中，我们来看与我们所研究过的图形没有任何相似之处的一种图形。我们把它叫作"长方形"，是因为它所表现的价格波动发生在两条相当明确的水平线之间。它可能很长——持续相当长的一段时间，可以很狭窄——价格波动幅度很小，或是由很宽的价格波动幅度快速形成，在比例上接近一个正方形。一般来说，长方形形成过程中的成交量与三角形形成时的成交量一样。一开始，成交量很大，随后慢慢减少，在图形接近完成时几乎为零，然后，随着成交量的显著放大而形成突破。

同三角形一样的解释

与三角形一样，长方形会发出反转或持续走势的信号。在更多情况下，它呈现为持续走势中继形态，而不是反转。仍旧与三角形一样的是，其后走势的方向是由突破方向所决定的，这种突破必须符合一般要求——收盘在形态之外并伴有成交量确认，对于其他所述结构都要求有这类突破。

作为一种反转，长方形可以在顶部出现也可以在底部出现。更为经常出现的是底部而不是顶部，狭长、波动幅度小的长方形尤其如此。如果发生频率较高的话，它的预测价值比三角形具有更大的可靠性，其重要性等同于三角形。

长方形的底部反转

图5-8显示的是约翰斯·曼维尔公司股票在1932年形成底部的一个图形。这是一个细长、狭窄的形态。请注意3月份到4月初价格下跌到了10美元，随后，价格在此价位与14美元之间波动了4个月之久。实际上，

可以看到两条顶部边线，一条位于 13.5 美元附近——多数反弹均至此结束；另一条是在 14.38 美元——4 月 27 日和 6 月 15 日的两次快速上冲位。由于几乎所有的成交价格都在 13.5 美元以下，我们有理由认为两条顶部边线中较低的那一条才是图形的真正顶部边线。也请大家注意成交量的逐步萎缩：从 4 月中旬图形形成初期的每天 4000~5000 股，到 7 月中旬底部边线形成后的每天 1000 股左右。最后还要注意股价上扬时交易量的放大，日内价格收盘在形态边界外、日交易 20000 股，形成有效突破。

突破日价格未能收在日内最高点，暗示了价格快速升高之前的进一步巩固。8 月 2 日价格短暂回落至长方形的顶部边线是预料之中的事，不存在负面暗示。

仔细观察一下图 5-8 就会发现，在 7 月份的前两个星期里，大长方形内有一个小底部长方形。我们发现与前几个交易日相比，其成交量放大，标志着对小长方形的有效突破。我们不能根据如此小的密集交易就预期会出现中期上涨。然而，由于 4 个月形成的底部，大长方形顶部或阻力位的突破一定会导致价格的大幅波动。

长方形的重要性

在介绍长方形的时候，我们曾提到它非常可靠。即使其形成时成交量偏小也是如此。在图 5-9 中，我们可以看到迈克卡车公司股票在 1936 年 5 月至 6 月产生在底部的一个显著、典型的例子。该只股票从 4 月初的 38 美元迅速跌落，其间抛售压力很快耗尽；4 月 30 日触及 28 美元的最低点后，股价以极小的成交量在 28.5~30.5 美元之间徘徊达 6 周之久。此形态结构松散，很难表示重要的意义。然而，一旦随着成交量的明显放大股价有效突破后，就会产生新一轮明显的上涨，正如 6 月 8 日已经发生过的一样。技术型投资者可以密切关注走势图上形成的界线清晰的长方形交易区。

迈克卡车公司股票走势图上 6 月 15 日至 7 月 9 日之间形成的向下倾斜的结构类似楔形，它是一种被称为三角旗形的持续形态。我们将在第六章进行分析。

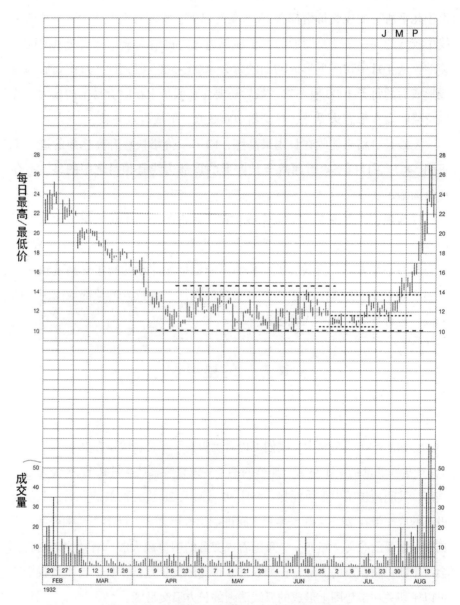

图 5-8 约翰斯·曼维尔公司股票日线图

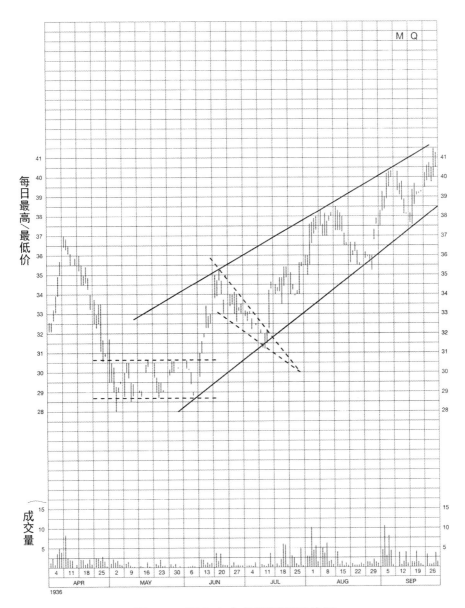

图 5-9 迈克卡车公司股票日线图

长方形的顶部反转

我们在长方形一节的讨论里，已注意到长方形经常出现在底部而不是顶部。不过长方形偶尔也会在顶部出现，并且具有同样的预测价值。

图 5-10 中显示的奥本公司在 1930 年的股票走势图，就是一个很好的例子。该股票从当年 1 月份 176 美元的中期底部重新回到 4 月 1 日的 264 美元。从那以后成交量逐渐萎缩，价格在边线清晰的长方形区域内上下波动近 4 周，4 月 24 日图形被向下突破，同时成交量剧增。价格下跌的幅度和力度仅从长方形本身的尺寸和范围几乎无法预测，但也使我们明白，奥本公司这只股票的特点就是价格频繁地在很宽的幅度内波动。

休眠的打破

下一个要分析的图形极为细长、狭窄，我们或许会将其称为底部长方形，或者将其看作是值得单独归类的特殊形态，或者是根本不将其看作什么图形。我们之所以在此对其进行分析，是因为作为长方形的一个变形，它遵循了同样的规律，它与正常底部长方形结构之间的每一个可能的融合或过渡都可以在走势图中找到。

当一只股票在长期的熊市走势中将所有的抛售压力都耗尽时，常常会出现相当长的一段休眠期，在此期间，不管什么价格，都没有人愿意购买，股票的持有者宁肯持有它也不愿意在如此低的价位将其卖出而蒙受损失。在更好的获益前景或该股票的小幅上扬能够吸引精明的投资者寻找低价进货以前，该股票实际上处于休眠状态。此时交易极少，价格基本保持不变。然而，突然有一天，该股票活跃起来，价格暴涨，成交量剧增。

图 5-10　奥本公司股票日线图

如果这一急剧反弹持续几天，吸引了媒体的注意力，同时又有利好消息出台，那么散户就会被其吸引，股价就会继续进入明显上升阶段。另一方面，这一上涨立刻会受到那些持有该股票却不愿在低价位出售，但对长期亏损持有又极为厌烦，一旦价格略有回升就急于出手的股票持有者的打压。在此价位建仓的投资者不得不吸纳这种出逃的股票，其数量可能会使价格波动暂时停止；即使如此，股票价格也不会静止或跌回到原来的底部。对休眠的突破，为可以耐心等待几个月的技术型研究者提供了长期获利的大好机会，因为此种突破几乎毫无例外地标志着大牛市的来临。

普通长期底部图形

在 1932 年到 1933 年间的价格极低、相对静止的走势图中，交易者可以发现突破休眠期的所有形态。我们将简要分析两个典型例子，一个是1933 年底部的突破，另一个发生在两年之后。

图 5-11 显示的是公交公司股票 1935 年 3 月至 11 月的交易情况。在走势图上的前 4 个月当中（此前也有一段时间），该股票交易极为冷清。有时连续几天根本没有交易记录，更多的时候是每天只有几手交易。在此休眠期内价格保持在 3.5～4 美元之间。我们将这种图形称为建仓图形几乎没有依据，但它的确是在缓慢地、不规则地，但又是确定无疑地突破跌势、步入强势，而一直关注其走势图的技术型投资者则由于介入该股票而失望至极。

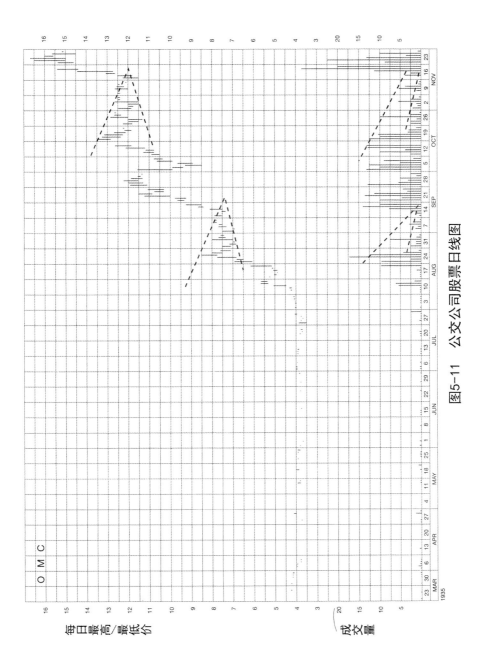

图5-11　公交公司股票日线图

技术图形的快速变化

然而，请注意 8 月 8 日图形的快速变化，日内成交量上升到 5000 股，收盘价高于此前几个月中任何一个交易日。显然，发生了某种改变该股票技术面的事情。市场出现了对它的需求，购买者不得不迅速提高买价才能将其买到手。股票价格一路上扬几乎没有停歇，不到一年的时间就达到了 25 美元。从突破休眠状态算起，投资者的收益超过 500%。

公交公司股票休眠期的图形看起来似乎很极端，然而，它仍旧不失为一个没有散户追捧的低价股底部走势的典型例子。对活跃的高价股来说，这种非同寻常的长期休眠难得出现，不过在大熊市的底部也常常出现成交量极低的情况。

活跃股票的休眠期

在图 5-12 中，我们可以看到统一石油公司股票在 1933 年 4 月交易休眠期突破的一个例子。这只股票属于成交量大、又有大众追捧的那类。因此，我们不能指望它像公交公司股票那样沉闷。所以相对而言，该走势图一开始显示的图形是一种狭长休眠的长方形形态。就这种形态来说，其随后的价格走势可能比公交公司股票的价格走势更为典型。4 月 7 日曾有一次价格上扬，试图冲破这一形态，但收盘价又回落于形态内的顶部边线。在随后的 10 天里，价格在顶部边线上下波动——这是一个能量聚集的信号，强调了获利上行机会的增大，但并未提供其何时到来的可靠依据。

将 4 月 7 日视为真正的突破，并随即购买了该股票的技术型交易者，可能会在有价值的行情到来之前的几个星期甚至几个月里被套牢。当然，从以上章节中对确定真正突破的讨论中，我们知道，这一价格走势并不是有效的。不过，看看统一石油公司股票的这第一次尝试性上行也是很有意思的。

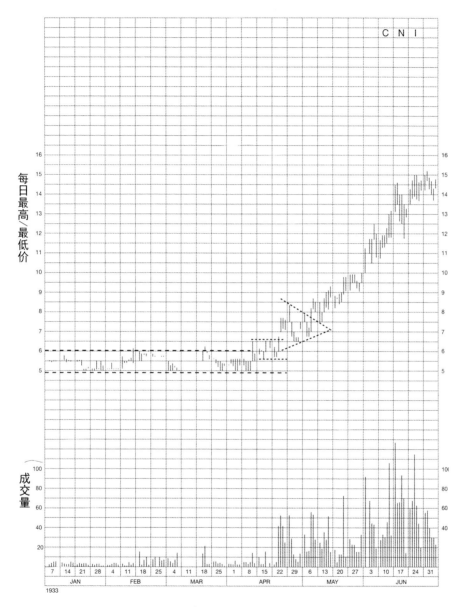

图 5-12　统一石油公司股票日线图

然而，4月19日就出现了真正有意义的、完全突破该形态并伴随交易量放大的突破，收盘价收在日内最高点。几天以后一次小幅回调使价格降至（注意，成交量稍有减少）上一次的微小价格密集区。在此点位盘整几天之后，股价在强大成交量的配合下一路稳步上扬。根据突破信号介入该股票的技术型交易者很快就获得了可观的投资利润。

我们在公交公司股票走势图中看到的休眠期突破后的价格逐步走高，是一种常见现象。每次上扬之间的时间跨度总是很长，因此，在这种形态中进行操作常常需要耐心。但是由于获利概率很大，所以最终的收益值得这个耐心的等待。

岛形结构

我们研究中的最后一种，毫无疑问也是具有重要预测价值的反转结构就是岛形，这是一种最罕见的反转形态。从某一方面来看，它处于反转信号的首位，即按其特有的偏小结构而言，它所产生出来的价格波动具有惊人的幅度和速度。

为了详细说明岛形反转模式，我们需要首先解释一种被称为价格缺口的技术现象。缺口的一般概念我们将在第七章中详细讨论，届时，按照它在走势图中所处的位置，我们会了解到缺口的不同表现形式以及发出的不同暗示。

缺口初探

对本节主题，我们所要了解的是，缺口是走势图上显示出的一段价格跳空形态，在这种形态里，日内价格的底部高于前一交易日的顶部——或当日价格的顶部没能到达前一交易日的底部。毋庸置疑，完美的例子将会使图形清晰可见，现在我们来看下一个走势图——欧文斯·伊利诺伊玻璃公司股票的走势图（图5-13），请注意10月26日这一周交易结束的价格走势。在这个交易周的第三天，10月23日，该股票的最高价是111.75美元，而第二天的最低价是112.75美元。在两个交易日的价格区域之间有一段跳空形态，一个整点的缺口，这是一个技术价格缺口的完整例子。

图 5-13　欧文斯·伊利诺伊玻璃公司股票日线图

交易者会发现，许多走势图上都布满了价格缺口，尤其是那些交易额很小、不十分活跃的股票。在通常情况下，交易活跃的股票以及成交量极大的股票都很少见到缺口出现。很自然，后一种股票出现的缺口要比前一种股票的习惯性缺口预测意义大得多。缺口越大，则意义越重大。不过我们在这里还是提醒大家要注意该股票过去的习惯走势。一个价位的缺口对于成交量小、不稳定或是高价股来说可能没有什么意义或者意义很小，而半个价位的缺口对于交易活跃的领头股或低价股就可能意义重大了。

岛形形态的概念

岛形是被价格波动之前以及之后的两个缺口隔开的交易密集盘整区。如果一个缺口位于该成交密集区的顶部而另一个在它的底部——例如，缺口股价从下方进入成交密集区，然后从顶部上行穿过交易密集区——则我们得到的是一个持续走势，但是本章我们仍然在讨论的是反转形态，所以我们关注这个部分。反之，如果缺口股价进入成交密集区后，又从密集区的同一面穿行，即前后缺口都在同一点位上形成，我们则认为其意义重大，真正的岛形反转形成了。

在上面的介绍中，我们说岛形形态是股票交易密集盘整区。事实上，它可能，也常常是在一个交易日内形成。日内岛形形态极具预测价值。

缺口应在同一价位形成

在接着分析具体的例子之前，我们必须详细研究一下另一要点，即岛形末端的两个缺口应位于同一个价位。这并不是说两个缺口在其上端和下端必须完全吻合，但每个缺口的一部分必须要在同一价位上。这一必要条件十分重要，此外，还要求岛形密集区的任何部分都不能进入该形态形成时的缺口，即回补缺口或与缺口完全交叠。例如，我们的走势图上29美元与30美元之间有一缺口，在随后的几天里价格一路下跌至29美元或更低价位，然后又重返30美元以上，随后又下行产生一个30

美元到 29 美元的缺口，显然这就形成了互为对面的两个缺口。但是，第一个缺口在第二个缺口出现之前已经被填补，因此这不是一个真正的岛形结构。简而言之，跳空缺口必须在走势图中水平排列，其位置应在岛形之前和之后形成。

在第一个缺口之前以及同一方向上应该有一段长期的价格走势，然后才能期待具有较大意义的岛形反转的出现。

岛形反转的例子

我们在前面的章节中已经论证过，图 5-13 显示了欧文斯·伊利诺伊玻璃公司 1935 年下半年的股票走势。该走势图是结构明确的岛形反转的一个几乎完美的例证。这只股票在 1935 年夏季那次逐渐下滑的走势当中于 8 月初跌至 94 美元，后反弹至 100 美元，9 月 7 日收盘时又再次跌至 95 美元，为日内收盘价最低位。9 月 9 日星期一，开盘价即为 93 美元，一路下降至 87 美元，在走势图上清晰地留下了 95 美元至 93 美元之间两个价位的缺口。然后在随后的 3 个星期中价格在 88~91 美元之间的区域内上下波动，一直未能突破 93 美元。然而，在 9 月 28 日星期六和 9 月 30 日星期一之间又出现了一个缺口，这次缺口方向朝上，从星期六最高 91.38 美元到星期一最低 93.5 美元。这样就在 93 美元与 93.5 美元之间留下了一个无成交空白区，而 93 美元以下则为成交密集区——这是一个完美的岛形形态，预示股票将出现中期价格走势。这种形态的预测不仅仅是先前走势的反转，同时还可预测新趋势异乎寻常得强劲有力。随后的价格走势不会与我们对这种规模和特征的岛形反转的预期相差很多。

在结束对欧文斯·伊利诺伊玻璃公司股票走势图的讨论之前，我们再次提及 10 月份的最后一周出现的缺口，目的只是为了提醒大家注意这是一种持续性缺口——我们会在第七章里详细讨论这种类型。

日内岛形预测

在前面讨论过的岛形反转的例证中，有一个由 3 周成交密集区构成的岛形结构。该岛形被很宽的缺口同前后的价格运行轨迹分隔开来，预测了一次重要的价格走势。只维持一天走势的岛形作为一种趋势反转信号完全可以信赖，但是，通常不会导致较大的行情波动。

在图 5-14 电气联合股份公司股票 1935 年下半年的走势图中。我们可以看到在中级反弹顶部出现日内岛形反转的两个很好的例子，一个发生在 8 月 17 日，另一个在 11 月 8 日。第二个岛形之后出现的缺口被 11 月 14 日和 11 月 20 日的价格区域"回补"或"填补"。但是，我们应该注意到，这些小幅反弹没能达到岛形的最高价位，因此反转的预测最终被确认。该走势图的一个很有意思的特征是在 $10\frac{1}{2}$ 点价位构成的双底结构，这个结构再次反转了第一个岛形之后形成的走势（见第四章）。

美国钢铁铸造公司 1936 年的走势图（图 5-15a）显示了 7 月 8 日的日内岛形形态。该形态反转了一个小幅下行走势，而后形成了强有力的上扬。该股票 5 月初的底部反转是由一个上升三角形结构形成的（见第三章）。

其他岛形走势

艾奇逊公司 1936 年的股票走势图（图 5-15b）显示的是岛形结构之后出现的另外两种价格走势。

7 月 7 日和 8 日小幅回落之后形成了一个岛形。在这种情况下，它暗示的是一个被暂时打断的上扬走势。

9 月 8 日出现了又一个岛形，这次走势为一天，出现在两周反弹的顶部。这是一次真正的反转信号，但仅仅过了很短的一段时间——5 个星期——就出现了大幅下行走势。不过，该岛形结构很有成效，给那些技术型投资者带来了可观的收益，因为他们没有跟随市场走弱之前的二次反弹盲目行动。

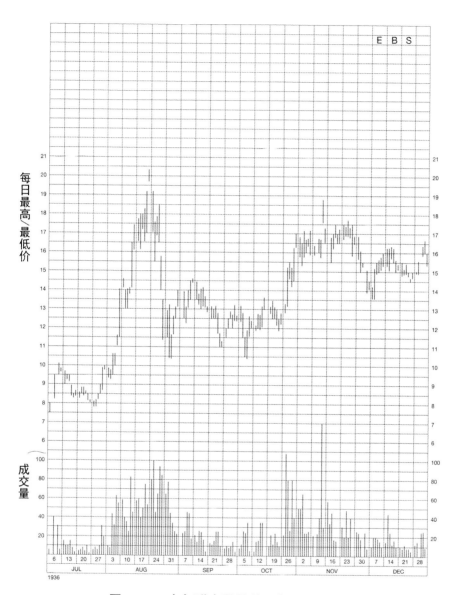

图 5-14　电气联合股份公司股票日线图

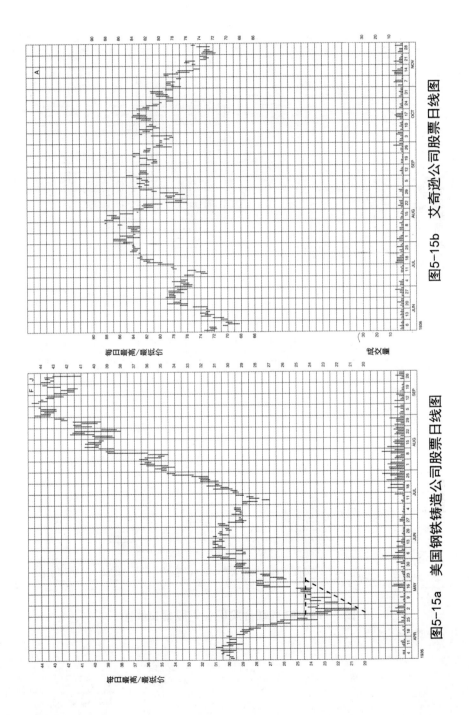

图5—15b　艾奇逊公司股票日线图

图5—15a　美国钢铁铸造公司股票日线图

岛形结构说明

在以后对缺口的研讨中我们会了解到，第一个形成岛形的缺口是个"竭尽"缺口，它标志着一个走势中价格的最后冲刺，同时也使价格进入了一个强阻力区。突破岛形的第二个缺口是突破缺口，它表示价格突破进入新趋势的重要性。当这些缺口在岛形反转中组合在一起的时候，各个缺口都意味着在岛形形态所预测的新趋势中将出现快速、大幅度的价格波动。

两种有趣的、引人注目的走势图

图5-16中显示的两张走势图进一步阐述了两种重要走势，这两种走势由本章论述的两种技术形态发展而来。

布洛瓦钟表公司股票的周线图显示了1935年休眠形态的打破，以及休眠阶段价格走势形成的一个对称三角形。我们在前面已经注意到一种技术形态常常作为另一种形态的一部分出现，以及这两种形态如何常常预示同样的价格走势。布洛瓦钟表公司图形中长长的三角形底边，给我们提供了判定随后上扬走势幅度的进一步线索。

洛伊丝公司的股票走势图显示了该股票在1929年顶部的一个极好的岛形反转。同时读者也会注意到该岛形出现在一个大型顶部扩散形态的第五个，也是最后一个反转阶段。此形态于1月末开始形成，于3月结束。有意思的是，1937年4月洛伊丝公司的走势图又出现了一个顶部岛形结构，尽管其边缘不如1929年走势图那样清晰。这次岛形出现在顶部扩散形态第三个反转点位，在那一时期的周线图上可以很容易地看到。

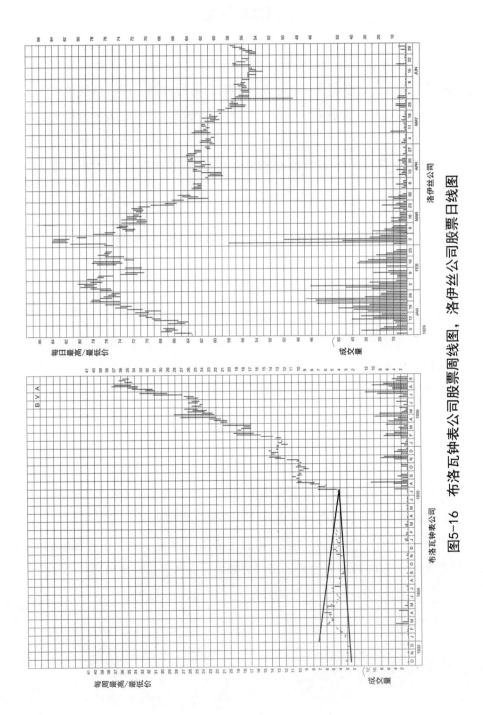

图5-16 布洛瓦钟表公司股票周线图，洛伊丝公司股票日线图

其后的持续形态

　　本章将结束对趋势反转结构的研究，当然，在以后说明趋势线的章节中我们还会有所阐述，那将是市场发出的另一类反转信号。第六章将阐述原走势持续或反弹的预测结构。

第六章　主要持续性结构

持续性结构的定义

毫无疑问，读者已经十分了解反转性结构与持续性结构之间的差异，所以肯定能够独立对后者给出自己的定义。持续性结构就是一个中继模式形态，它暂时打断了原来的主趋势。该结构一旦形成，就预示了原来的主趋势将会继续运行。

对持续性形态的产生做出合理的解释并不像解释反转形态那样容易。我们注意到，在反转形态中会很自然地出现一个结构和价格的盘整期，这个盘整期出现在买盘和卖盘原有的平衡正在被反转的期间，随后便会出现价格走势的逐渐反转。

中继模式的合理性

在表示区域的中继模式或持续形态的案例中，同样会出现这种相同的盘整期，出现类似的对原走势的抑制，但却是出于不同的原因。对这种持续性形态的最具逻辑性的解释是它可能会成为一个反转模式。

随着持续性形态的形成，原主趋势就会受到抑制，通常都是因为遇到了过多的阻力，前面的走势速度过快，专业投资者已经完成了一个阶段的战斗并希望巩固该阶段的成果，或者因为他们还没有决定是继续作战还是结束作战，只好等待着从市场本身获取一些有关的技术建议。

因此，当中继模式形态开始形成时，该形态有可能会变成一个反转形态。然而，市场很快就发出了技术信号并向专业人士以及走势图研究者预示：此时是持续原趋势的大好时机，此结构是一个持续性结构而不是反转结构，在结构完成时，前面的主趋势还会继续运行。

专业操作和中继形态

假设实力较强的投资者手中持有 10000 股股票，他们把价格由 50 美元升高到了 75 美元。在 75 美元这个价位，来自卖方的阻力开始加大，试图抑制价格的进一步上涨。多头投资者会立即停止大批量的买进，只剩下散户投资者还在买进操盘。价格的上涨被控制住了。持有 10000 股股票的投资者有了 25 美元的账面收益。他们想知道，如果继续持有这只股票，是否还会获利更多？谨慎行事，他们决定还是获利了结为好，至少也要卖出一部分多头股票。

大众投资者依然热衷于买进股票，他们在几天前所感觉到的阻力也慢慢消失了。但是，专业投资者认为股价应该做进一步的休整，以吸筹更多的利好消息，也便于让更多的散户听到并且讨论这只股票。于是他们逐步抛出了所持有的 4000 股股票，以此来满足散户投资者更多的购买需求。其结果是，价格运动越发不规则，并形成了持续性形态。

如今，专业投资者已经将这只股票限定在一个较小的价格范围内。但是他们也推测这只股票至少还可以进一步上升到 90 美元左右。于是他们开始买回一些他们在形态初期售出的股票。他们通过在最高点卖出股票，最低点买进股票的方式，控制住了这只股票的价格范围。与此同时，他们也获取了可观的利润收入，实际上也加强了这只股票的技术走势。

散户投资者明白这只股票的价格已经停止上升。可以说很少有散户投资者可以赢利，特别是在中继模式形态的最后阶段，第二轮价格上涨之前，他们被振荡出局或遇见了虚假走势，当然就更难赢利了。通过这种方式，专业投资者可以买回他们在形态初期卖出的 4000 股中的 3000 股股票，从而挣回一部分纯利润。他们不但获取了形态内的中间交易利润，也赢得了 1000 股的每股至少 25 美元的利润。

预测来自市场本身

现在，专业投资者手中仍然持有9000股股票，因此，他们准备继续作战，将股票价格升高到新的目标90美元。如果阻力继续存在的话，他们首次感到出现阻力的时候，就可能形成一个反转结构，但现在，走势发展成了一个持续结构。之后，股票价格继续上涨到90美元左右的目标，在这里，真正的反转区域最终形成。

这只是一个简化了的例子，但它可以用来说明中继模式形态也有其逻辑基础，正如我们所看到的反转形态有其逻辑基础一样。对于走势图研究者来讲，最需关注的，就是所有影响投资者决策的因素都在这个走势图结构中被准确地反映出来了，这些因素包括散户投资者买盘和卖盘的平衡，专业投资者买盘和卖盘的平衡，散户投资者买卖的取舍现象。所有这些因素给我们提供了一种同反转形态截然不同的特殊现象，并将自己定位于持续形态。我们将在本章中对这些持续性形态以及他们的具体特征加以分析。

回顾对称三角形

在第三章中，我们研究了三角形或螺旋形形态的不同定义，并注意到了对称三角形作为反转形态出现的情况。对称三角形持续形态在外形上和反转形态是相同的，这也就是为什么这个形态会令人迷惑不解。在第三章中，我们还注意到，当对称三角形无法明确地指示它会成为一个反转还是持续形态时，多数情况下就会成为持续形态，并且在三角形结构之外通常还会有各种线索。这些线索包括个股以及大盘的基本面情况，其他股票以及大盘的技术指标，成交量是最重要的也是最可靠的因素，最后就是突破之后的价格走势方向。

还有另外一个并不总是能够依赖的因素，但它却是一个公认的助手，那就是三角形结构之前的走势长度和力度。如果前面的价格走势已经维持了很长时间，中间没有停止或中期调整，那么这个对称三角形更可能成为一个反转形态。如果前面的价格走势很短很弱，那么这个结构就更可能成为一个持续结构。

向上持续三角形

毫无疑问，到目前为止，读者已经很熟悉对称三角形形态的样子，因此要在走势图中检测出这样的例子，就不会遇到什么困难了。一个简单的走势图通常会显示出三四个典型的对称三角形。它们的大小、尺寸也许会不同，各自在顶点形成的角的大小也不相同，甚至会出现任何可以想象得到的差异，但是对于技术研究者们来说，它们都有相同的基本意义。

图 6-1 电力船公司股票走势图中显示了 3 个对称三角形的持续性形态，其形成过程都可以很清楚地看出来。第一个对称三角形在两个月的时间内形成，1935 年 11 月 21 日对原趋势有一个明显的突破，从它的尺寸大小和形状来看，价格的上涨会持续一段时间。第二个对称三角形是在此之后立刻形成的，正好可以用来确认第一个对称三角形的预示。第三个对称三角形是在 1936 年 1 月的后半期形成的。

在对电力船公司股票走势图的分析中，值得注意的是，伴随着每个持续性形态突破所出现的成交量放大——这表明了该走势的真实性，我们将在后面的章节"假突破"中对此继续加以讨论。同样值得注意的是，在第二个和第三个三角形突破之后的价格回落，这些回落一般都回到突破时的价位。对突破点形成的支撑位的回落是一种正常现象，有四分之一的对称三角形完成之后都会出现这种回落。了解这样的回落是正常的且没有任何负面的影响，就可以打消在突破点买卖过股票的技术型交易者的疑虑，否则，他们或许会怀疑受到了误导。同时，回落给技术型交易者提供了在有利价位再次买进的机会（如果价格趋势下降的话）。我们应该注意到，这些回落不一定都会达到突破价位，它们或许会越过一些或许达不到。

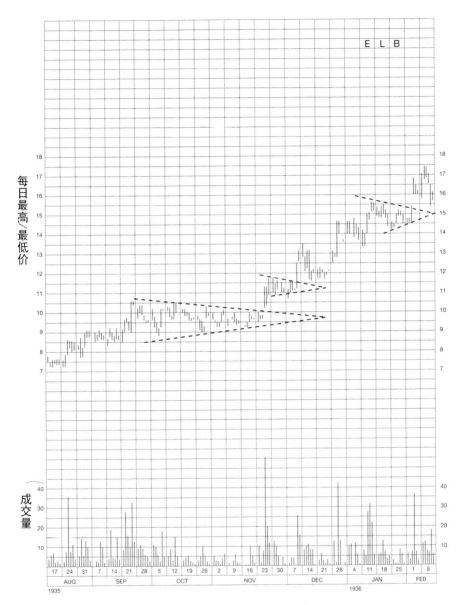

图6-1　电力船公司股票日线图

前述图解中的例子

我们建议读者分析一下前面图解中出现过的例子，从而对对称三角形作为持续性形态所表现出来的各种形式有一个全面的了解。

图2-1——价格在8月23日突破。

图2-4——价格在2月6日突破。

图3-3——价格在12月24日突破。这个走势图显示了一个几乎水平的低位边线，表示了一个下降三角形。但是，它紧跟着一个重要反转形态的事实使得它极有可能成为一个持续性三角形。

图3-7——价格在12月7日突破。请注意，在此案例中，对于突破价位出现了二次回落。

图3-9——价格在6月4日突破（请参看本章后面对于下降趋势中的成交量表现的讨论）。

图3-10——价格在10月19日（周六）突破。

图3-13——价格在1931年3月的第一周突破。请注意，周线图里不可能看到突破日的成交量。

图3-15——在此走势图中有两个例子，一个出现在下降趋势中（在楔形价格里），价格在4月29日突破；另一个出现在上升趋势中，价格在8月22日突破。

图4-9——价格在5月15日突破。

图5-10——价格在5月15日突破。

图5-11——价格在9月12日突破，另一次价格突破出现在11月14日。

图5-12——价格在5月4日突破。

持续性三角形成交量的表现

我们相信读者一定已经分析了前面所引用的持续性对称三角形例子中

的成交量表现和价格走势。在一个持续性三角形的形成过程中，成交量往往会缩小，这与反转三角形中成交量缩小是一样的，并且有效的突破几乎总是伴随着一个明显的成交量的放大。突破时成交量的放大，在上涨走势中比下降走势中要明显得多。在下降走势中，有时只在价格离开理论顶点一段距离后才会出现成交量明显放大现象。用来检测突破有效性的价格测试可以被用于持续性形态，就如同前面研究过的用于检测反转形态中的突破那样。

下降走势中的持续性三角形

在前文所引用的那些持续性三角形的例子中，有一些出现在下降走势中。对称三角形作为一个持续性形态，在熊市里出现和在牛市中出现的重要性和实用性是完全一样的。

持续性直角三角形

在反转型三角形形态的研究中，我们学会了区分普通三角形、对称三角形和直角三角形。在直角三角形中，当其一边呈水平延伸趋势，而另一边，也就是斜边，向上倾斜延伸到顶点，就会形成一个上升三角形，预示价格会上涨；当斜边向下倾斜延伸，则预示价格会下降。事实上，我们发现许多三角形形态，其中一边接近而非完全水平，因此，可能形成一个上升三角形或者一个下降三角形。我们最好把这些模棱两可的例子看成是对称三角形，假定价格会朝着任何方向突破，这将永远是安全可靠的。我们已经在古德里奇公司股票走势图（图3-3）中看到一个预示下降的三角形例子，但是，仔细观察就会发现底部边线确实微微地向上倾斜，突破实际上是朝着上涨的方向进行的。图6-2霍利·休格公司股票走势图显示了一个1936年2月形成的中期形态，它可以被理解成一个上升或对称三角形。在这个案例中，上升趋势的突破确实完成了上涨预测，但是这个三角形本可以成为一个反转形态，就像对称三角形经常出现的走势那样。

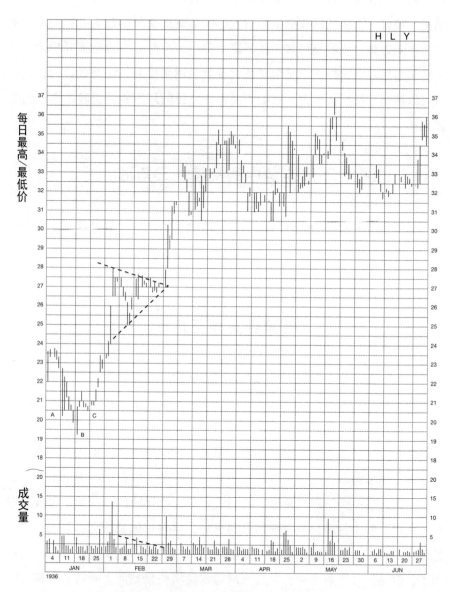

图 6-2　霍利·休格公司股票日线图

真正的持续性直角三角形

具有完全水平顶部或底部边线的三角形——换句话说，真正的上升或下降三角形——在多数情况下都会完成其上升或下降的预示。在对反转形态的研究中，我们已经了解到，在上升趋势中出现一个下降三角形就预示着走势会反转为下跌；同样，在下降趋势中出现一个上升三角形则预示着走势会反转为上升。

很自然，我们能得出这样的结论，对应的条件就会产生一个对应的预示。例如，形成上涨走势的上升三角形预示着，当这个结构完成时会出现一个持续上涨走势。同样，形成下跌走势的下降三角形则预示着一个持续下降走势。

国际镍公司股票在 1935 年下半年的走势图（图 6-3），显示了一个小号的、紧凑的上升三角形，预示着价格将会继续原上升趋势。上半年，这只股票价格一直持续上涨，在 9 月 17 日达到一个小型的购买高潮。很明显，它在 31.5 美元的价位上遇到了大量的赢利抛盘，这使其价格下降到 29 美元左右。短暂的止跌回升重新补回了前一周一半的损失，接下来又再次触碰 29 美元价位，大量的买盘又一次出现。到目前为止，没有形成任何具有明确意义的形态。那些从底部到高位一直持有股票的技术型交易者，可能拿不准此时获利了结是否明智，但是，他最好的策略应该是等待某个确切反转信号的出现，即使账面上损失一两个价位。

价格在 10 月 3 日从 29 美元开始迅速上扬是一种牛市走势，从那时起，一个形态开始形成，这使得强劲的上升持续走势越来越成为可能。顶部水平线很容易看出来，随着成交量逐渐下降，底部边线升高的趋势越来越明显。随后，这两条边线形成了一个上升三角形，从中我们看到了一个上涨走势。11 月 1 日出现了一个明显有力的突破，伴随着成交量的放大，价格上涨到形态之外，收盘在日内最高点。此时，任何研究这个走势图的技术交易者都得到了买进这只股票的启示，并且很可能第二天在 32.5 美元左右买进了股票。同时，那些一直持有这只股票的人在庆幸自己没有陷入在 30~31 美元出货了结的恐慌中。毫无疑问，这段时间里许多市场消息观察者和小道消息追随者都被洗盘出局，因为他们要么是没有一个走势图记录来做引导，要么是没有意识到走势图里没有出现反转形态。

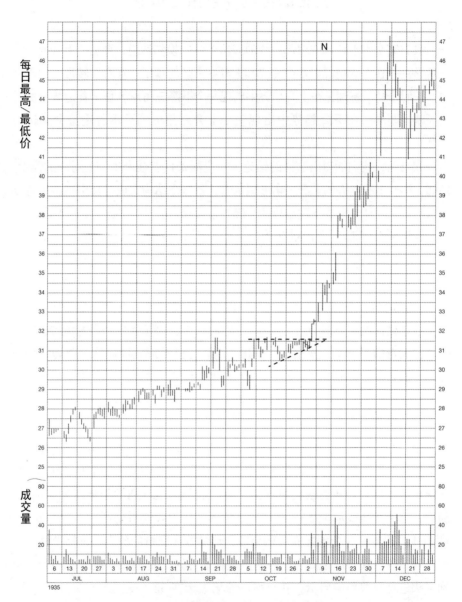

图 6-3　国际镍公司股票日线图

阿纳康达铜业公司股票走势图中的强势图形

在上涨趋势中出现上升三角形的另一个非常典型的例子，出现在阿纳康达铜业公司股票在 1935 年底到 1936 年初的走势里，这个图形带有一些非常有趣的特征，值得我们做进一步的详细研究。见走势图 6-4，1935 年 12 月 10 日，一波获利了结的浪潮开始了，使得价格从 30 美元降到了 26.25 美元。此后，在近 6 周时间里，阿纳康达铜业公司股票开始反弹回升，反复冲击 30 美元价位，遭遇阻力后又一次回落。每次价格反弹，成交量都出现放大，每次价格被挡回，成交量则相应减少，这是一个主趋势没有改变的乐观迹象（我们将在第八章中对此做进一步详细探讨）。从此时一直到 1936 年 1 月 17 日，一个完美的上升三角形形成了。但是在 1 月 18 日，价格击穿了下斜边。收盘价只是越过形态边界外半个点位，成交量也很小。在接下来的两天里，价格朝着更低的方向发展，成交量更小。此时，形态似乎被破坏了。但在 1 月 22 日，情形发生了很大的变化。阿纳康达铜业公司股票价格上升了一个点，伴随成交量放大，收盘在斜线上方。第二天，成交量上升到 6000 股，价格突破了上边线，收盘在更高的价位。一个明确的突破信号最终出现，朝着结构暗示的方向运行。价格仍然不愿意走远，小的波动在阻力线上持续了两个星期；但是我们应该注意到，收盘价并没有出现在阻力位之下。2 月 11 日，火爆交易引发了一轮真正的上涨行情。

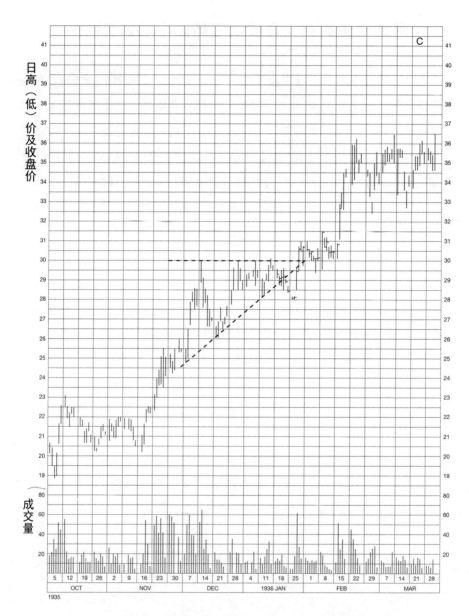

图 6-4 阿纳康达铜业公司股票日线图

随后加以研究的假突破

在我们刚刚分析过的阿纳康达铜业公司股票走势图中，1月18日到22日的价格走势被称为"假突破"，这是一个常见的现象，我们将在后面的章节中对此加以详细研究。此时只是要说一下，虚假的波动通常是越出形态的无效运动，成交量较小，而一个真正的突破是一个较强的运动，成交量较大。一个虚假的波动，例如我们在阿纳康达铜业公司股票走势图中所看到的，一旦返回到原来的形态当中，就不具有预示意义，也不破坏原有的形态。

虚假突破与我们在第三章中所讨论过的线外波动的不同之处在于，线外波动成交量合理（较大），朝着形态已经预示的方向发展；而虚假突破朝着与结构所预示的相反方向运动，其特点是成交量较小。

下跌趋势中的下降三角形

下降三角形在下跌趋势中出现的概率与上升三角形在上涨趋势中出现的频率是一样的，也具有同样的意义，即都是原趋势的持续结构。

在美国罐头公司股票1931年的走势图中（图6-5），出现了一个典型的下降直角三角形持续形态。美国罐头公司股票价格的直线快速下跌在8月初停止，形成一个下降三角形，其水平线在88~89美元的位置。9月14日，水平线被有效击穿，成交量放大。随后价格反弹回88美元，但未能冲破此突破价位。

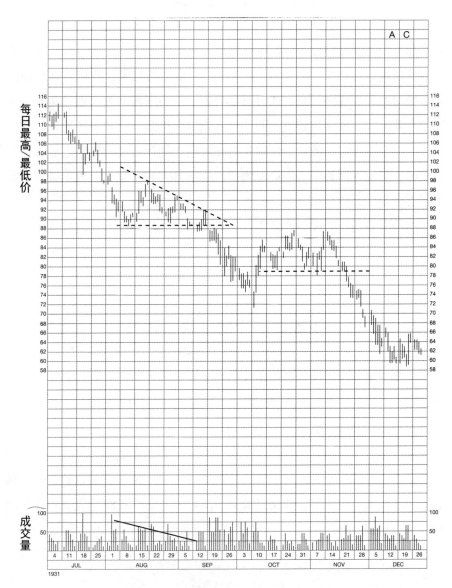

图 6-5　美国罐头公司股票日线图

前面研究中出现的例子

读者可以在前面几章中看到一些典型的直角三角形持续形态。例子如下：

图 2-2——在西方联合公司 1934 年的股票走势图中，头肩顶图形后出现了一个下降三角形。底部边线在 52~53 美元，伴随着成交量的增加，价格在 4 月 30 日突破。

图 3-11——在赫德森发动机公司股票的走势图中，紧接着 1933 年出现的上升三角形的底部，又出现了一个上升三角形。伴随着较大的成交量，价格在 1934 年 1 月 15 日突破。

图 4-6——在蒂姆肯滚珠轴承公司股票走势图的开始部分，出现了一个上升三角形。价格在 2 月 9 日突破。

倒置三角形持续形态

在第五章中，我们讨论了倒置三角形反转形态。在讨论中，我们注意到，通常来说，很难解释这种形态。与正常的或标准三角形相比，倒置对称三角形看来似乎对于其可能的成因没有显示出任何线索。在它们的构成期间，成交量通常都没有规律，并且无明确意义。在突破时，可能会伴有也可能不会伴有大的成交量。当价格突破伴随着成交量放大时，接下来的价格波动可能比较有意义，但是在大多数情况下，它常常会很快停止并且反转。它们将成为反转而不是持续模式的机会比正常形态转变为反转形态的机会大得多。

如果不是因为这种被划分为对称型倒置三角形形态在走势图中出现的频率较高，我们就会完全忽视它们的存在。实际上，我们觉得有必要警告初学者，不要试图利用它们，除非同时有其他更具帮助的形态在同一走势图里出现。

倒置对称三角形的例子

西尔斯·罗巴克公司股票在 1936 年下半年的走势图（图 6-6）显示了一个倒置对称三角形，它是在 8 月到 9 月初形成的。如果读者将 9 月 12 日起的图形全都加以分析，会看得更加清晰。在此点之前的图形里，没有任何可靠的迹象表明接下来将会出现何种波动。但在接下来的 3 个星期里，一个很小的正常的对称型三角形形成了，并朝着上方有效突破，预示着原上升走势将会持续。

我们注意到倒置三角形的上边线直到 10 月 13 日才被突破，比形态开始的价格整整高出 10 个价位。正像在许多倒置形态里的情况那样，只靠形态自身给出的突破信号，很可能不会带来任何获利的操作。幸运的是，趋势线和其他可靠的持续信号可以使我们在此期间继续做多西尔斯·罗巴克公司股票。

近似顶部扩散形走势

新泽西标准石油公司股票在 1936 年上半年的图形（图 6-7），显示了另外一个倒置对称三角形的例子。3 月 13 日出现了一个突破，伴随着巨大的成交量。读者将看到，在这个形态里，一个顶端扩散形（见第四章）接近完成，但最终没有形成。如果价格从 3 月 4 日的标识点 5 开始的下跌能够一直跌到 58 美元以下，顶部扩散形就会最终完成，并预示出一个重要的反转走势。事实上，一个重要的反转确实在此后不久便出现了，证实了一个没有完成的顶部扩散形经常给我们发出的警告（参见第四章）。

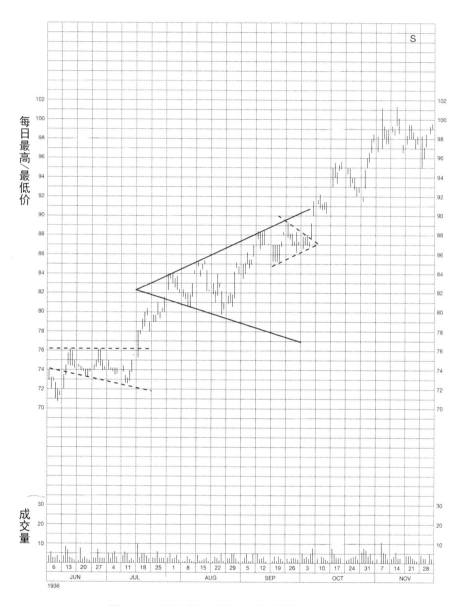

图 6-6　西尔斯·罗巴克公司股票日线图

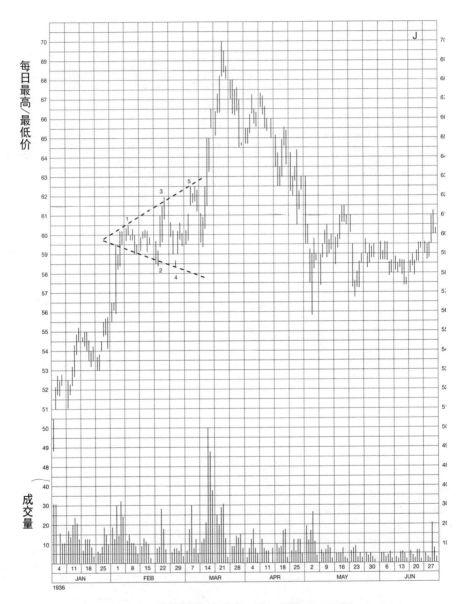

图 6-7　新泽西标准石油公司股票日线图

更为可靠的倒置直角三角形

对于技术型交易者来说，一条边线为水平延伸线的倒置三角形比对称三角形的用途更大。倒置直角三角形的水平线是一个确切的价位，成为支撑还是阻力将视情况而定，这是一个外观合理的形态，一个可以给出突破信号的形态。在此类结构中，斜边所指方向看起来基本不具有任何意义，这一点同第五章所讨论的反转性倒置三角形是一样的。一个倒置三角形，不论其顶部边线处于水平位置还是底部边线处于水平位置，都可能成为一个向上或向下趋势的持续性形态。在任何一种情况下，对于狭窄形态的有效突破通常都预示着一个值得关注的走势。如果突破在水平线上产生，则不论这是个狭窄形态还是个宽幅形态，突破都预示着一个重要的变化。

可以赢利的倒置图形例子

哥伦比亚电气公司股票在 1935 年的走势图（图 6-8）显示了一个较长的比较松散的结构，但是我们可以辨认出那是一个有着水平底线、上升斜线的倒置三角形。顶部边线在周六，即 8 月 3 日被有效突破，接下来是一派形势大好的上升行情。

巴勒斯算数计算器公司股票走势图（图 6-9）显示了一个具有水平顶部边线、向下倾斜底边的倒置三角形。价格在 10 月 19 日（周六）向上突破，继续原上涨走势。这种一条边线为水平状的持续倒置三角形形态在下降趋势中具有同样的用途。

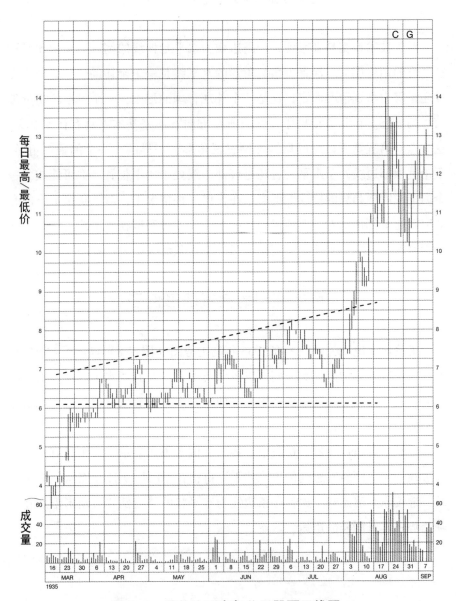

图 6-8　哥伦比亚电气公司股票日线图

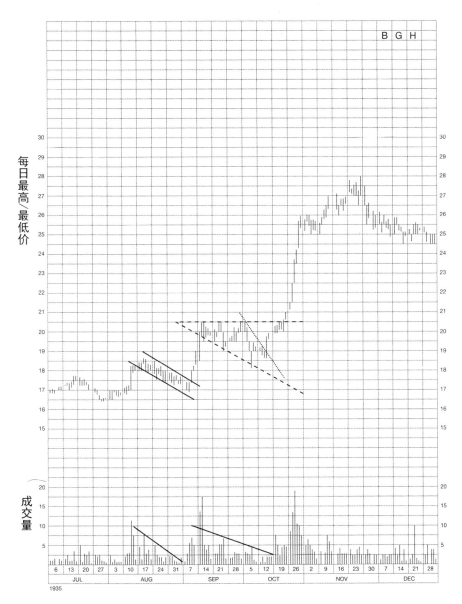

图 6-9　巴勒斯算数计算器公司股票日线图

长方形持续形态

在第五章（160~164 页）对长方形反转形态的分析中，我们评论这种形态会发展为持续形态，事实也是如此，它成为持续形态的概率比成为反转形态的概率要大。我们还评论了这种结构非常可靠，这种可靠性适用于价格在长方形盘整区域中任何方向的突破。事实上，来自长方形的虚假突破非常少。可以有把握地说，在长期的主趋势里，长方形持续形态在早期阶段出现的频率比在后期出现的频率要大得多。因此，在一个底部区域形成之后，长方形会频繁地出现在最初的价格逐步上升阶段，它们代表在散户投资者对市场不太关注期间那些有组织的吸筹。但是，不管它们什么时候出现，也不管是在长期还是中期行情中，不管是在周期的开始还是末端，都可以根据它们突破的方向去推断接下来的价格走势。在第五章的反转分类里，我们还讨论了长方形的成交量特征，在持续形态中其交易量特征也完全相同。

上升趋势中长方形的例子

图 6-10 全美金融公司的股票走势图里显示了一个长方形。该长方形是一个近乎完美的形态，并明确地预示原上涨趋势将会持续。第一阶段的上升在 1935 年 8 月的第二周遇到了阻力，其原因要么是因为不明智的获利出货，要么是因为组织良好的专业操盘。在接下来的 10 周里，价格在 7.5~8 美元之间波动，从未在这个狭窄的范围之外收盘。在此期间，成交量呈逐步减少的趋势非常明显。但是，在 10 月 21 日股票价格冲破了束缚，其原因或许是专业投资者对于成功吸筹已经感到满意，正在准备抬价，或者是因为有些利好的消息带动了强大的购买力。对我们来说，其原因并不重要，因为当我们把 10 月 21 日的价格和成交量填入走势图时就会发现，走势图完全提供了所有我们需要知道的信息。接下来我们看到，股票价格已经运动到形态之外，上升到 8.38 美元，收盘在最高点——这在价格为 8 美元的股票里是一个有效的突破幅度——成交量的放大起到了决定性作用。走势图显示：赶快购买全美金融公司股票。在接下来的 5 个星期里，它走出了 60%以上的利润幅度。

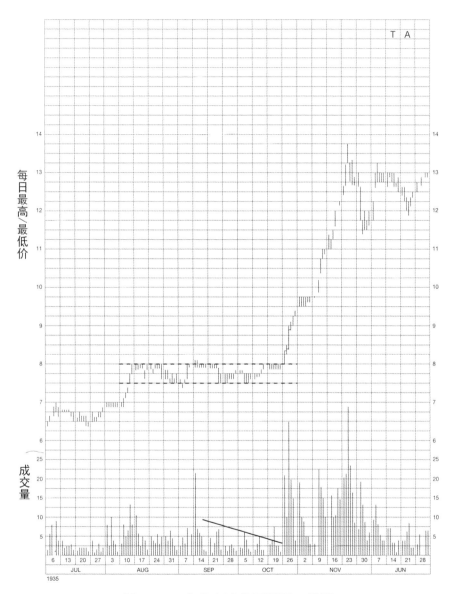

图 6-10　全美金融公司股票日线图

请注意，全美金融公司股票图是按每格为 1/4 点的标尺绘制的，这有助于清楚地显示在一个价位非常低的时期所形成的任何形态。我们并不能假设所有的长方形持续形态都会导致全美金融公司那样迅速赢利的价格走势。在长方形区域突破之后，价格大幅度上涨之前，很可能出现一个回落，使价格重新回到顶部边线。这样的价格回挫几乎始终不变地伴随着成交量的缩小，升势重新开始后，成交量会急剧放大。

1935 年克莱斯勒公司走势图里出现的长方形

图 6-11 显示了两个典型的持续长方形形态，它们是 1935 年下半年克莱斯勒公司股票价格上升时形成的。在正常的市场行情下，这只股票是一个活跃的受欢迎的交易对象，因此其成交量总是很大。但是，在中期长方形形成期间，可以看到成交量下降的趋势，在价格突破期间，成交量上升是非常明显的。9 月 4 日以及 10 月 11 日所出现的成交量强劲突破，打消了人们在价格上升到 62 美元和 74 美元时由于盘整所产生的所有疑虑。

下降趋势中的长方形持续形态

长方形持续形态在下降趋势中出现的频率比在上涨趋势中要小，但在两种趋势里都同样可靠。下降长方形持续形态在初期突破时的成交量通常不会显示出明显的增加，即使增加，可能幅度也较小。在第三章，我们探讨下降倒置三角形时就注意到，像长方形一样，下降倒置三角形有一个非常明确的水平底部边线或支撑位。如果价格走势令人信服，就不需要成交量的确认。在这种情况下，只有在突破之后的第二天或第三天，明显的成交量放大才可能显现出来。技术型交易者或许会坚信，即使成交量不令人信服，价格跌破一个界定清楚的支撑位并在其下收盘同样是具有决定作用的，因为这个具有明确支撑位的形态在下降趋势中形成，自身就预示着下降趋势。

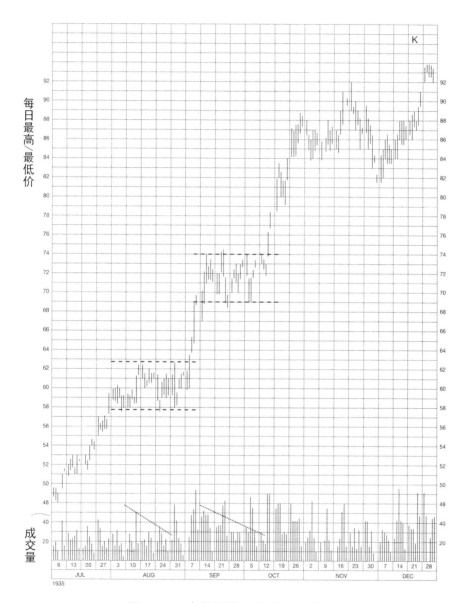

图 6-11 克莱斯勒公司股票日线图

1931 年熊市里的例子

本教程开始部分的长期指数图表明，在 1931 年最初的 3 个月里，出现了从 1929 年顶部开始的长期下降过程中的一个重要中期反弹。在此之后，趋势再次反转，价格下降到新的低位。在这个快速下降的过程中，许多股票都在它们的走势图里形成了很好的（非常标准的）长方形。图 6-12 和图 6-13 就是两个很好的例子。

在电气轻型汽车公司股票走势图里（图 6-12），价格从最高价 74.75 美元下降到 61 美元止跌。在 4 月份的 3 个星期里，价格在 61～66 美元之间波动。在此期间，除了 4 月 13 日之外，成交量都处于低潮期，并且一直在下降。有趣的是，人们可以注意到，在 4 月 13 日那天价格范围没有突破形态，因此，那天的成交量没有任何预示意义。但是，在 4 月 17 日，伴随着放大的成交量，该长方形形态被有效向下突破，预示着熊市的持续。

特别有趣的是英格索尔·兰德公司股票走势图（图 6-13），它显示了一个在罕见环境里形成的长方形。1931 年的 8 月和 9 月，在市场极端疲软的情况下，该股票的价格从 100 美元以上急剧下跌。10 月第一个交易日到来时，成交量开始放大，在此后的 6 个星期里该股票在 48～50 美元之间遇到了支撑，在价格的急剧回升过程中，曾 3 次上扬到 60 美元。过后显示，专业投资者在此期间把大量该股票派发给了散户投资者。支撑力量开始撤退，11 月 18 日支撑位被跌破，成交量放大。但是就整体而言，不比前几天的成交量更大。直到 21 日（记得要把周六的成交量翻一番），当价格降到 40 美元以下时，一个明显的成交量上升才显现出来。这个走势图说明了价格在突破支撑位进入下降走势时，成交量不一定增加。我们在下降趋势中的长方形持续形态一节中也讨论过这一点。

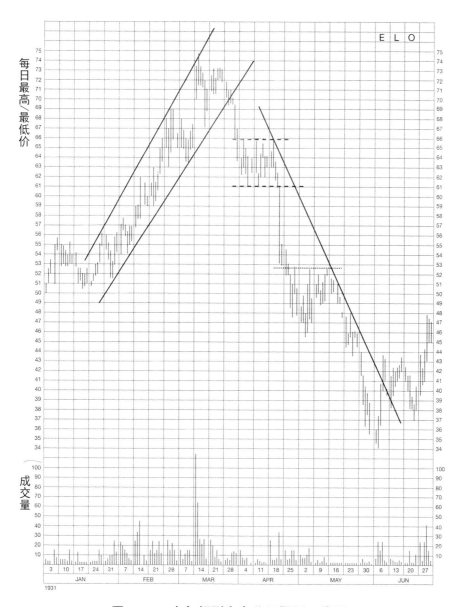

图 6-12　电气轻型汽车公司股票日线图

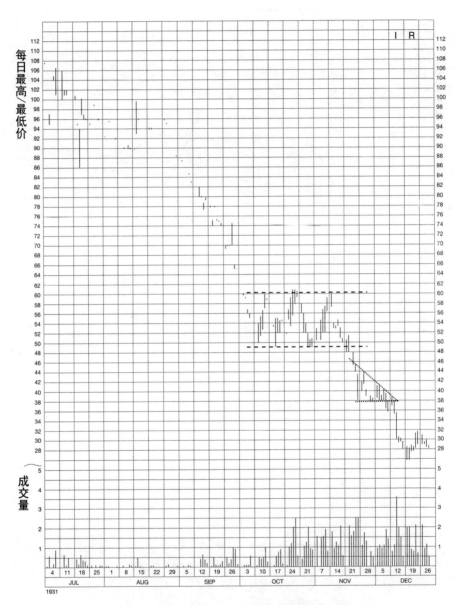

图 6-13　英格索尔·兰德公司股票日线图

其他走势图中的长方形持续形态

在本课程的其他走势图里，读者可以找到许多由于价格盘整而形成的长方形形态，它们都表示了原趋势的持续形态。有一些图形长而窄，有些图形短而宽。其中很有趣且值得研究分析的，是美国钢铁公司股票在1930年4月走出的大长方形（图3-1），这是该股票从圆形顶开始的第一轮下跌之后，在166美元和175美元之间构成的形态。6月7日周六向下突破得到了成交量放大的确认，如果遵循周六成交量翻一番的规则，此确认更加明显。

在国家电力照明公司股票走势图里（图4-9），1月23日至2月9日之间的价格密集区或许可以被理解为一个长方形持续形态，其中在1月27日有个形态边界外的走势。

旗形和三角旗形——可靠的信号

在本章，到目前为止我们所探讨过的持续性形态——各种形式的三角形和长方形——有着一个共同的、稍显遗憾的特征，即它们或预示着对原趋势的持续，或预示着对原趋势的反转，简单来说，就是并没有给一个准话，因此，它们迫使我们一直要等到结构完成，新的走势开始，才可以安全地进行操作。但是，我们现在将研究两种明显的很容易辨认的形态，它们不具有反转的含意，它们预示着股票将在某个价位继续先前的走势，这个价位可以给投资者提供赢利机会。我们把这两种非常可靠的赢利持续性形态称为"旗形"和"三角旗形"，是因为它们的形状就像挂在旗杆上的一面旗帜和一面尖形的三角旗。重要的是，它们是在一个上升或下降的状态下快速形成的"调整"或"巩固"区域。它们可能出现在中期趋势，或主趋势的早期或是末期，但它们总是出现在价格快速上升或下降的时期。

旗杆上飞扬的旗帜

因此，旗形结构的第一个要求就是，在走势图上必须有近乎垂直的上升或下降走势。这是一种突然盘整的形态，通常但并非总是伴随着一天的成交量放大。随后的几天到几星期，价格在界限清晰的平行线内盘整。在此期间，成交量往往会大幅下降。多数情况下，如果此前是上涨的走势，那么包括这个价格盘整区间的两条平行线就会呈现下降的态势。如果此前是下降的趋势，限定这个盘整区间的两条平行线就会呈现上升的态势。不过，它们也可能呈现出水平的态势，甚至朝原走势的方向稍微倾斜。在一个上升趋势里，它形成了一个在旗杆上飘扬的长方形旗帜。正如我们所料想的那样，它通常会因为自身的重量而微微下垂，偶尔也会走直，甚至会因为一阵强劲的风而轻微上扬（当然，在一个下降的趋势里，这幅图形会朝上运动）。

在旗形的末端，会伴随着明显的成交量增大，出现一个急剧的突破，从而继续前面趋势里快速的价格波动。

上升走势中的旗形例子

图 6-14 显示了 1936 年下半年迪尔公司股票的走势，该股票在 2 月份形成了一个典型的旗形持续形态。自从 1 月 22 日一个对称三角形被突破之后，3 周内价格从 57 美元上升到 75 美元，几乎是一个直线的上升——一个真正的旗杆。在接下来的 3 周里，股票价格在两条向下倾斜的平行线之间来回波动，波动的幅度在 3.5 美元左右，形成了一个旗形。3 月 2 日，上边线被穿破。但是直到 3 月 5 日，当成交量大幅上升时，有效突破才真正出现。价格在 74 美元收盘（超出旗形形态两个价位）。交易者会注意到在走势顶部形成的一个形态，价格最后从该形态跌出。这种形态过于松散以至于我们不能将它称为一个典型的楔形，但它的确显示了楔形结构的预示。

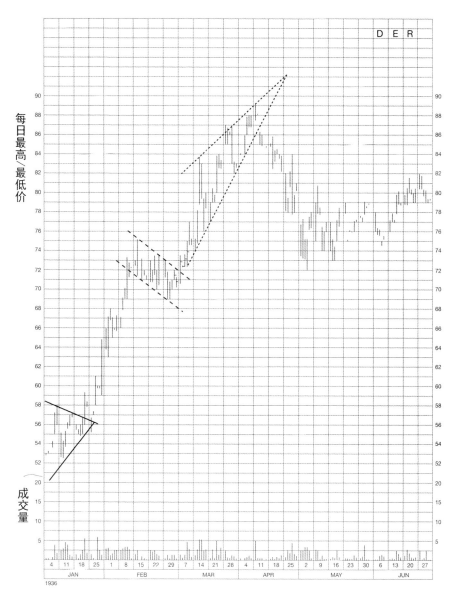

每日最高／最低价

成交量

图 6-14　迪尔公司股票日线图

迪尔公司股票走势图里的旗形形态与理想形态的唯一区别在于，价格在旗形区域内不如在有些情况下那样紧凑。但无论如何，这也不失为一个典型例子。

不同的旗形及其解释

在巴勒斯算数计算器公司股票走势图中（图6-9），一个较窄且紧凑的旗形结构出现在一个很短的旗杆上。在这一案例中，旗形区域内的紧凑价格行为以及9月5日出现的急剧突破都是鼓舞人心的，但是由于前面的旗杆太短，以至于我们不能期望在形态完成之后，持续走势能够运行很远。实际上，接下来的持续走势很快就停了下来，另外一个新结构（即一个倒置三角形）必须为进一步上涨打下基础。

另一个旗形例子出现在莎伦钢环公司股票走势图里（图5-2）。请注意，直到1月6日，价格收盘在形态边界外整一个价位，本次突破才得到成交量放大的确认。

在一个持续很长的快速走势中，可能会连续出现几个旗形。灰狗汽车公司股票走势图（图6-15）在3月和4月显示了几个有趣的图形。读者可以仔细研究整个走势图中的价格及成交量的情况，以便从中获利。

上升走势中顺势上扬的旗形

正如我们在前面的例子中看到的那样，在一个上升走势中，正常的旗形从其形成的旗杆上微有下垂或上下倾斜。有时，我们也会见到在急剧的价格升高或下跌走势中，持续旗形朝着原趋势方向倾斜，因为他们遵循了相同的规则并且不符合其他形态的要求，我们必须将它们划为旗形结构。国际收割机公司股票1936年下半年的走势图（图6-16），显示了一个典型的在上升运动中出现的顺势上扬旗形。请注意，9月17日到10月13日由价格的快速上升形成旗杆，以及10月13日到11月2日由价格行为构成旗形，该旗形构成过程中成交量下降，11月4日突破时成交量放大，随后便出现了另一轮价格快速上涨（我们将在第十章讨论9月第三周的价格走势）。

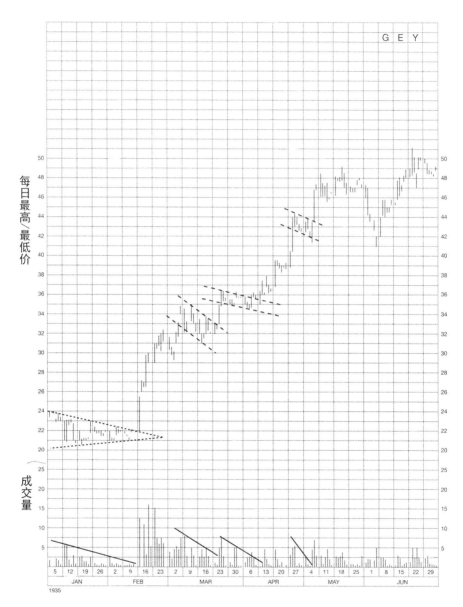

图 6-15　灰狗汽车公司股票日线图

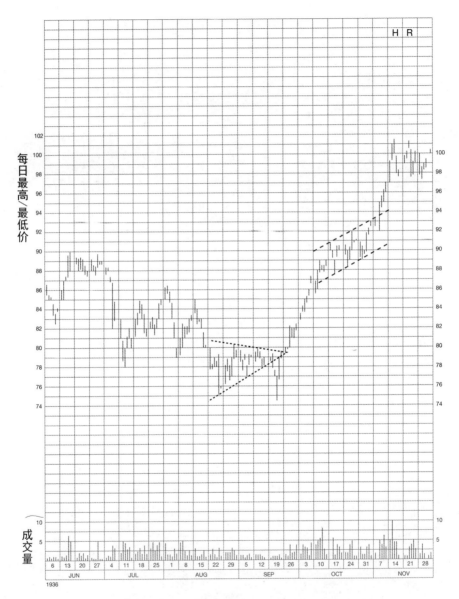

图 6-16 国际收割机公司股票日线图

正如我们在介绍这种形态时所注意到的，旗形的两条边线也完全可能是水平的。显然，这种水平形态可能被认为是长方形形态，它正好也是一个紧凑的形态，同时也出现在快速的价格走势中。不管我们把它理解为旗形或长方形都没关系，它们所预示的内容是相同的。

下降走势中的旗形

下降走势中的旗形持续性形态，只是我们分析过的上升趋势中的旗形的倒转图形。快速的价格下降首先形成了旗杆，旗形通常都微微向上倾斜；在其形成过程中，成交量往往下降；一旦价格突破较低的边线，成交量则会迅速上升，紧接着是快速的下降。

在哥伦比亚碳素公司股票 1931 年的走势图中，可以发现一个典型的例子（图 6-17）。在两周的时间里，价格从 2 月的 111.5 美元的高点快速下跌到 93 美元；随后，在 3 月的前 3 周里，形成了一个较宽的旗形；3 月 24日，价格向下突破，形成另一轮快速下降走势。虽然它没有显示出任何特别的意思，但有趣的是，这个旗形形态与我们前面在电气轻型汽车公司股票走势图里（图 6-12）分析过的长方形持续性结构是同时形成的。

三角旗形——旗形和楔形的姐妹

三角旗形只是两条收敛而非平行的边线所形成的旗形。除了这点之外，持续时间、成交量表现以及解释上都与正常旗形类似。在上行的旗杆上，三角旗形总是头朝下，预示着上升走势的持续。在一个向下的趋势中，它表示相反的图形。

图 5-9 迈克卡车公司股票走势图，显示了一个典型上升趋势中出现的三角旗形。1936 年 5 月，预示着底部反转的长方形突破拉出了一个 5 美元价位的旗杆。6 月后两周和 7 月初的价格运动将一个三角旗形"挂"在了旗杆上。伴随成交量放大，一个快速的突破重新反弹了前面的上升走势。

哥伦比亚碳素公司走势图（图 6-17）显示了一个三角旗形持续性结构，它是 1931 年 5 月的前两周内在一个下降趋势中形成的。

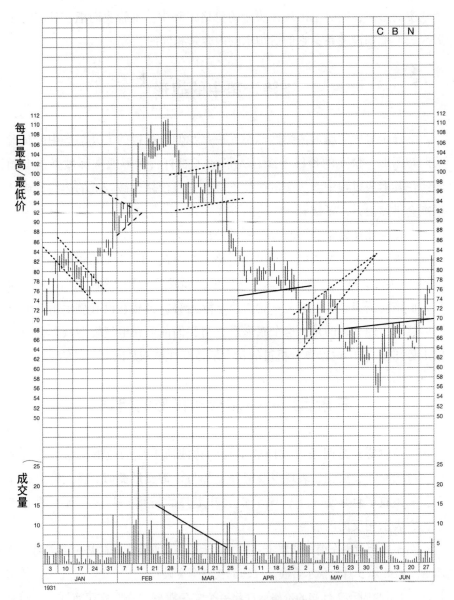

图 6-17　哥伦比亚碳素公司股票日线图

周线图中的旗形和三角旗形

同多数其他的技术形态一样，旗形和三角旗形偶尔也会出现在周线走势图里，但很少出现在指数图中，它们的含义与个股的日线图含义相同。例如，1931 年新泽西标准石油公司周线走势图里的两个三角旗形（图 3-6）。

三角旗形与楔形的关系

在对前面所引用的三角旗形例子的研究中，读者会注意到，三角旗形与我们在第三章中所讨论的被视为反转的楔形形态非常相似。但是它们对结构走势方向的预测却有天壤之别，我们有必要来好好分析比较一下两者。

楔形反转形态通常在自身的范围内继续前面的价格走势。在反转出现之前，它经常会朝着其理论上的顶点运动（有时甚至会超出其理论顶点的范围）。另一方面，三角旗形在一个由快速价格运动产生的旗杆上形成；在一段相对较短的时间内，其走势朝着与旗杆相反的方向发展。三角旗形在突破形态继续旗杆所建立的走势之前，很少会形成一个点或顶点（当然，旗杆走势同时也是三角旗形自身走势的反转）。

"头肩形"持续性形态

因为头肩形反转形态是我们所研究过的第一个技术性结构，也因为其独特的外形，交易者自然地认为它是一种同名称相似的价格行为，频繁地出现在一般性中继形态里。但是由于各种原因，这种结构并不是一个真正的头肩形，但是我们必须承认，鉴于它表面上与头肩反转形态很相似，很难再找出一个更加合适的名称。幸运的是，当我们对此仔细分析时，所获得的预测方式与头肩形的预测方式是相同的。因此，我们将接受所建议的名称，并把它称为"持续性头肩形"，同时发出的警告是，交易者在采取行动之前，务必要审慎全面地研究该形态。

克朗·科克和西尔公司走势图例子

如果立刻参照一个简单明了的图形例子，例如克朗·科克和西尔公司1936年上半年的走势图（图6-18），我们就更容易描述和解释持续性头肩形。1月15日，这只股票的上升趋势在54美元达到了一个小型的高潮。在接下来的两个多月的时间里，价格走势总体上来说是不明确的。但是，2月25日、26日的微降（结合随后走势加以分析）在A点形成了我们可能称之为左肩的图形。3月13日的第二个微降向下延伸得更多，在B点形成了顶部。3月30日的第三个微降在C点形成了右肩。顶部两侧反弹出现的两个顶点构成了此结构的颈线，图中由点线标示。颈线在4月3日被明显的成交量放大穿破，在接下来的3周里，价格上升了10个价位。

有用的暗示迹象

在克朗·科克和西尔公司股票走势图例子中（图6-18），3月9日到4月3日之间的价格走势碰巧可以被理解为一个对称三角形。它的顶部边线正好与我们上文所分析的持续性头肩形里的颈线相同，底部边线为穿过B点和C点的连线。但是，并不是所有这种类型的结构都会出现这样的情况。持续性头肩形的出现，通常都会给出明确的提示，即接下来的价格走势会怎样。应该强调的是，这个颈线作为形态的一部分和头肩形本身一样重要。一旦颈线被有效击穿，形态正式完成，同时具有了预示价值。

请参照下列出现在本章和前面章节走势图里的持续性头肩形形态：

图2-2——J点为左肩，K点为头，L点为右肩，4月30日颈线被穿破。

图2-6——左肩出现在11月27日，头出现在12月20日，右肩出现在1月6日，1月10日颈线被穿破。

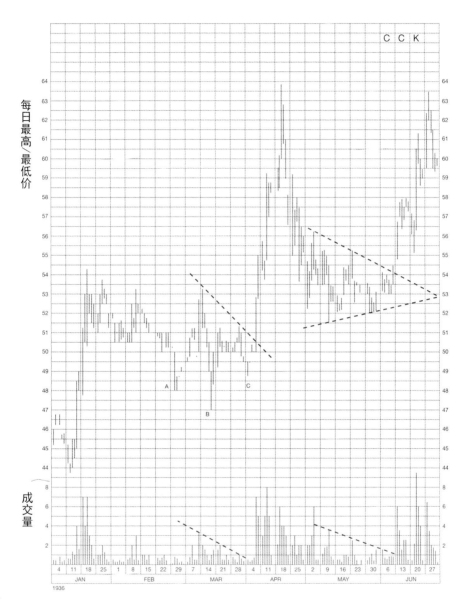

图 6-18　克朗·科克和西尔公司股票日线图

图 4-15——左肩出现在 4 月 4 日，头出现在 4 月 11 日，右肩出现在 4 月 18 日，4 月 28 日颈线被穿破。

图 6-9——左肩出现在 9 月 20 日，头出现在 10 月 3 日，右肩出现在 10 月 9 日，10 月 10 日颈线被穿破。在这种情况下，利用持续性头肩形的分析方法比利用更加显而易见的倒三角形的分析方法可以更早得出有利的预测。

读者将注意到，在上面所列举的例子中既包括上升型结构，也包括下降型结构。

同真正头肩形反转形态的区别

持续性结构与第二章中所分析过的真正的头肩反转形态的明显区别在于，持续性形态总是出现在同前面的趋势相反的方向中。如果我们对成交量加以分析，就会发现它们另外一个明显的区别。我们将回想起，伴随着真正头肩形反转形态的成交量通常在左肩和头顶相对较大，两肩和顶部之间成交量缩小，在右肩会有小幅增加，最后，当颈线被彻底击穿时，成交量会大幅增加。但是，参照克朗·科克和西尔公司股票走势图里的头肩形持续性形态，我们将会注意到，在这个形态里，大的成交量并没有出现在顶部和肩部形成时期，而是出现在它们之间价格回抽的时候。在第八章里，我们将对成交量进行更为详细的分析，在那里，我们可以看到出现这种区别是有充分的原因的。同时，只需注意并记住，在持续性形态里的这个典型的成交量习性就可以了。事实上，在成交量走势图上，头肩形反转结构和头肩形持续结构的唯一相同之处就在于，在价格突破颈线时两者的成交量都会急速放大。

对持续性形态的总结

在本节，我们完成了对明确界定的结构和那些价格运行区域的思考：我们知道这些价格区域会终止价格的特定走势，在其完成时还会导致原趋势的延续。在这里，我们最好简要地回顾一下所分析过的持续性结构，重新对它们加以分类，从而更多地了解它们在交易中的作用，以提高我们的实际操作知识。

基于这一点，我们最好把这些形态划分为能够预示反转或持续的结构和通常只预示持续的结构。在这里，我们必须记住，任何技术结构都不是百分之百的可靠。在技术分析中，每个规则都会有例外的情况。为了实际的需要，我们用大量例子确认了所述预测，并做出如下总结：

1. 可以导致反转或持续的结构

☆ 对称型三角形

☆ 所有类型的倒置三角形

☆ 长方形

2. 只预示持续的结构

1）在确定的上升趋势里

☆ 上升直角三角形

☆ 旗形（通常但并非总是方向朝下）

☆ 三角旗形（方向朝下）

☆ 顶部下垂的持续性头肩形

2）在确定的下降趋势里

☆ 下降直角三角形

☆ 旗形（通常但并非总是方向朝上）

☆ 三角旗形（方向朝上）

☆ 头朝上的持续性头肩形

3. 只预示反转的特殊情况

1）在确定的上升趋势里

☆ 下降直角三角形

2）在确定的下降趋势里

☆ 上升直角三角形

实际交易中的应用

了解了上述分类，已经买入某只股票的技术型交易者就会看到，如果走势图中出现了第一组的某个结构，他就需要谨慎地关注，因为该形态可能会发展为一个反转形态，并要求他立即平仓出场。另一方面，如果价格的突破预示着原趋势将会持续，那么他至少可以放松一下，追随该趋势，直到出现另外的警告信号。在有些情况下（比如倒置三角形），他会明智地停止交易，而不用等到突破，尤其是当其他的走势图同时向他展示了更好的赢利机会时。

在第一组分类里，我们已经注意到，除形态自身之外，经常会有其他的因素可以帮助我们来判断接下来的走势是反转形态，还是持续形态。第二组里任何结构的出现，都不会影响已经在合适的走势中持有股票的交易者。它们不仅仅代表了获取利润的时间会被推迟。第三组（当然加上所有前面分析过的真正的反转形态和信号）里的结构要求停止交易，尽早获利了结。

对于还没有持有股票的技术型交易者而言，根据前面的趋势，第一组、第二组、第三组里的任何结构的出现都仅仅只是代表一个机会。他应该根据形态自身或价格突破的方向的预示，随时准备采取行动。

改变性质的结构

在结束讨论之前，无论如何都得补充一句，我们经常发出的"谨防过早行动"的警告。在前面的学习中，我们已经注意到，直角三角形通常都是非常可靠的预测者，即便如此，它们也有特例。直角三角形偶尔也会朝着不正常的方向突破，即朝着斜边突破。当出现与原形态预测相反的突破时，就会发生下面两种情形。情形之一就是价格继续向外运行，达到形态的第一个反转点的价位，从而构成一个双重的反转结构——在上升趋势之后的下降三角形案例中就会构成一个双重顶，在下降趋势之后的上升三角形案例中就会构成一个双重底。在这种情况下，原来直角三角形所暗指的意义仍旧得到了实现，只是在出现了相反方向的价格走势之后才得以实现。

　　另外一种情况，也可能是更加频繁出现的情况，就是直角三角形会转化成长方形形态。如果该长方形完整、明显，那么该形态的突破就会朝着任一方向发展，如同任一长方形的突破一样。比如，阿纳康达铜业公司（图 6-4）股票 1935 年 12 月 23 日到 1936 年 1 月 23 日间的价格结构就可能被看作是这样的长方形。在这个例子里，1 月 23 日的突破使得价格朝着上升三角形已经预示的方向发展。但是如果价格继续在 28~30 美元之间的形态里波动一个月，那么价格朝着下方的突破也是同样可能的。

第七章 各种各样的中继模式 形态和现象

前面几章中，我们首先研究了预示价格主趋势或中间趋势的反转技术形态，然后研究了预示持续趋势的形态。我们知道，有些形态既预示着反转也预示着持续，无论哪种情况，价格走势突破形态时，都会显示出可靠的信号。

在本章里，我们将研究一些特殊形态和价格运动现象。多数情况下，它们的预示价值都比较有限，不过它们都是技术交易者们所必须掌握的实际知识。

我们要分析的形态有：

☆ 下垂底和加速顶

☆ 牛角形

☆ 倒置牛角形

接下来，我们会继续讨论：

☆ 缺口

☆ 假突破

☆ 扇贝形和其他反复出现的现象

总体考虑

我们在介绍一般持续形态时注意到，中间形态的存在有其合理性，这样说主要是因为，持续形态之后通常有反转随之而来。有时专业投资者十分自信地认为他们能够把股票价格再升高 30 美元，但考虑到他们的判断也许是基于中间模式做出的，而这些中继模式形态是对前期上涨的调整，那么这个技术趋势就很有可能反转，所以投资者就不得不舍弃原本想提高的 30 美元。

每一个中继模式形态实际上都是对于前面连续走势的抵制，同时，大多数中继模式形态实际上只是在走势强劲的时候出现，如果走势稍弱的话，就可能变为反转形态。明白了这一点，我们就不难理解为什么基本反转形态并不总是按照通常所预示的反转趋势来运动的，为什么有时候一些起初看起来会成为极好的反转形态的案例结果却可能会变为持续形态。

不过，为了让我们的研究更有价值、更实用，有了这一点认识后，我们就不在这个问题上纠缠了。我们应该对一些具体的形态加以讨论，一般来说，探讨的都是中继模式形态而非反转形态。主要是本书前面介绍持续形态时已经提到的原因，我们这一组中继模式形态没有反转形态规模大，也没有反转形态重要。

我们已从各个方面了解了三角形在整个形态图中的重要作用。它们实际上是形态中最为重要的，用来表示对之前走势的持续。本节中我们要继续探讨的部分，只是直角三角形的一个特殊方面。如果这个新的中继模式形态显示为下降三角形，我们就将它称为"下垂底"；如果它显示为上升三角形，我们则称之为"加速顶"。

下垂底

下垂底几乎包括所有在其结束时形成一个下垂点的价格形态或交易密集区。该形态不必很长。事实上，在一些例子中，很难看到任何明显的区域图形，但是这个下垂点却一定是存在的。然而，我们会发现，多数情况下，下垂底会发展为一个区域图的一部分或出现在一个区域图之后，并很可能从某种三角形中形成。再详细说，就是下垂底构成下降三角形的末尾部分，这是一个最常见的，也是最可能形成的持续形态。很多情况下，它表示该形态的一个特殊阶段。

在芝加哥气动工具 1930 年上半年的股票走势图（图 7-1）中，有一个有趣的例子。该例子可以被理解成下降三角形的一个特别的阶段，或是由于一个长方形反转形态的暴跌造成的。从 3 月 15 日到 4 月 5 日，股票价格在 34~37 美元之间波动，这个阶段的成交量远远高于正常的水平，形成一个长方形的迹象。正如我们在前面的章节中所了解到的，这个图形可能转化成一个反转形态或持续形态。但是，到了 4 月的第二周，这个形态开始预示着一个下降三角形的出现，但这个三角形却有一条凹陷的或向下弯曲的底线。无论如何，整个图形是一个疲软的形态，即使是最粗心的观察者也能明显地观察到这一点。在 C 点，股票到达一个水平，出于某些原因（我们将在第九章中对此加以详细讨论），我们或许会期望在那里出现支撑点，但是毋庸置疑，价格下降到 D 点，图形会继续呈下跌走势。

持续迹象一般显而易见

就像这个例子显示的那样，下垂底部形态的疲软总是非常明显。股票价格在我们的眼皮底下迅速下跌，此时，即便是一个小孩也差不多能够猜出股票价格会以更快的速度下跌。下垂底部开始在芝加哥气动工具股票走势图的 B 点出现。一个大胆的交易者或许会在那个价位短线操作，但是一个保守的走势图分析者在进行短线交易之前，将毫无疑问地选择等待验证 31~32 美元的支撑位，在 D 点将会感觉其预测更加可靠。

下垂底形态表明价格下降趋势会以较快速度持续，直到出现一个抛售高潮。该形态的第一阶段，成交量往往会下降，一直保持低成交量，随后突然出现买卖高潮，这只股票就会变得活跃，成交量上升。此后通常会迅速形成某种持续形态或下跌形态，在较少情况下，该下降趋势会发生反转，发展成为一个中间反弹形态。在芝加哥气动工具的例子中，4 月末，在下降趋势中出现了一个不显眼的价格区域。价格在 5 月 5 日急剧下降到 17.5 美元，紧接着是同样快速地反弹到 22~24 美元区域，接着下降到 12 美元以下。

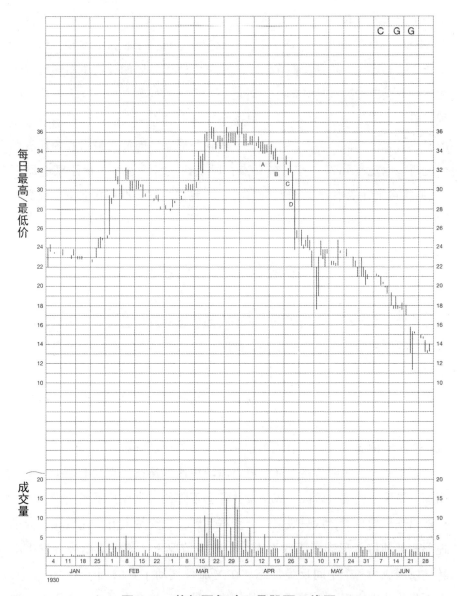

图 7-1　芝加哥气动工具股票日线图

下垂底形态提供快速赢利

对于迅速利用其预示采取行动的技术型交易者们而言，价格走势较为迅猛，使得这个下垂底部形态成为一个非常有利可图的形态。但是，正如我们在前面所建议的，由于该运动在快速到达高潮之后可能会出现反转，因此交易者必须准备好同样快速地结束其短期交易。在内陆钢铁公司股票走势图（图 7-2）中，有一个这样反转的典型例子。前期，没有出现任何非常明确的形态，4 月初，一个下垂底形态开始在 A、B、C、D 形成。两周内，价格从 D 点 104 美元突然下跌到 92 美元，刚过两周，又下降到 90 美元。其成交量表明成交高潮会在 4 月 30 日 93 美元价位出现。但是，在这里，一个新的形态——倒置牛角形（我们将在本章对此加以分析讨论）开始形成，预示着反转的出现。一个月之后，新的上升趋势开始出现，在 8 月末股票价格重新回升到 114 美元，即下垂底形态开始出现时的价位。

带加速顶的形态

带加速顶的形态应该只是带下垂底的倒置图形。但是，事实上，我们几乎从未发现过这样一个必须被归类为加速顶的形态。换句话说，虽然我们确实有时候会发现紧随着底部形态的加速运动，但是在加速上升运动或顶部变得明显之前，这些形态本身几乎不可避免地由一个清晰的突破而结束。因此，在这种情况下，顶部形态不能够被认为是形态本身的一部分，而仅仅是在强调底部形态和突破已经显示的"购买"信号的紧迫性。上升趋势中的持续形态的加速顶或上升运动也会出现同样的情形。价格运动几乎总是在出现加速顶之前由一个明显的突破来结束。

对于这种在大的突破出现之后，紧跟着一个快速上升运动的形态而言，我们应该注意，其重要一点就是，价格轨迹中出现的快速上升曲线表示，以前预示的上升运动高潮中出现了一个强势的持续。

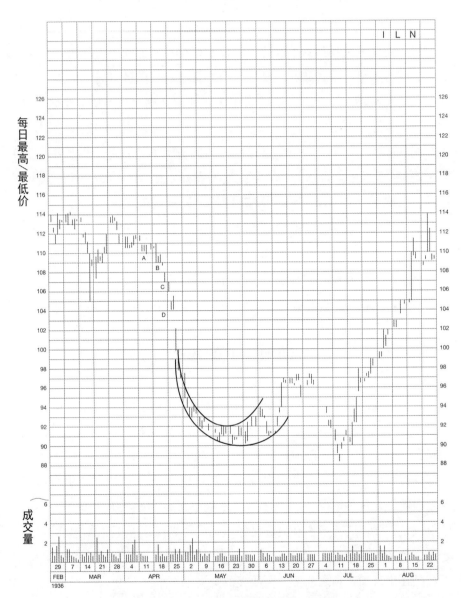

图 7-2 内陆钢铁公司股票日线图

圆形底部反转的部分

技术研究人员肯定都知道，任何圆形底部或普通反转底部的后半部，都可以被称为"加速峰"。但是，这里除了强调一个我们已经认识的、预示着更高价格的形态以外，我们并不需要对加速顶进行更多解释。伴随着圆形底部的加速峰所产生的成交量，以及伴随着任何加速上升曲线价格运动所产生的成交量，与下垂底部形态的成交量相类似。即成交量在开始时相对较低，接下来随着价格运动的加速成交量也随之变大，当购买活动达到一个高潮时，成交量最终也急剧增加。

没有突破的例子非常少见

没有明显突破，只有不能归类的价格洗盘区和加速上升运动的形态很少见，这自然有其理由。从我们所熟悉的街头格言"价格能够因为自身的重量而下跌，但是必须有外力才能被抬升"中可以找到原因。与许多老交易者所信奉的半真半假的格言不同，这一格言是建立在无可争议的事实基础之上的。绝大多数顶部反转出现在股票涨势已尽，快要进入跌势的时候，由于失去了强大支撑力，微小的压力或成交量就可以使得价格下降到低于原来的区域。这正好解释了我们在前面已经讨论过的（和下降三角形和直角三角形向下突破一起讨论的）那些只有价格变化，而没有伴随相应的成交量的典型突破信号的现象。不过，价格运动在底部又有所不同。因为相对来说，它要求大量的购买量来抬升股票的价格，突破价格洗盘区，以进入价格上升的阶段。另外一个这样非常罕见的形态出现在阿奇森公司股票1932年末的走势图（图7-3）里。这种类型的形态除了其上升尖顶之外，很难根据其他的特征来加以划分归类。只有7月初，在此期间所显示的成交量比较高而且不规则。接近7月末，当平均日成交量也逐渐放大时，价格的加速上升开始变得非常明显。

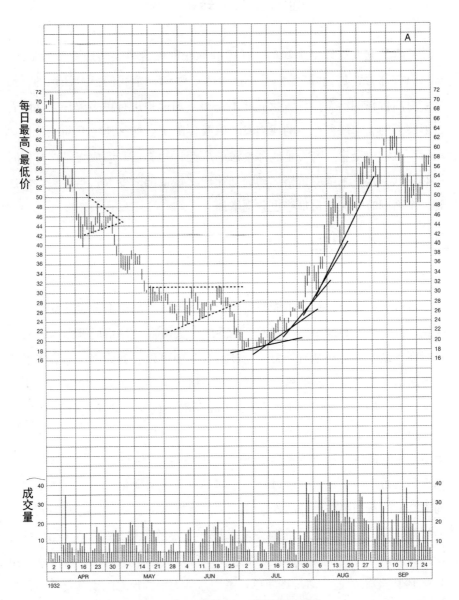

图 7-3　阿奇森公司股票日线图

在加速形态中进行的交易

价格从底部洗盘区以加速度上升（或者是价格从上升趋势的中继模式形态中以加速度上升），为交易者提供了同样的迅速采取行动获利的机会，正如处于下降趋势中的有着下垂底部的形态一样。在通常情况下，不要总想着赚快钱，不去博这一把比较好。至少，初学者最好考虑一下那个已经加速、如同一列已经驶出站的列车一样的形态，然后等待下一趟火车的到来，而不是去追赶已经错过了的列车。无论怎样，对于那些每天都跟踪走势图的交易者，以及那些因此可能看到加速走势图在它的初期阶段发展的交易者，还有那些随时准备快速进入，当高潮显示出反转信号时又能快速退出的交易者来说，跟踪这种类型的走向是较为安全的。

在就要对加速运动采取行动前，另一个非常重要的点，是要考虑所观察股票以往的习性，尤其是可能出现的会限制其走势的支撑位和阻力位。我们将在第九章中对这些重要的支撑位和阻力位限制因素加以讨论。

牛角形结构

下一个我们要加以讨论的，具有一点预测价值的形态，是牛角形形态——这是一个相当明确的形态，它和圆形反转形态（参见第三章）以及前面讨论过的加速形态具有一些相似性。在价格运动限定线（边界线）相交方面，它和三角形又有一点相似。对于这种形态的解释几乎和那些带有下垂底或加速顶的形态的解释相同。也就是说，它要求价格朝着形态已经指示的方向继续快速运动，而在价格运动达到高潮之后，另一个趋势开始之前，通常会有一个停顿和价格盘整区域。

牛角形形态可能表现为中间趋势的反转形态，也可能表现为中间趋势的持续形态。瑟泰提德产品公司1936年上半年的股票走势图（图7-4），显示了一个牛角形形态，它预示着这只股票价格的反转。请大家注意股票价格在 3 月和 4 月期间的反转，当价格通过形态顶部之后，其波动的范围逐渐变窄，运动的速度也越来越快。在这个例子中，牛角形很快就达到一个高潮，并且在 13 美元价位区域逐步形成一个价格洗盘区域。在区域之外，价格在 6 月的第一个星期一再次快速下降。在 13~14 美元价位的价格洗盘可能会发展成为一个预示价格发生反转的形态，朝着上升的趋势发展，因为牛角形本身并不预示任何接下来的高潮之外的价格运动。但是，在这个例子中，并没有形成带有预示性的形态或上升运动的基础，下降趋势很快就继续了。

加利福尼亚标准油公司的股票走势图（图 7-5），显示了在 1935 年秋天一个小型反转形态的末端出现的牛角形。

牛角形持续形态

克莱斯勒公司股票走势图（图 7-6）显示了该股票在 1929 年上半年的变化状况。（有趣的是，我们会注意到，克莱斯勒在 1928 年 10 月为 20 年代的牛市形成了自身 140 美元的高价格——比市场平均指数整整早了一年。）在图上显示的这段时间里，股票价格呈快速下跌趋势。4 月中旬价格短暂反弹但很快停止，随即转变为一个牛角形形态，使得价格再次下跌。

我们把克莱斯勒公司走势图里的牛角形例子看作是一个持续形态，把瑟泰提德产品公司走势图里的牛角形例子看作是一个反转形态，这样的判断是基于牛角形各自和之前市场总趋势的关系做出的。很显然，牛角形形态自身就包含了一个小型的反转形态，而它的窄的加速端预示着持续，一直到价格高潮，正如我们前面所研究过的带有下垂顶和上升顶的形态一样。

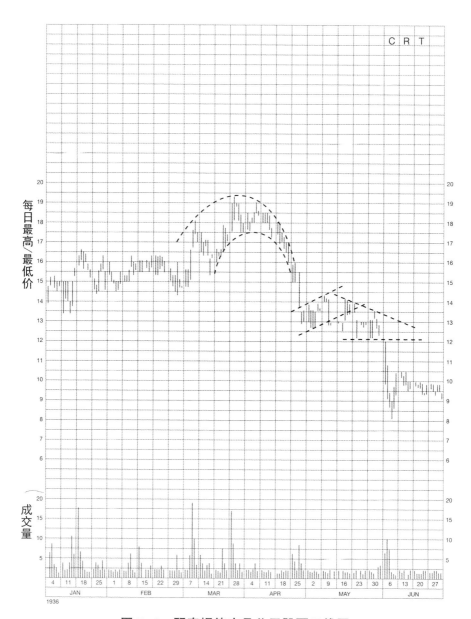

图 7-4　瑟泰提德产品公司股票日线图

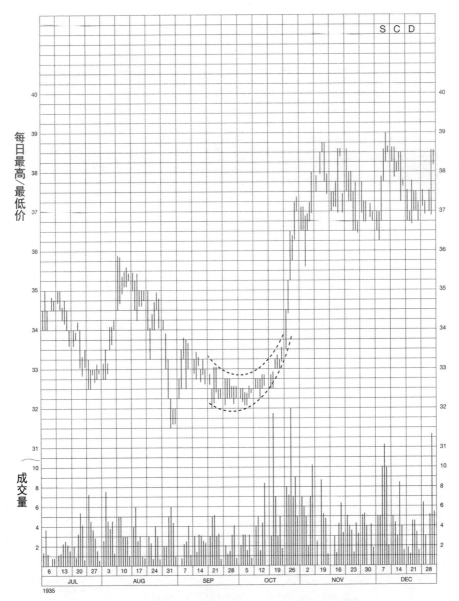

图 7-5 加利福尼亚标准油公司股票日线图

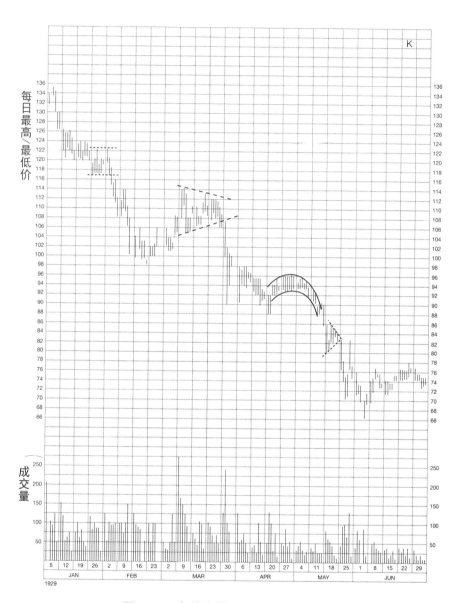

图7-6　克莱斯勒公司股票日线图

倒置牛角形形态

倒置牛角形形态是指形状像牛角形的价格运动形态，但是其较窄的末端是先形成的。它在走势图中出现的概率比正常的牛角形形态少得多。倒置牛角形形态本身也包含了一个小型的价格反转，但是它在新趋势里的运动范围可能会非常有限。

在内陆钢铁公司股票走势图（图7-2）中，4月下旬到6月上旬的价格运动形成了一个典型的倒置牛角形。倒置牛角形的预示和倒置三角形的预示类似。这两者都是较宽的形态，用处不大，不容易转为赢利。

区域结构研究总结

到目前为止，我们一直都在通过研究其自身结构或紧随其后突破所预示的价格走向来研究技术形态。我们对它们的研究已经完成，现在我们要研究另外一种价格运动现象。这种现象不能够被称为形态，但是它们的自身结构与其相伴随的形态常具有预示作用。

第一种特殊现象是非常规价格运动。它只伴随我们前面讨论过的明确反转或持续形态一起出现，只有在反转或持续形态已经清晰地出现在走势图上之后，它才出现。

假突破

在我们详细研究纳什发动机公司股票走势图中的下降三角形反转形态时，已经对假突破做了简要的探讨（图3-10）。在第三章有对于这种图形的解释。

假突破不是常见的现象，但是它们出现在走势图中的频率也不低，这就需要我们对其做更进一步的探讨。我们发现，在绝大多数的情况下，它们都出现在直角三角形和长方形形态中，但是偶尔也有可能在我们所研究过的其他形态中出现。也许我们应该说，它们是在形态之外形成而不是在形态之内形成的，因为假突破实际上是价格活动从一个已经形成的形态向外迅速冲出的过程。但是这个向外冲的过程很快就发生了反转，价格又重新回到原来的形态中。

绝大多数的假突破都是在一天之内完成的，很自然，它们被称为"单日假突破"。价格很少会在非常规状态停留2~3天，尤其是当基础形态比较大时。一般来说，与附近在形态内的价格运动成交量相比，非常规价格运动的成交量相对要大些。当假突破在一天之内完成时，那天的收盘价通常都会回到或至少非常接近前面所界定的形态。

假突破有时像真正的突破形态

虽然例外情况不多，但确实有，即非常规的冲击将使得价格远离该形态，然后在该形态边界之外整一点或更多的位置处收盘。当这些冲击建立在非常大的成交量基础之上，这些冲击看起来类似于真正有效的突破，符合有效突破的各种规格。正是这种容易迷惑技术交易者的假突破，可能会误导交易者对这只股票采取不恰当的行动。当他看见这个明确的突破为大成交量所证实，而且收盘价格远离形态时，他很自然会将其理解为一个突破形态，从而让股票经纪人帮他下单。接下来，他就会看到股票价格返回到形态里，并在形态里停留了几天的时间，甚至可能停留一两周。

幸运的是，假突破预示着该形态很快就会结束，接下来是一轮与前面的假突破方向一致的突破，因此，除了一点点延迟，或许还会造成一点精神上的损耗之外，并不会造成什么大伤害。股价最终会朝着正确的方向发展。

现在让我们重新回到假突破较为常见的形态。很显然，当收盘价格没有明显超出形态时，无论成交量有多大，都没有出现一个完全的突破，因此，我们不应该被误导而采取不恰当的行动。事实上，我们首先可以从形态接近完成中得到十分有益的预示，其次从接下来的价格运动方向上得到提示。

假突破例子

在第三章的纳什股票示意图中，我们已经谈过假突破。如果技术交易者还没有读懂，那么我们建议他们在此刻回过头去，重新去阅读对其做的描述和解释。

在图 7-7，约翰斯·曼维尔 1934 年的股票走势图中，有一个很典型的单日假突破。从 9 月的最后一个星期开始，该股票的价格走向初看起来可能会形成一个上升三角形。接下来，当股票价格在 10 月 23 日跌到 46 美元，第二天又上涨到前面三个小顶点的价位时，该形态开始显示一个长方形。在这两种情况中，都形成了一个十分明确的顶部边界，在形成这个价格区域间成交量的减少可能使我们认为一个具有某种预示作用的形态正在形成。

但是，10 月 25 日约翰斯·曼维尔股票的运动却令人十分吃惊。该股票价格明显的冲刺运动，导致其成交量比先前几个月里任何一天的成交量都要大。价格被抬升到 50.25 美元，比我们形态的顶部边界高出 1.25 个价位。如果跟随那天的行情，我们肯定会受到诱导，相信将要出现一个重要的突破，并且该突破预示应该立即购买这只股票。但是如果等到那天晚上或第二天早上，当能够在走势图上标示出那一整天的价格和成交量波动情况时，我们会发现价格运动在当天就发生了反转。在离价格范围的底部较近的地方，在关键边线以下一个点位收盘，并没有出现突破。通过这些检验，我们学会了分析图形。股票在接下来 8 天里的价格运动轨迹下跌到前面所预示的长方形范围内。直到 11 月 5 日才出现明显的价格突破，在突破、成交量和收盘价格方面达到了突破的所有指标。10 月 25 日的价格运动是一个单日假突破。

图 7-7　约翰斯・曼维尔股票日线图

对假突破的解释

从我们对于约翰斯·曼维尔股票走势图的分析中，显然可以看出，如果那些在10月25日当股票价格上升到50美元时就购买了股票的交易者采用了止损单，他们就应该在此后的第二天，在47.5美元价位出售该股票。如果他没有采取止损的措施，那么他们的结局就比较悲惨了。在他的交易摆脱亏损状况之前的一个多星期的时间里，他只有等待。对于那些没有采取不明智行动的交易者来说，该单日假突破提供了有价值的信息。首先，它预示着价格趋势的形态将会沿着假突破的方向上涨。

我们不能让交易者认为假突破的预示一贯正确，因为没有一种技术形态或现象是百分之百可靠的。但是，如果这种价格从一个明确的形态向外冲，然后又返回到该形态的现象出现之后，而不出现我们上一段最后一句话里提到的这两种结果，则非常罕见。

连续两天的假突破

华纳兄弟股票1936年的走势图（图7-8）显示了一个非常好的假突破的例子。价格在年初从14.5美元开始往下跌。价格下跌在5月的第一周于9美元处停止。此后，价格轨迹形成一个不规范的对称三角形。价格在6月1日试图突破该形态，那天的成交量较大，但是最后在10美元收盘，几乎没有突破该形态，这使得我们不能够将它理解为突破日。但是，它可以被称为假突破。当然它表明了这个技术图形在发生着变化，已经为价格从原来的下跌趋势发生反转打下了基础。自价格在6月1日试图突破失败之后，接下来的3个星期里，华纳兄弟股票价格在9.5~10.5美元之间波动。其运动轨迹在走势图上看起来像一个长方形。6月24日那天的成交量较大，价格上升到10美元，在10.63美元收盘。这一次，价格在形态之外收盘，但是再一次未能形成明显差别。第二天，价格被抬升到 10.88 美元，但又重新下跌，在长方形的顶部边界收盘。这是一个典型的双日假突破的例子。它预示着在该形态近乎完成之后会有一个向上的真正突破。7 月 11 日即周六，价格突破的所有条件都已具备，于是实现了突破。

来自对称三角形的假突破

毫无疑问，技术交易者会注意到，6 月 4 日和 25 日发生的出自长方形形态的假突破之后，出现了一个常见的非常规预测，不过这个 6 月 1 日形成的假突破要形成一个相当长的形态之后价格才开始上扬。这种现象的形成有两个原因。第一个原因是从一个明确的水平边界开始的假突破意味着可能出现支撑或阻力，其在技术预测上的作用比从一个对称三角形或一个圆滑形态开始的假突破更为重要。因此，穿过一个下降三角形的底部开始的向下假突破，穿过一个上升三角形的顶部开始的上升假突破，或者穿过长方形的底部边界或顶部边界的假突破，都具有重大意义。

另一方面，就对称三角形而言，我们应该从一个边界不太明确的形态开始分析，在形态完成之前，它的边界的线条需要不断修改。如果一个假突破在理论上的顶点附近出现，它可以被称为一个失败的假突破，正如华纳兄弟走势图里所显示的那样。当失败已经明显时，我们自然期望能有下一步预测的基础。在华纳兄弟走势图里所看到的一系列的运动是很常见的运动，首先出现一个较窄的对称三角形，接下来，一个假突破相应地成为一个长方形图形的一部分，最后，价格从长方形突破。这种情况通常都出现在一个具有预示价值的假突破之后。

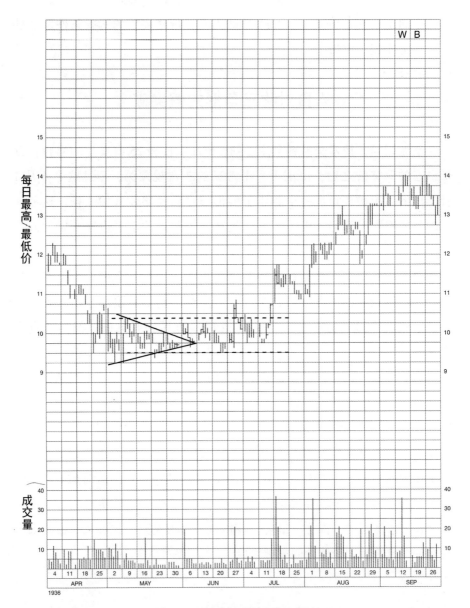

图 7-8 华纳兄弟股票日线图

前面研究中出现的假突破的例子

除了前面所引用的纳什走势图里的运动之外，走势图中还有其他的例子能说明我们前面的论述。图 3-2 中所显示的 1932 年 6 月 10 日出现的反弹，可以被理解为从当时已经明显的圆形底部形态开始的假突破。赫德森发动机公司走势图（图 3-11）里，1933 年 11 月 27 日的价格运动是一个具有典型后果的假突破。克莱斯勒汽车公司股票走势图（图 4-7）的底部形态可以理解为一个长方形，其中在 5 月 26 日到 28 日之间有一个假突破。

在后面对于趋势线运动的研究中，我们应该看到假突破可以从形态中出现，也可以在已经建立的趋势线中出现。

锯齿运动

我们要研究的下一个价格运动现象是锯齿运动。它可以被看作是假突破的姐妹，因为它是由前面图形中两种假突破一起构成的，不过这两种运动的方向相反。锯齿运动现象不像简单的假突破那样普遍，它只有非常有限的预示价值。它可以在任何时候出现在走势图里的任何地方，不过它常伴随一个比较明显的走向出现，而几乎从不伴随明确的价格区域形态出现。

锯齿运动一般从趋势的剩余部分开始，以一个假突破的形式出现，很快价格就发生了反转，接下来是非常短暂却较为明显的朝着相反的方向的假突破。第一个明显的运动可以被称作"上升突转"，第二个朝着相反方向的运动可以被称作"下降突转"。这表示随着上升突转的完成，在已经建立的趋势里很快就会有一个朝着第一个假突破方向的突破，或者叫下降突转。这种预示十分可靠，但仅仅限于有限的运动。这种运动在速度和剧烈程度上可能也是比较温和的。

锯齿运动的例子

在洛公司 1936 年的股票走势图（图 7-9）里，有一个非常典型的锯齿运动的例子。请大家注意这只股票从 6 月开始的上升运动趋势，它处于明确的平行线界限内。在 8 月 12 日，一个突然的向上冲刺运动突破了平行线，但是在 8 月 14 日发生反转并且回到该界限中。就它本身而言，可以被理解成一个假突破，如果没有发生什么情况来抵消它的话，此后很快会出现另一个向上的突破运动，从而形成一个新的且更为"陡峭"的趋势。不过有时确实会发生一些事情来抵消它。对于第一个假突破的较小反应使得价格向下运动形成一个同样锋利的冲刺，突破了 8 月 21 日的下边线，然后价格回到前面的趋势。这样，价格运动没有形成一个简单的假突破，而是形成了一个锯齿运动，突升出现在 8 月 12 日，突降出现在 8 月 21 日。这就预示着要出现另一个突升的有限运动，而且它也确实在 9 月 10 日出现了。

请注意，锯齿运动直到第二个假突破才完成，突降发生了反转，重新回到原本的趋势或形态里。简单地说，每一次冲刺都必须明显突破已经建立的趋势或形态，每一次冲刺还必须在另一个运动开始之前回到该趋势或形态里。

就运动的范围而言，洛公司走势图里的例子可以被称作一个很典型的锯齿运动案例。技术交易者偶尔还会发现一些从基本趋势或形态中产生的、更为明显的锯齿运动。至少可以期望，朝着突降方向的第三轮运动——突升和突降的程度相同，当然，也可以走得更远，不过锯齿运动本身是有限的。

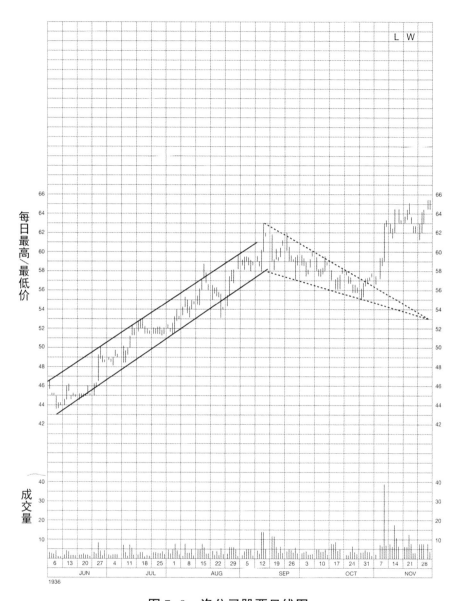

图 7-9　洛公司股票日线图

反复出现的价格运动形态

每个细心研究走势图的交易者都已注意到，许多形态会有规律地反复出现。当然，我们知道，大企业的起伏会引发证券市场上大的起伏，从而在走势图上产生一系列反复出现的"山峰和低谷"的形态。这些形态所出现的时间差异太大，我们不能仅依靠时间因素来利用它们。我们还知道，在有些个股的走势图里和某些工业板块的走势图里似乎会出现季节性的波动，不过这里也有许多例外情况打乱季节循环，所以我们不可能利用这些信号稳定地获利。

但是，在个股的走势图中，在主要的趋势里，确实偶尔有重复的形态或循环运动出现，甚至出现在中间的波动中，它们看起来好像和这些季节性收益或任何其他的合理的解释没有关系。简而言之，某些股票有时会形成某种可以清楚识别的价格运动习惯，可以称之为循环或重复性形态。

我们可以参照图7-10中，切萨皮克和俄亥俄、商用溶剂公司的股票走势图。这些走势图显示了在紧接着1929年的峰顶后的长期熊市的大部分期间出现的中间下降和反弹形态。

在切萨皮克和俄亥俄走势图中，股票价格运动习惯是那些锋利的很快反转的波谷和较为厚实、圆滑的峰顶交替出现。这个图形仅仅在一处"被突破"，1930年6月的峰谷并没有像其他波谷那样延伸进入一个锋利的高潮。

另一方面，在商用溶剂公司走势图中，价格运动的习惯又跟切萨皮克和俄亥俄公司的股票大不相同。价格运动在波谷更加厚实和圆滑，在波峰更加锋利和尖锐。这两个例子并不是用来说明反复出现的形态，而是用来说明，即使在长期的循环周期运动中，不同的股票也显示出不同的习惯。但是，这些长期的习惯并不是我们在本章中要特别关注的对象，我们对那些在中间趋势内的当前运动中形成的相似的习惯图形更为感兴趣。

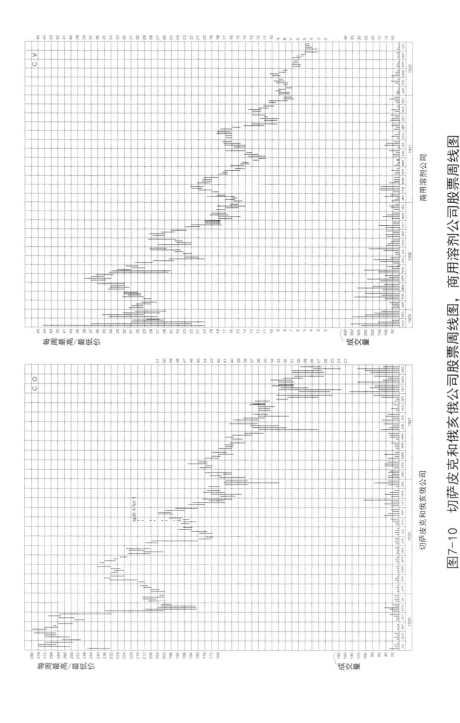

图7-10　切萨皮克和俄亥俄公司股票周线图，商用溶剂公司股票周线图

扇贝形形态——是机会也是警告

出现较为频繁的反复性形态之一是扇贝形（月牙形）。我们在集装箱 A 公司 1935 年前 9 个月的股票走势图中，对这种形态进行了分析说明（图 7-11）。请大家注意，该股票一直到 6 月逐渐下降的趋势里，以及一直到 9 月的最初 3 个月的上升运动期间出现的小型上升和下降运动的规律性。小型波谷的规律性和周期性尤其明显，每一个波谷在前一个出现之后大约 6 周内形成。对于这样的图形，我们很难找到一个合理的解释，不过解释并非是必须的，所要做的只是在这样的价格运动波浪自己形成图形后，观察价格运动波浪的顺序或重现，并且认识一个具有技术价值的现象。这样的价格运动的反复现象一旦变得明显，就可以假定其会无限地反复，一直到某些因素进入图形扰乱它的节奏。

在集装箱 A 公司的走势图中，交易者可以看到，在 10 月的第一周里，该形态迅速遭到破坏，随后的价格运动并没有显示在这个走势图中，不过它可以简要描述为一个快速上升运动，6 周内股价上升到 19 美元，又徘徊了 4 周，接下来是在一周内又上升了 4 个点。

很显然，一旦这个扇贝形图形变得明显（集装箱 A 公司走势图中，在 5 月的第一周里的情况就是这样），就为技术交易者提供了快速、反复获利的机会。这只股票的任何一次交易可能都只有一点利润，但是所有的机会加在一起肯定会非常有价值的。

重复性运动所提示的警告

在商用溶剂公司 1936 年的股票走势图（图 7-12）中，我们分析解释了另一种扇贝形形态。在这里，运动的重复有可能误导有经验的交易者，让他们采取不成熟的行动。好几次，价格向上冲刺显示新一轮获利机会开始出现，但是每一轮冲刺很快停止，价格又重新开始下跌。这种形态警告我们不要相信任何明显的突破信号，直到走势图显示这种区间的持续被打断，股票已经摆脱它的"坏习惯"。

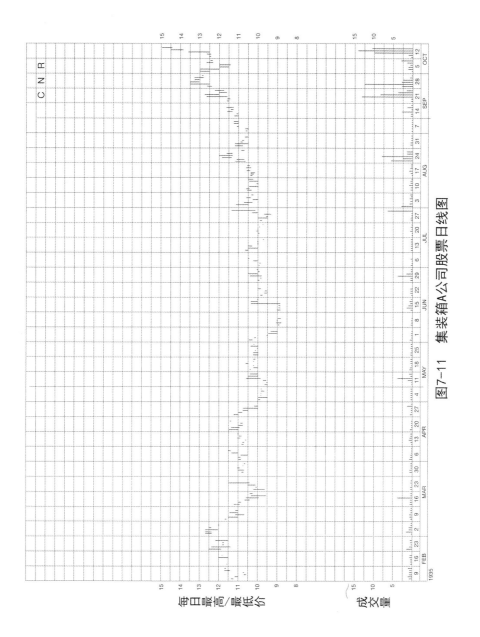

图7-11　集装箱A公司股票日线图

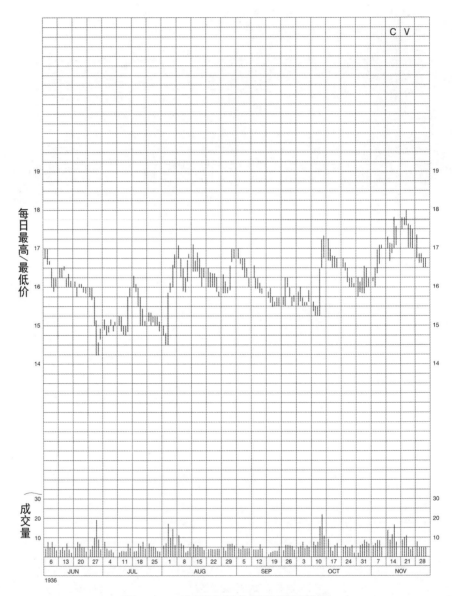

图 7-12　商用溶剂公司股票日线图

显而易见，要利用重复性价格运动，首先要求对股票走势图历史做全面的研究，接下来是迅速果断采取行动的能力，再加上当某些出乎意料的价格或成交量运动表明图形发生变化时，随时准备改变策略。

价格缺口——一个有趣而经常令人迷惑的现象

我们下一个研究的对象是价格缺口。我们已经对它做过一些描述，围绕大小不一的缺口，人们已经创立了许多理论，有关它们的预测价值，也有人做过多种断言。不过，这些理论并不是通过仔细研究和实际检测得出的，只是建立在表面上，因此这些理论可能很容易使技术交易者相信，在预测市场运动上缺口具有很大的作用。实际上，在技术预测方面，缺口并没有任何地位。但是它的价值主要是和其他走势图一起使用，起到证实或调整作用。正如我们将要看到的，在许多情况下，一个缺口在它形成的时候，不能够划分到哪个类别（预测持续或反转），也没办法给予正确的解释。因此，缺口不属于我们重要的形态或预示因素，而属于次要的价值有限的走势图现象。然而，作为教程的一部分，我们必须认识它们，对它们的价值给予正确的评价，在我们能够利用它们时使用它们。

对于缺口的大致描述

在第五章中，我们在分析岛形反转模式时，已经对缺口做了一番较为浅显的介绍。但是缺口家族比较大，值得我们做更详细的分析考查。第五章中，我们把缺口解释为连续的两个交易日的价格范围之间的一段空白，如同在我们的股票走势图中所显现的图形那样。换句话说，它只是每天的价格范围未能交叠的部分。在上扬趋势中，如果当天价格范围的低价位点比前一天的价格范围的高点还高，就形成了一个缺口。在下跌趋势中，如果当天价格范围的高价位点比前一天走势图范围的低价位点还低，也形成了一个缺口。

在交易不旺的市场中缺口更常见

由于价格的正常运动通常都是循序渐进的，今天的价格和前一天的价格范围，通常都会出现一部分的交叠。很明显，价格范围不能够相互交叠而因此出现缺口现象，一定是技术图形非正常快速改变的结果，所以说在交易活跃的股票走势图中容易形成缺口，这是非常正确的。但是即使在这样的情况下，不正常的状况通常都会很快得到修正，价格又重新回到更为正常的交叠的波动状态里。

但是当一只股票的市场较窄，也就是说，当它不太活跃，不为人了解，或者它只有一小部分比较活跃时，就可能形成缺口。通常缺口仅是这种市场交易不旺状况的结果。这种情况下，缺口的出现不能认为是一个不正常的事情。在"交易不旺"的股票中，缺口的回补常常是在几天后，甚至几周后，而在活跃的股票中，我们可期望缺口在第二天就能回补。

联合化工股票走势图（图7-13）解释了缺口在一个"交易不旺"的股票中频繁形成的现象。很显然，这些缺口不具有任何技术重要性，它们只是一只相对"不受欢迎"的股票在市场较窄、供应量非常小且不固定时的偶然结果。

一般情况下，有时因为各种原因，一只本来活跃的股票可能变得不受人关注或暂时不活跃，在这样的期间里，会形成多个缺口。这样的缺口在我们的研究中不具有任何重要性。例如，请注意在莎伦钢环公司后半段走势图（见图5-2）中，在这只股票交易不活跃的期间里形成了多个缺口。

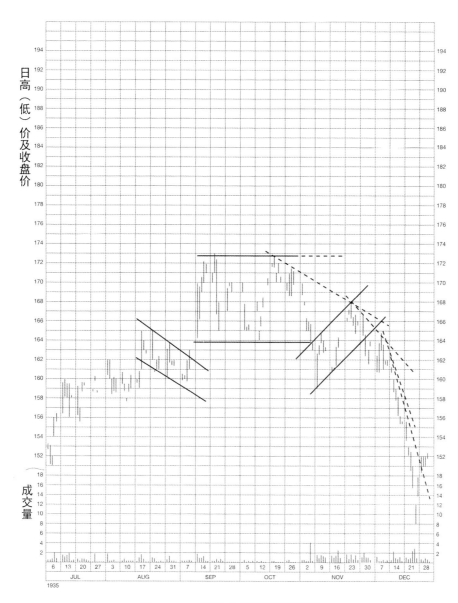

图 7-13　联合化工股票日线图

缺口可以分为四种类型

目前，我们至少已经解决了交易不旺的股票中的缺口现象，现在我们必须回来研究它们在交易活跃的股票走势图中的意义。我们已经看到，在这样的走势图中，它们呈现出了不正常的技术状况。我们会发现，这些缺口可以分为以下四种类型：

☆ 普通缺口

☆ 突破缺口

☆ 持续缺口

☆ 衰竭缺口

这种划分取决于缺口形成的位置和方式，正如我们所分析的，在某种程度上，它还取决于缺口之后会发生什么。

普通缺口——很快被回补

用技术术语来讲，普通缺口指那种经常出现在动荡的市场中的缺口。它通常都在几天或一周内，最多两周内被回补。后来，当价格范围返回到和该缺口形成前的范围交叠时，缺口就可以说被回补了。这种情况下，两个价格范围间的空白就消失了。而这种情况出现之前，可以说缺口一直保持"开口"状态。

普通缺口往往在某价格区域的形成形态的过程中产生。交易者会在我们前面研究的走势图中发现无数的例证，就此而言，在几乎任何走势图中，都可以发现无数的例证。在约翰斯·曼维尔股票走势图中（图3-12），价位点 B 和 F 之间有这样的例子。在迈克卡车公司股票走势图中（图5-9），长方形底部形态中有 7 个缺口。西尔斯·罗巴克公司股票走势图（图6-6）中的倒置三角形形态中有一些缺口。空气压缩和美国钢铁公司股票走势图中的加宽了的峰顶（图4-14 和图4-15），以及新泽西标准石油股票走势图（图5-5）的几乎变成一个加宽峰顶的倒置三角形，都表明在这些股票的正常趋势区间，缺口出现的频率比我们所预期的要高。请注意这些缺口出现在活跃但"紧张的"市场中。还请注意，我们从这种类型的缺口中所得到的唯一的预示是，它们将很快被回补，因此它们在技术分析中不具有任何重要的意义。

突破缺口

大多数情况下，突破型缺口正好和普通缺口相对。它出现在一个变化的开始阶段，通常在完成时形成某种明确的区域形态。它在将来的一段时间内很少被回补，如果它从一个较强的大的底部形态中出现，它可能永远不会被回补，至少几年内价格在下一次大循环中的返回之前的时间段，缺口是不会被回补的。突破缺口不太常见，预示着技术图形内的明确的变化。它表明，股票的技术位置突然变得很弱或很强，以至于买进和卖出的正常平衡被打破，这一点可以由价格区域的正常交叠的缺失得到证实。因此，合乎情理的结论是，这种缺口的出现是对同一方向上的失衡和剧烈变化的调整。

突破缺口的例子

如果我们再次返回去看约翰斯·曼维尔股票走势图（图3-12），可以很容易看出普通缺口和突破缺口之间的区别。突破缺口在 J 处出现，紧接着出现强大的上升三角形形态以及与其相伴的许多紧密普通缺口。

在下列走势图中可以找到许多突破缺口的例子，在普曼公司股票走势图中，复杂顶部颈线被突破的地方（图4-13）；在奥本公司股票走势图中，5月出现的持续三角形突破的地方（图5-10）；在电力船公司股票走势图中11月出现的长三角形突破的地方（图6-1）；在电气轻型汽车公司股票走势图中，4月出现的从持续长方形开始突破的地方（图6-12）；在哥伦比亚碳素公司股票走势图中（图6-17），3月出现的旗形突破的地方；在纽约电话公司股票走势图中（图3-14），2月出现的从楔形突破的地方。

我们会注意到，这些缺口没有一个是在形态内出现的。在每一种情况中，形态已经十分明确，而当价格开始突破形态时，缺口才出现。

后来被回补的明显突破缺口

不过有些情况下，可以说在真正突破开始之前，价格从形态开始突破时生成缺口。接下来价格又返回来回补该缺口，使得缺口成为形态上的一个附加物。我们可以在美国钢铁公司股票走势图中看到一个这样运动的例子（图2-1）。在这个图中，价格从6月初到8月8日的运动轨迹形成了一个对称三角形，价格向外突破，8月9日形成一个下行缺口，在接近当天区域底部的地方回补。除了成交量没有出现可观的增加之外，这个运动看起来是一个有效的突破，预示价格下跌，然而第二天的价格返回来，在缺口的低边线处收盘，再一个交易日，缺口被回补，价格运动继续构成另一个三角形。8月23日，价格从该三角形朝着上方突破，缺口被回补当天的成交量比其形成日内的成交量要大得多。这种情况下，有经验的技术交易者应该不会被误导，因为正如我们所了解的，在交易者对此采取行动之前，价格从对称三角形的突破应该得到成交量的确认。（请注意：价格从一个带有明确的水平底部边线的形态的突破，突破之时并不需要得到交易量的确认。在许多这样的情况下——例如直角三角形和长方形——成交量直到突破之后的第二天才显现出来。另一方面，我们在没有得到成交量的确认前，应该对对称三角形的突破持怀疑态度。）

直接分类的困难

我们刚才已经讨论了美国钢铁公司股票走势图中出现的例外情况。这些明显的例外情况会使得那些本来就对此持怀疑态度的人提出反对意见，他们反对把普通缺口与突破缺口之间的区别仅看作两个可能性和相反的定义，这两个定义中必然只有一个是正确的。例如，任何在早期被覆盖的缺口，不能根据其定义认为是一个突破缺口；而任何使价格远离先前的形态，从而使得该缺口在长时间内不能被覆盖的缺口很自然地表明其后有长时间的变化。这的确是对这两种类型缺口定义提出的一个有力的异议，但其力量还不足以完全摧毁缺口在预测方面的作用。

实际上，缺口刚出现时，通常很难确定，不可能确定是普通缺口或突破缺口。这是我们为什么不能过于相信各种缺口理论和为什么必须认为缺口在预测方面只具有次要作用的主要原因。

事实是，绝大多数使得价格明显突破已经建立形态的缺口并没有被回补，它们变成了真正的突破缺口，并一直保持着真正的突破缺口的特点。突破缺口越大（中间的差价越大），就越不可能被回补。

突破缺口的实际用途

当然，任何价格突破一个技术形态时出现的缺口，都明显地会引起人们对该突破的注意。缺口有助于把我们的注意力吸引到走势图中的价格运动上，因此无论它在其他方面的功能多么有限，但是就这方面而言，它是很有用的。

此外，在这样的时刻形成缺口，可以初步证明该股票的技术层面已经发生了重大的变化。因此，我们有理由认为，接下来的运动速度会比没有形成缺口的突破之后的运动速度快，至少在刚开始时是如此。事实上，这种推断有大量事实作为基础。另一个更进一步的推断，即因为技术层面的突然变化，突破缺口之后的运动会更加猛烈，但是这一点却很难在实际走势图分析中得到证实。一般来说，这方面有其他更有用、更重要的技术因素来让我们参考。例如，在预测价格运动上，形成价格运动基础形态的大小和特征，以及后来在该处可能遇到阻力的潜在价位（我们将在后面的第九章中对此加以讨论）比突破缺口本身要重要得多。

简而言之，突破缺口强调了价格的突破，并预示技术图形中出现了突然的变化。但是价格已经明显突破了技术形态这个事实比缺口更重要。当我们把缺口和其他所有证明价格明显突破的证据加在一起时，就会有勇气果断地采取行动。

持续缺口和衰竭缺口

我们已经讨论了普通缺口和突破缺口。普通缺口出现在形态或价格集中区域，并且很快就会被回补。突破缺口在价格突破形态时出现，并在较长时间内不会被回补。另外还有两种类型的缺口，这两种类型的缺口一般不会和前面两种缺口相混淆，但是当它们出现时，我们却很难区分，它们就是持续缺口和衰竭缺口。

伍尔沃斯公司在1936年下半年的股票走势图（图7-14），有助于我们弄清楚持续缺口和衰竭缺口的样子。该走势图还包含了许多能让我们进行仔细研究的要点。顺便提一句，把这个走势图和图2-5中伍尔沃斯公司前6个月的股票走势图加以比较（当时紧接着头肩底形态，价格强劲上扬到71美元），结果很耐人寻味。

从10月的第二周开始，伍尔沃斯公司走势图中A标示的缺口显然必须被划分为突破缺口。该缺口显示了股票形成的强劲的技术位置，在A缺口之后，B、C、D缺口随后很快一个接着一个出现。请注意，这些缺口是在价格已经远离前面的集中区之后，在价格连续快速上升期间形成的。它们当然不能被划分为突破缺口。考虑到前面的基础，我们没有理由怀疑它们将很快被回补，并成为另一个区域形态的一部分。B和C缺口是典型的持续缺口，表明日前价格快速上涨的持续。D缺口刚出现时，显得和B、C缺口略有不同。我们应该在后面对D缺口重新加以更加详细的分析，但此时我们将要分析E、F和G缺口。

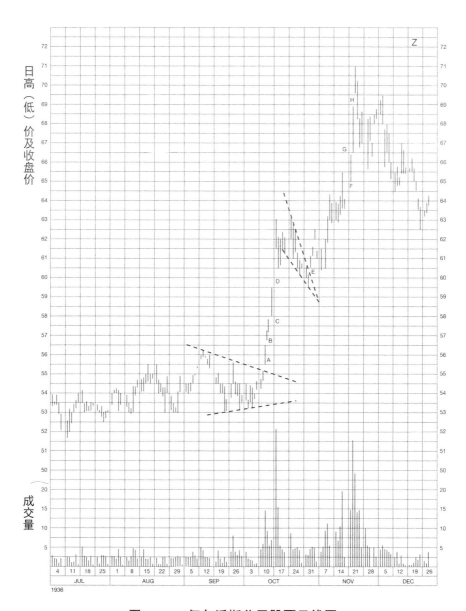

图 7-14　伍尔沃斯公司股票日线图

持续缺口和突破缺口的关系

E 缺口和 A 缺口一样，显然是一个突破缺口，它是在价格突破楔形形态时出现的。尽管价格从小型集中区域的突破看起来像一个上升三角形，F 缺口可以且最好也被划分为突破缺口。该上升三角形已经在 11 月 13 日标示出来。如果我们愿意，可以把 11 月 13 日的价格运动称为"单日假突破"。事实上，持续缺口可以仅被看作是突破缺口的一种类型，反之亦然，因为这两种类型的缺口都意味着价格运动的快速持续。其中一种缺口在运动开始时出现，另一种在运动开始之后出现，两者在一段时间内都不会被回补。因此，在伍尔沃斯公司走势图中 F 缺口还可以被划分为持续缺口。如果我们不考虑价格在 63~64 美元价格区域内的犹豫不决，仅仅考虑该缺口和价格从 60 美元到 71 美元的上升运动，那么它当然可以被看作是持续缺口。G 缺口也显然是一个持续缺口，但是在 H 点的缺口更加宽阔，接下来是一个反转日，并且伴随着极大的成交量。G 点也是上升运动的结束之处。H 缺口是一个衰竭缺口，标志着原来趋势的最后一搏。这个衰竭预示着一个早期的修正运动或中间反转。

衰竭缺口的特征

衰竭缺口是第四种类型的缺口，也是最后一种重要的缺口。它是一系列缺口的合理补充。普通缺口仅仅标志着价格运动出现了小的变化，它们通常出现在形态的中间区域；突破缺口则标志着强势趋势的开始，持续缺口预示这种趋势的快速持续，衰竭缺口则意味着该运动的结束以及早期的反转。

我们将看到，衰竭缺口和持续缺口很容易混淆。目前还没有一个标准用以确定在快速运动中出现的缺口是持续缺口还是衰竭缺口。但是，有许多较为可靠的线索可以使我们在大多数情况下做出正确的估计。首先，衰竭缺口常常在一个大规模的运动之后出现，该运动已经完成了。它通常在价格快速上涨或下跌运动的末期出现，并且在这样一个运动里，它很少是第一个缺口。价格的快速上涨或下跌导致过度购进或抛售，在这种情况下会形成衰竭缺口。一般来说（尽管并非所有的情况都如此），这种价格的快速上涨或下跌都包含一个或多个其他的缺口，那些缺口显然属于持续缺口。

高成交量下形成的衰竭缺口

其次，衰竭缺口几乎总是由一天的特别大量的活动而形成的，请注意伍尔沃斯公司走势图（图7-14）中11月17日的成交量。换句话说，衰竭缺口代表着快速运动的高潮，它伴随着极大的成交量。我们认为这样的成交量预示着运动的高潮或突然的反转。第三，尽管并非所有的情况都如此，但紧接着缺口之后第二天的成交量通常都表明价格会出现单日反转。第四，因为衰竭缺口很快就被回补了，所以接下来一天或两天的价格运动通常不会给我们带来更多的疑惑。最后，衰竭缺口通常比持续类型缺口大。

鉴于这些要点，让我们再回过头来分析伍尔沃斯公司走势图中的A、B、C、D缺口。正如我们已经看到的，A缺口很快就被认出是突破缺口。B缺口是一个持续缺口，其中唯一使得我们不能视之为完美的持续缺口的地方是，价格在第二天运动范围（10月8日）的底部结束了。但是，我们应该注意到，10月8日的成交量也比7日的少很多。

只有短期影响的衰竭缺口

C缺口毫无疑问是一个持续缺口。10月10日的成交量较高，但还没有达到极端的程度，股票的收盘价格处于当天范围的顶部。但是D缺口确实呈现出一幅不同的图形。对于这只股票而言，以这种情况开始，在一个较大范围的快速上升运动之后，它形成了一个非常宽的缺口——整整两个价位点。更加值得注意的是，10 月 13 日的高潮成交量以及那天由价格运动形成的单日反转。D 缺口具有衰竭缺口的所有特征。或许可能使得我们这次预先做出判断的唯一原因是，我们认出了大范围价格上升运动的极为重要的基础，该基础是在先前几个月的时间里被奠定的。

然而 D 缺口确实预示着购买力的暂时衰竭，这一点很快就会非常明确。此处需要形成另一个形态来积聚力量，可以说是对上升趋势的持续，该形态表现为楔形。正如在第三章中所看到的，楔形形态是最可靠的持续形态之一。这个强势形态的介入，以及该形态在前面的缺口被完全回补之前形成的事实，充分证明了该运动根本没有结束。因此，D 缺口是只具有短期意义的缺口。

衰竭缺口并不常见

在通常的 4 种类型的缺口中，衰竭缺口是最不常见的。并非所有的衰竭缺口都和伍尔沃斯公司走势图中所分析的那些走势图一样，可以由所有常见线索清楚完整地表示出来。我们可能研究的另一个例子出现在图 6-8 中，8 月 16 日至 17 日之间的缺口是一个衰竭缺口，但是直到被接下来的单日价格运动回补之后，它才被清楚地显示出来。但是，请大家注意 17 日的高潮成交量，它遵循了周六的成交量会翻一番的规则，还请大家注意本周之前的持续缺口。

出现在电气轻型汽车公司股票走势图（图 6-12）中的 3 月 7 日到 9 日之间的缺口也被证明为一个衰竭缺口。但是在形成的时候，它并不像上述缺口那样易于识别。3 月 9 日的成交量当然是具有高潮性质的，但我们必须承认缺少其他的证据，并且该缺口初看起来像一个突破缺口，所幸的是，这样极端的、具有欺骗性的事例是很少见的。

对岛形形态的回顾

要更好地研究缺口形态，此时最好返回第五章，对岛形反转形态的论述进行回顾。我们会记得，对于岛形形态的强势反转影响的解释，是建立在衰竭缺口极少与突破缺口同时出现的基础之上的。第一个缺口表明前面的技术趋势过强，第二个缺口表明新趋势的强势运动。第一个缺口到底是不是衰竭缺口，一般一开始并不容易确认，很可能在岛形形态需要几天的时间才能形成的情况下尤其如此，但是第二个突破缺口消除了人们所有的疑虑。在单日岛形形态的例子中，衰竭缺口的线索通常都是十分明显的。例如，请注意电气联合股份公司股票走势图（图 5-14）中单日岛形形态的价格运动和高潮交易量。请记住要把走势图中所显示的周六（8 月 17 日）的成交量翻番。

形成持续岛形结构的缺口

在研究岛形反转模式时，我们已经简要地提到另一种类型的岛形形态。该岛形形态是由一个位于价格集中区之上的缺口和一个区域之下的缺口，而不是由在同一价位形成的两个缺口形成的。在美国工业酒精 1936 年的股票走势图（图 7-15）中，有一个这样的持续缺口。该缺口在 5 月上旬形成。C 处和 D 处的缺口在 49 美元和 45 美元之间形成了一个长方形价格集中区域的岛形形态。我们可能把 D 处缺口划分为突破缺口，但是 C 处和 D 处的缺口理应划分为持续缺口，因为如果 49 美元和 45 美元之间的价格运动只有一天，那么就应该只有正常的持续缺口图形了。另一个持续缺口出现在 E 处，F 处是一个衰竭缺口。它后面跟随着几个普通缺口和先前下降趋势的反转形态。和前面明显的价格走势相比，6 月 11 日的成交量并不引人注意。但是价格在 6 月 12 日未能下降到足以弥补股票在那天除息的股息的数量，这就给出了一个明确的线索：F 缺口属于持续缺口。

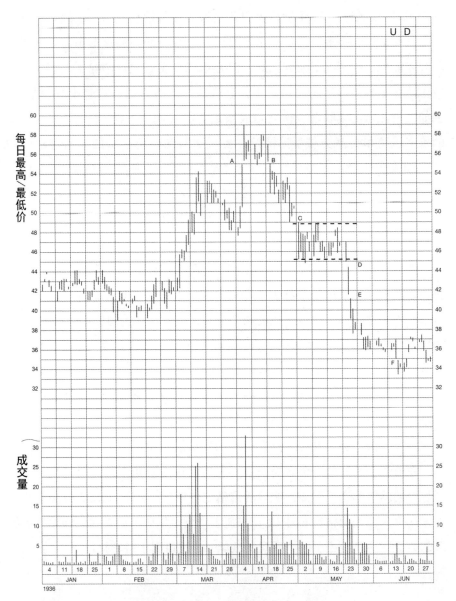

图 7-15　美国工业酒精股票日线图

一个不正常的岛形反转

在美国工业酒精走势图中，紧接着 A 缺口之后，4 月上旬出现了另一个非常有趣的形态。如果我们能够不考虑 4 月 7 日的价格运动，该价格运动的下降正好回补了 A 缺口，那么 B 处的第二个缺口就会为我们提供一个岛形反转的所有必备条件，但严格地按规则来说，第一个缺口被回补，则破坏了这一解释。然而接下来的价格运动毫无疑问完成了预示岛形反转的任务。我们深入研究就会发现，这样的运动绝不是独一无二的，这种类型的被突破了的形态经常能够起作用，尤其是当第一个缺口能够发挥衰竭缺口的作用时，只有这样做才可能是合理的。请注意 4 月 2 日的巨量成交。前面旗形形态的预测作用为我们提供了这种情况下的另外一个线索。我们将在第十一章中对旗形形态再次加以分析研究。

另一种类型的形态偶尔出现，该形态不能严格被称为岛形反转形态，因为缺口并不是在同一价位形成的，但是该形态亦完全表现为一个岛形形态。伯利恒钢铁公司 7 月底的股票走势图（图 4-4）中，就显示了此类形态的一个极端的例子。另一些例子则出现在切萨皮克和俄亥俄公司 10 月份的走势图（图 7-10）中，以及普曼公司 12 月初期的走势图（图 4-13）中。这些假的岛形形态，通常只能在非常有限的范围内发挥作用，但是初学者最好不要试图利用它们，除非有其他更为明确的技术因素对它们进行证实。如果没有周密的"止损"保护，决不可利用它们。随后价格运动的可能范围，我们可以根据缺口形成所在的相关价位的迹象推断出来。如果交易者在走势图上画一条线，穿过出现在上述两个例子中的两个缺口，并将该线条的倾斜度和接下来的价格运动加以比较，这一点很快就能得到研究。但是，我们必须再次告诫交易者，别过于依赖岛形形态，岛形并不是非常可靠。

形态内岛形有限的预示作用

新手们往往倾向于过于认真对待另一种类型的岛形，这是一个小的岛形形态，是在先前的非常短的价格运动之后形成的，它通常都出现在一个大形态的内部。这种岛形形态的预示作用极为有限，大约近似导致它们形成的价格运动的程度。当然，在大多数情况下，这种局限性也适用于典型的岛形反转形态。该岛形反转形态是在前面已经建立的形态的外部形成的。但在这种情况下，接下来的价格运动的范围自然会更加有利可图（波动更剧烈）。

在伍尔沃斯公司股票走势图（图 7-14）中，有许多在价格集中区域内部形成的小岛形形态的例子。交易者们很可能会对看走势图感到厌烦，但是我们希望请求他们谅解，要求他们为此再一次参照走势图，9 月 4 日和 5 日之间的缺口以及 9 月 12 日和 14 日之间的缺口，加上中间的价格运动，形成了一个岛形形态。该岛形形态使得趋势反转，形成一个小型反弹，并使得价格重新回到反弹开始的大致价位。利用该岛形形态，快速采取行动原本应该可以获得至少两个点位的总利润，但很难与所涉及的风险和代价对等。另一个例子出现在 10 月 29 日和 30 日的运动中。第二天价格下降了一点，实践了我们从该单日岛形形态中所期待的整个预测的内容。还有另一个岛形形态出现在 11 月的最后一周。我们应该注意到，接下来的价格下跌与其说是反转了前面的大约两个价位点的价格反弹的岛形形态，不如说是价格快速上升到 71 美元价位点的衰竭缺口所提供的反转信号更为合理。

无法分类的缺口

尽管大多数出现在活跃股票走势图中的缺口可以被归类到本章已经分析过的 4 种类型中的一类，它们中有些是立即可以确定的，有些是在间隔几天之后被确定的。但是仍然有许多缺口不遵循这些规则，不能够对它们进行肯定的分类。但是这些难以确认的缺口，极少能够真正打乱整个图形或导致人们做出不正确的解释。正如我们已经看到的，任何缺口产生的预测，都必须建立在它和自身形成之前的整个走势图图形关系的基础之上。我们应该对那些和先前的价格运动没有任何明显联系，或在其中没有任何基础的缺口，抱持怀疑的态度。如果接下来的价格运动看起来不会给予它任何重要提示，那么它就可能不会被看作是具有预测性的因素。

股票除息和除权期间形成的缺口

第一章（参见第 18 页）中，我们提到了关注股票除息日期是明智的做法。从理论上来讲，如果股票在交易所买卖，且股票不附带获得前面所宣称的股息的权利，那么价格应该在销售的第一天依据股息的数量下跌。那些刊登完整财经报道的报纸总是在股票名称后面添加符号"xd"或其他公认的记号来公布股息"下降"或股票"除息"的日期。

比方说，如果股票除息的数量是 2 美元，那么从理论上来讲，在走势图上，价格范围在除息的日内就应该下跌到前一天范围以下两个价位点的地方。在那种情况下，我们应该期望在"除息"当日和前一天之间出现一个缺口。尤其是如果当时股票在一个较窄的范围内波动，那么情况更是如此。在这样的情况下，很显然，一个和该股息的数量相当的缺口，并没有任何技术意义（不指示下跌）。但是，如果缺口超出股息的数量，而且超出了很多，那么该缺口就可能具有一些意义了，该意义也取决于超出数量的大小。为了将除息的效果更好地反映在走势图中，他可以通过根据股息的数量，使用虚线或彩色线条向上扩展"除息"当天的价格范围，从而使之清楚地被表示出来。这种手段有助于评价缺口运动。

不考虑除息引起的突破

实际的走势图分析中，技术形态很少因为股票除息而显得很特殊。当一只股票在一个较窄的形态中波动时，大量的股息和特定数量的年终分红可能会让价格下降。在这种情况下，随之发生的除息期间的价格下降或修正可能会形成一个明显的突破，或至少形成一个会破坏该模式的运动。当然，如果价格突破明显只是正常的除息修正的结果，那么我们就应该不予考虑。我们应该留意观察随后的价格运动，从而测定真正的技术趋势。

除了股权的价值通常很难精确地评估之外，同样的方法也适用于解释那些由股票的除权形成的跳空缺口和价格突破。

对缺口研究的总结

简要总结一下，我们已经了解到，在 4 种易于识别的缺口中，普通缺口的意义最小，它最多只是预示价格很快就返回到正常的价格范围之内。突破缺口除了强调价格从技术形态突破，以及预示随后会出现快速的价格运动之外，也没有多少其他的意义。持续缺口像突破缺口那样，主要在强调促使其形成的价格运动的强度和幅度方面发挥作用。在这 4 种缺口中，最重要的是衰竭缺口。我们希望，在大多数情况下，不仅可以根据先前运动的范围，还可以根据通常所伴随的高成交量和紧随其后的反转标示来识别它。

总的说来，我们已经了解到，对于伴随走势图中的缺口，我们应该进行仔细地分析。但是，它们应该至多被看成具有次要价值或确认价值的形态。

最后，它们像其他的技术现象和形态一样，并非是绝对可靠的。在仓促的分析后就采取行动的话，缺口很可能是不明确并误导人的。但是，当缺口与走势图图形的其余部分一起被视为次要的指示信号时，它们在权衡所有的技术因素以及对未来趋势做出合理的预测方面能够提供明显的帮助。

在后面要加以研究的缺口的含义

我们顺便提到了缺口的支撑和阻力作用。在后面的第十章中，我们将在讨论支撑位和阻力位时对此继续探讨。缺口现象应用于预测价格运动的方式还有另外一种，以后的研究将遵从这种应用方式。一些基于缺口测量价格运动范围的理论已经得到了发展。即使它们不完全可靠，也具有很大的用处。第十章中，我们将在丈量方法主题下对这些理论做充分的探讨。在结束对缺口的讨论之前，应该再补充一句，有些走势图交易者把各种规则应用到那些没有出现真正的缺口，但价格在连续两天内起伏不定却不能重叠，或在当天的收盘价格和第二天价格范围之间出现了一个可以察觉的缺口的情况下。这是有一定道理的，尤其在后一种情况中更是如此。但这是明摆着的，真正的缺口意味着价格运动更加显而易见地突破了正常的运动形态，它们在技术分析中一定具有更重要的价值。在缺口活动不确定的情况下，通常缺口的作用至少会打折扣的。

第八章　趋势线

我们在前面的章节里，详细讲解了出现在趋势或趋势反转中的各种走势图结构和现象。现在我们准备对价格趋势和成交量行为进行更广泛的研究。这些研究对象可能不如我们研究的基本预测形态那样确定，但其重要性毫不逊色。尤其在评价主要循环走势和重要反转形态时更是如此。它们可以使投资者树立长远看待股票市场的观点，我们会发现，这些长远观点对我们在后续走势中进行交易操作会一直很有帮助。了解这些走势所暗示出的更广泛意义与基本形态之间的相互关系，会使我们更为全面地掌握技术价格行为。

趋势线——操作定义

我们第一个要研究的对象是趋势线。由于它是进入市场首先会看到的技术表现形式，因此交易者可能已比较熟悉。在前面的章节里，我们已对其做过不少论述。股票无论作为个体还是整体，都是在一个相当确定的趋势中运行，这一事实早已被经济学家和交易者认可，他们也一直在对其进行研究。我们以后要研究的道氏理论，就是依据整体趋势行为。当我们对个股和大盘指数的长期走势图进行研究时，首先注意到的就是重要趋势和其定义的惊人一致。

趋势线是走势图上的整齐线条，它通过或穿过价格区域边界，用来确定市场运行的趋势。趋势线的实际长度无限，它代表一种主要、中间或次要的趋势，或区域形态的界线。趋势线延伸得越长，它们在技术预测中的价值和重要性越大。它们由两个或更多的顶部或底部的顶点连接成线，在大趋势中，如果一些走势图结构中的顶点延伸出了趋势线，也可以允许它们在结构顶部区穿过。在严格结构的界限里稍微出线一点是容许的，技术分析是艺术，而不是死板的工程学。触及趋势线的顶点越多，该趋势线也就越可靠。

长期趋势线的例子

如果我们暂时研究一下长期走势图中趋势线行为的两个例子，将会有助于我们更为清晰、全面地掌握趋势线的定义，并了解它的绘制方法。图8-1显示的是道琼斯工业平均指数 1924 年到 1937 年的月线价格区域。图8-2显示的是伯利恒钢铁公司股票的同期月线图。走势图中的实斜线是主要趋势线，虚线是我们以后要讨论的次要线或辅助线。

毫无疑问，这些月线图给人印象最深的特征，就是它们的准确性。基于这一特征，1929 年至 1932 年间熊市的趋势线才极为准确地界定了趋势中每一次中期反弹的上边线。不过在我们进一步评述这些图形之前，有一点应予以注意。下行走势中的基本趋势线穿过顶部构成，上行走势则穿过底部构成。其原因是，经验告诉我们这个位置的趋势线比走势图形另一面绘制的线条更为重要、更为精确。还可以这样来解释这条规则，即基本趋势线是沿倾斜价格趋势线右侧边界绘制而成的。

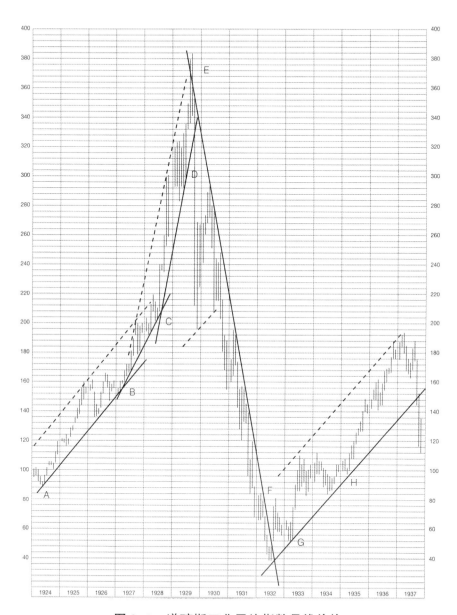

图 8-1　道琼斯工业平均指数月线价格

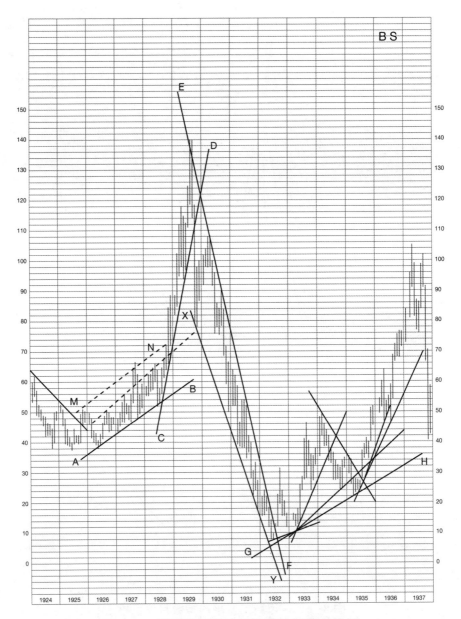

图 8-2 伯利恒钢铁公司股票的同期月线图

趋势线理论

我们认可的一个基本法则是：技术指标或价格运行一旦确立便会持续下去。直到某种决定性的因素发生改变，趋势才会改变。趋势线的作用就是基于这一法则。乍一看，这一法则似乎不会让人感到宽慰（似是而非），因为我们知道，技术形势随时可能发生变化。但股票的确是在趋势里运行，随便看一眼任何走势图都会清楚地发现这一点，确定无疑。如走势图所示，引起价格运行的动力越强劲有力，趋势就越明确，持续的时间也就越长，交易者也会越有利可图。一旦走势变得轮廓清晰，延续的可能性就大大增强。

因此，一般来讲，趋势线能最大限度地吸引走势图交易者关注主要价格走势。在少有上下波动的区域形成过程当中，趋势线几乎没有使用价值，但是当价格呈十分规则的上行或下行走势时，它就会显示出极大的重要性。因此，最能赢利的趋势线是那些有一定角度的趋势线，换句话说，就是走势图中的倾斜趋势线。

趋势线的实际用途

更具体地讲，趋势线在主趋势内确定中期下跌和反抽的可能边界，或者在确定小型反弹和回落的可能边界方面，都具有极大的实用价值。无论趋势线多么明确，它几乎总是受到中期反转的干扰，但只要没有出现主要反转，价格运行都会回到以前确定的趋势中。中期趋势中的小型波动也是如此。通过勾画这些趋势的轮廓，趋势线使我们看到了价格波动的理论界限，帮助我们预测特定趋势里下一轮反转的可能目标位。

从反面或消极意义上讲，趋势线被突破也同样有用。既然股票市场永远不会沿单一方向发展，因此趋势线必然会被突破。只要技术运行中出现重要反转，它们就会被突破，因为它会引起我们对刚刚开始的反转予以注意，所以它变得极有价值。因此，趋势线被突破时我们不必怨恨，特别当它们已被证明为长期、可靠、能够赢利的趋势线时更应如此。反之，我们应该为其带给我们的赢利机会，并告知有可能出现变化而感谢它们。所以说，趋势线有双重用途。它们持续不断时说明某一趋势的延续；而被突破时，它们起的是通知我们反转可能即将来临的作用，并劝我们忘掉原来的趋势线，开始寻找新的趋势线以便确定新趋势。

确定趋势线的试验方法和出错法则

然而，趋势线本身并非一条通往明确的市场预测与利润的玫瑰之路。恰如我们已研讨过的其他图形一样，它同样难免出错。可靠的趋势线并非总能既容易又迅速地确定下来。趋势线的确定与使用，在相当大的程度上靠的是良好的感觉、对股市的通晓程度和经验。此外，绘制趋势线是试验性质的，相当容易出错，即使富有经验的专业人员也是如此。没有人能够一拿起走势图就立刻在上面画出恰当合适的，甚至最好的、能够表达当前走势形态的趋势线来。正如不可能绝对正确地预测任何个股的未来价格一样。

相反，走势图交易者越有经验，他对自己所做的有关当前或先前走势的看法就越谦卑，如果价格走势图证明修改自己的原有看法更为明智，那么他也会更有思想准备，愿意放弃原先绘制的趋势图，从而绘制另一条趋势图。

趋势线的合适角度

特别需要注意的是，趋势线的角度有很大的变化空间。起初看似重要的走势可能一经启动就非常急剧、陡峭。初学者们会对自己绘制显示行情原始角度的趋势线充满信心。但经验丰富的交易者会在思想上有所保留，认为对这只股票而言，趋势线上升或下降的角度比通常陡峭许多，在以后的行情中可能会发生改变。

因此，他会明白应对趋势线信任到何种程度，这种信任程度是截至目前的走势所要求的。如果随后的走势缩小了他原先绘制的过于急剧的趋势线的角度，那么他会对此心存感激，而不是恼怒。因为更符合自然规律的角度更大地保证了其可靠性和持久性。

另一方面，有经验的交易者会懂得，趋势线在其特定股票中如果不表示实际反转，那么它的安全角度是多大。如果先前的陡峭走势多次被夷平，那么他会很高兴地重新绘制趋势线。但如果随后的运行将趋势线的角度大大缩小，甚至远远低于趋势线的通常或正常角度，那么他就会对先前的走势产生怀疑，并开始寻找相反趋势中重要反转的迹象。

走势图的使用

我们可以检测一下前面段落里对趋势线绘制的理论探讨，并通过分析图 8-3 得到一种更具实际作用的趋势行为概念。该走势图显示的是巴尔迪摩和俄亥俄公司股票 1935 年下半年价格和成交量的运行情况。

7 月 22 日，继一个没有在走势图上完全显示其模型的结构之后，该股票出现了一次标志强劲上扬走势的突破。这次突破后的第一次小幅回落给了我们绘制趋势线的两个点位（7 月 22 日和 26 日的底部）——该趋势线用 A 标出。很显然，这条线太陡无法持续。该趋势线于 8 月 8 日被突破，之后我们又绘制了一条更好的趋势线——B 线。第二条趋势线于 8 月 27 日被突破，这次小型回落中的成交量行为（我们将在本章后半部分对此加以讨论）预示上升趋势还未被反转。现在第三条趋势线（C 线）已被确定，它一直持续到 9 月 20 日。随后发生了下跌，10 月 3 日重新反转上行。不过与此同时，我们又有了一条下降趋势线——D 线，它连接了 9 月 19 日和 9 月 30 日的顶部。请注意，这条趋势线连接的是 19 日的顶点，并非始于 11 日的行情顶部，因为下降趋势直到 19 日才真正开始。

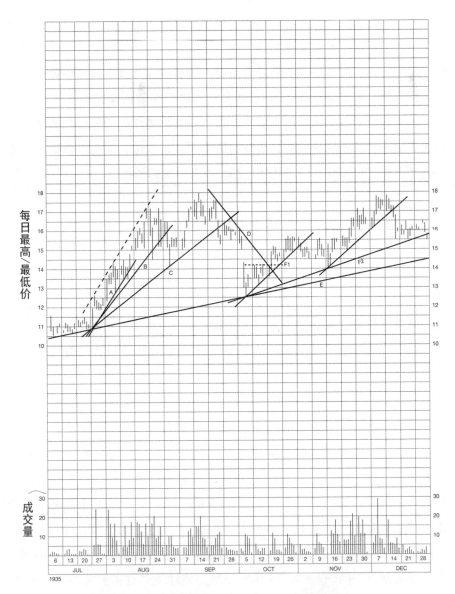

图 8-3　巴尔迪摩和俄亥俄公司股票日线图

试探性长期趋势线

继 10 月 3 日反转开始后，价格行为形成了一个类似上升三角形的图形，10 月 15 日在上升顶部出现突破（请注意该时期的成交量行为）。现在我们可以连接 7 月和 10 月的底部，绘制一条趋势线——E 线。这条趋势线的斜率表明它可能会充分确定一轮重要的、长期延续的上升走势。请注意，下行趋势线 D 线被 10 月 15 日的上升三角形所突破。

这次趋势反转给我们提供了一条小型上升趋势线 F1。该趋势线因太陡而无法延续。第二条小型趋势线 F2 则一直延续到走势图末端。在我们离开这个半年走势图，继续关注下一图中的走势之前，请交易者注意下列事实：直到第三条小幅上升趋势线 C 确定之后，8 月的第一次小幅上升才出现反转；第三条趋势线被击穿后（9 月 20 日）小幅上升行情出现反转。还请大家注意，趋势线 B 和 C 被击穿后，随后的反弹便不能重新穿过它们。我们将在第九章"阻力位"标题下讨论这种特殊现象。

将下一轮半年走势坚持到底

请看图 8-4，巴尔迪摩和俄亥俄公司股票在随后 6 个月里的价格与成交量行为被加到我们刚才分析过的上一轮半年走势图中，这样我们就有了该股票 1935 年 7 月 1 日到 1936 年 6 月 27 日一整年的价格走势图。在这张走势图中，我们放弃了趋势线 A、B、C、D 和 F1，它们对我们来说已无任何用处，但我们保留了具有重要意义的趋势线 F2 和 E。

我们首先注意到，趋势线 F2 上端的走势延续了将近 7 个月。连接 10 月 2 日和 11 月 12 日底部绘制的这条趋势线，在 12 月 8 日勉强被突破，但当天的收盘价又返回到该线上方。该趋势线被多次触及或至少多次被相当接近，12 月 19 日，1 月 21 日，3 月 13 日、23 日以及 30 日，直到 4 月 21 日才被有效击穿。

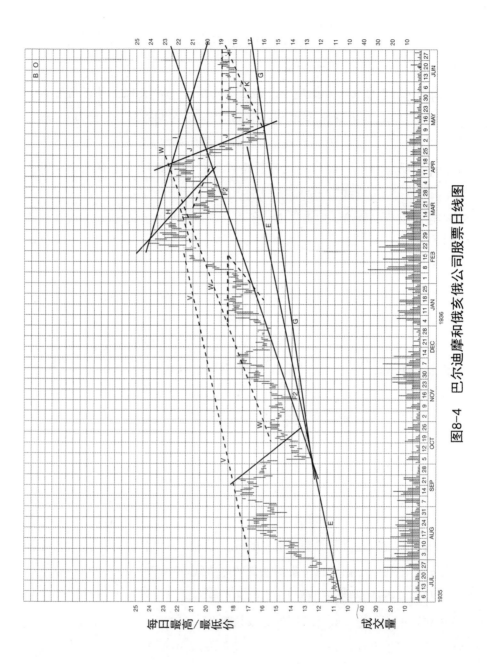

图8-4 巴尔迪摩和俄亥俄公司股票日线图

趋势内的形态

或许我们可以在这里暂停对趋势线的讨论，来考虑一下其中几种交易者无疑已注意到的更为熟悉的走势图形态。

在趋势线 F2 的持续过程中，一直没有出现任何边界清晰的技术形态，直到 1936 年 1 月底才出现一个图形良好（完整）的上升三角形。2 月 4 日伴随较大的成交量出现突破，随后 2 月 21 日价格快速升高到 24¼ 美元。这次反弹于 3 月 9 日被另一个向下的三角形反转后，随即快速向趋势线 F2 下降靠拢。此处，出现了另一个三角形，并于 4 月 2 日在上边突破，这一突破也穿过了小型下降趋势线 H。不过接下来的上升走势相对较弱。

伴随 2 月份顶部成交量放大而形成的直角三角形，是目前为止出现的最大、最重要的结构。它表明下降的幅度将超过对 F2 趋势线的回落。事实上，4 月下旬价格快速向下至 16 美元的下跌击穿了这条趋势线，也击穿了我们的试验性长期趋势线 E，同时为我们提供了小幅下降趋势线 J 和更重要的趋势线 I。

新的长期趋势线的界定

下降角度很大的趋势线 J 于 5 月 5 日被突破。此后交易疲软，价格行为逐渐形成一个狭长、松散、靠近走势图末端顶点的上升三角形，其底边由小型趋势线 K 界定。连接 4 月 30 日的底部和原来 10 月出现的底部就有了这条新的长期趋势线 G。

我们对巴尔迪摩和俄亥俄走势图的趋势线现象进行如此详细的讲解，可能会使交易者有些不耐烦，他们希望能够继续更实际地研讨各种预测形态所给出的结论。我们保证，这样做绝对是正确的。现在让我们暂歇一口气，做个深呼吸，然后先研究一下巴尔迪摩和俄亥俄公司走势图历史上下一轮 6 个月的价格运行情况。图 8-5 显示的是 1936 年全年的价格与成交量行为，这是图 8-3 和图 8-4 内容相加的结果。

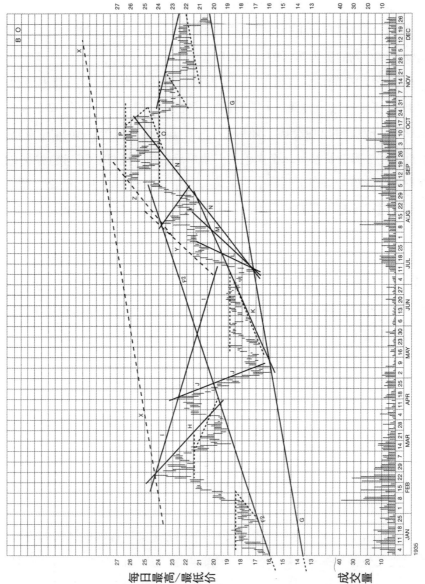

图8-5　巴尔迪摩和俄亥俄公司股票相加结果

巴尔迪摩和俄亥俄公司走势图的完成

将这张新图与图8-4进行比较，交易者立刻就会注意到7月前两周的价格行为非常有趣。6月份形成的上升三角形并未产生突破，反而在接近顶部时，价格突破该上升三角形，猛跌一个半点位，几乎靠近了新的趋势线G。不过，这次下跌显然缺少成交量的配合，这就给我们提供了一个重要线索：这是一次"虚假回落"现象，是我们要在第十一章详细探讨的典型的例子。

7月第二周成交量放大，价格也随之快速上升，显示出上升三角形的预测功能。下行趋势线I在7月14日被打破。随后第一条小型上行趋势线L被快速打破。显然这条线角度太大，无法持续。第二条趋势线M被8月21日和22日的回落打破，从而给出我们第三条趋势线N。这第三条趋势线10月1日被穿过，但直到10月15日才被彻底打破。与1935年8月一样，第三条小型上行趋势线在这里被打破预示着行情的反转，接下来的反弹也未能再次突破该趋势线。到年底时，巴尔迪摩和俄亥俄公司股票价格已跌至接近最后一条长期趋势线G。

在图8-6中，我们看到巴尔迪摩和俄亥俄股票走势一直持续到1937年11月底。这张走势图最引人注目的特征，就是长期上行趋势线G的延续，价格在1937年春季的下跌后返回至该线。8月26日，这条趋势线最终彻底告破，留下一个缺口。始于该点的持续下跌确定了一轮新的主要趋势——下行趋势，和一条新的主要趋势线S。在巴尔迪摩和俄亥俄股票跨越两年多的走势图上，除了我们已经提到的那些价格形态，交易者还可以注意其他各种形态以及其他试验性或至少暂时性的趋势线。无论如何，我们已经注意到：经验丰富的走势图交易者认为，所有趋势线一经确定便具有决定性意义。

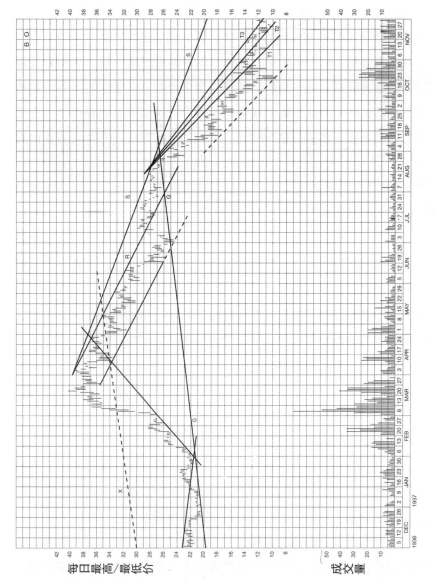

图8-6　巴尔迪摩和俄亥俄股票日线图

我们将在本章后面对冲刺时形成的辅助趋势线或平行线加以探讨。

依靠基本趋势线进行交易

看了巴尔迪摩和俄亥俄公司股票走势图中的那些例子，可能读者对趋势线大失所望，因为它们总是被突破，完全不可依赖。然而，仅依据对趋势线的认识，单纯以对趋势线的良好理解为基础，我们就会在这 18 个月当中获得多次快速交易的获利机会。例如，如果只对该股票进行看涨交易，我们可能会在 1935 年 7 月 24 日 12.5 美元上下买进股票，9 月 23 日，趋势线 C 在 16 美元上下被击穿时卖出股票。然后在 10 月 15 日 15 美元上下再次买进股票，再在 1936 年 3 月 9 日 21 美元上下卖出股票。第三个购买点显示在 4 月 2 日 21 美元上下，当 4 月 20 日趋势线 F2 被击穿时，这笔交易可能会在 19.5 美元上下受损抛出。下一个购买点显示在 7 月 13 日，那时趋势线 I 被突破，可能会在 20 美元上下，下一个抛售点就是 10 月 15 日 25 美元上下了。请注意这 4 笔交易中有 3 笔赢利良好，第四笔稍有亏损，应该相当令人满意了。还应注意，我们在进行这些交易时，既没有充分考虑 1936 年 2 月到 3 月间直角三角形顶部的暗示力度，也没有考虑 5 月至 6 月间的上升三角形。前者本应阻止我们不再进行第三次交易，这第三次交易后来被证实无利可图，而后者会促使我们在 18.5 美元上下而不是 20 美元进行第四次交易，这样总利润就增加了 1.5 个点。

由此我们发现，尽管单一趋势线并不可靠，但它给我们提供了十分有利的交易指导，尤其当我们将其与前面研究过的形态以及其他可能出现的走势图现象联系起来考虑时更是如此。

双趋势线或趋势通道

截至目前，我们探讨的只是单一趋势线或基本趋势线。双趋势线由连接某一走势上边线和下边线的两条单一趋势线构成。一条是我们已在巴尔迪摩和俄亥俄公司 3 个走势图中研究过的基本趋势线，另一条是与之平行确定其相反界限的辅助趋势线。双趋势线不必完全平行，但一定要接近平行，否则在预测时没有任何价值。

可能与我们的预计一样，平行趋势线远远不如单一趋势线或基本趋势线那样常见。然而一旦发现，它们却更为可靠。当它们与长期主趋势同时出现时，可以提供极大的获利机会。用内行的眼光快速浏览一下任何股票走势图，有经验的交易者就会发现是否有可能出现双趋势线。与单一基本趋势线一样，在绘制双趋势线时允许一定的自由度。

确立平行趋势线

正常情况下，找出至少 3 个端点，是绘制实验性平行趋势线的基础。当然，两个端点也可以确定基本趋势线，两点之间价格运行的相反边界为我们提供了第三点。通过第三点可以画出与基本趋势线平行的辅助趋势线。平行趋势线通过时连接的端点越多，则其确定的趋势线就越可靠、越重要。

已确定的平行趋势线形成了一条趋势通道。价格行为在这个通道内上下波动，就像一条河流在其河床边界内蜿蜒流淌。当平行趋势线确定了一个重要趋势，换句话说，当趋势通道较宽时，每次价格接近通道内的一侧时，交易者都能反转自己的交易方位，轮换使用做多或做空的方法获得相应利润，即首先买入再获利了结，然后卖空再补进。

确立平行趋势线时的尝试与出错

为了练习寻找可靠的平行趋势线，我们需要再次回顾一下图 8-4。绘制 7 月和 10 月底部的长期趋势线时，有了第一个检测平行线原理的机会。连接 9 月顶部画一条线与 E 线平行——标识为 V 的虚线，我们就有了一条纯尝试性的趋势通道。这两条线都被后来的中期趋势所打破，故不得不放弃。

当基本趋势线 F2 被确立时，又一次机会出现。连接 10 月最后一周反弹顶部，画一条与 F2 线平行的 W 线，辅助趋势线 W "运行"相当令人满意，达 3 个多月之久。应该注意，平行趋势线至少要被检验一次，并被随后的价格运行证明有效，才能可靠地将其用于交易。例如，如果巴尔迪摩和俄亥俄公司股票 2 月 19 日的价格穿过趋势线 V 后掉头下降而不是上升，我们就有理由相信已经确立了一条可靠的趋势通道，就应该卖出股票，并期望当价格继续下跌再次到达趋势线 E 附近时，再次补进。有趣的是，我们注意到，事实上穿过趋势线 V 的上升走势很快被反转。尽管如此，这条趋势线已经被破坏。从保守交易操作的角度出发，需要确定一条新的主要趋势线。

主要趋势的运用

与此同时，平行趋势线 F2 和 W 线形成了一个良好的趋势通道，只是相对较窄。我们可以用它来说明根据平行趋势线基本原理进行交易的结果。这一结果就是，利用同主要基本趋势相同方向运行的中期趋势，比利用朝相反方向运行的小型调整更为安全、更易获利。

同样的原理在过去股市交易者谨记的行动准则中也有体现，即"牛市时在低处买进股票，熊市时在止跌回升时卖出股票"。关键的问题是，从价格角度看，与大趋势相反方向的小型走势，不会比那些同大趋势方向相同的走势长久。当然，这一原理在实际交易中的运用，取决于通道的宽窄度和趋势的倾斜度。如果该趋势大幅倾斜，通道又很窄，无论朝上还是朝下，出现的相反趋势或调整趋势将不会或几乎不会提供赢利空间。反之，如果通道较宽、趋势的倾斜度很柔和，那么就价格波动来说，相反趋势也可以运行较远，而且可能转为赢利。

顺应和违背主要趋势时获取的利润

这一观点是我们参看巴尔迪摩和俄亥俄公司股票走势图的 W-F2 趋势

线后提出来的。它在工业人造丝公司股票走势图（图 8-7）中显示得更为清晰。该股票在 1936 年经历了"4 月下跌"之后，于 6 月 6 日形成一个底部，随后又在 6 月 17 日的反弹中形成了一个顶部。下一底部使我们有了一条趋势线，该趋势线标识为 A1，它一直延伸进入我们绘制的这张 6 个月走势图内。辅助平行线 A2 被 9 月的上升走势突破。但与此同时，由 B1 线和 B2 线显示的另一趋势建立，该结构示意我们在 6 月初买进工业人造丝公司股票。根据趋势通道理论，8 月 18 日价格接近 A2 线时，应该卖出该股票；而 8 月 21 日价格触及 A1 线时，则应重新买进。不过请注意，在倾斜度较大的 B 趋势中，当连续上涨接近趋势通道的顶部后卖出股票几乎无利可赚。例如，10 月 6 日 38 美元附近显示为卖出位，但随后的下跌只降至 37 美元，若想"卖空"获利几乎没有可能。显然，如果那些于 6 月买进工业人造丝股票的交易者不理会上行趋势内的小幅波动，而将股票"长期"持有至 11 月 23 日趋势线 B1 被打破（留下一个典型的逃逸缺口）之时，那他们就会赚得更多利润。

顺便提一下，交易者会注意到，趋势线 B1 和 B2 并非完全平行，但它们接近平行，足以满足构成有效趋势通道所需的必要条件。它们由自身所依赖的顶部和底部完整地确定下来。

趋势线有助于"滚滚获利"

工业人造丝股票走势图使我们注意到，这种狭窄、倾斜度大的趋势通道，可以有效地帮助我们在趋势上扬时"长期"持有股票，在趋势下降时"卖空"股票，直到中期趋势发生实际反转。事实上，在不可能形成辅助趋势线或趋势通道的情况下，基本趋势线也常常发挥这样的作用。请注意，图 8-8 显示的西尔斯·罗巴克公司股票 1936 年下半年的趋势线，就发挥了这方面的作用。在这种情况下，如果 7 月买入股票，并关注趋势线，其一定会阻止我们过早获利了结。

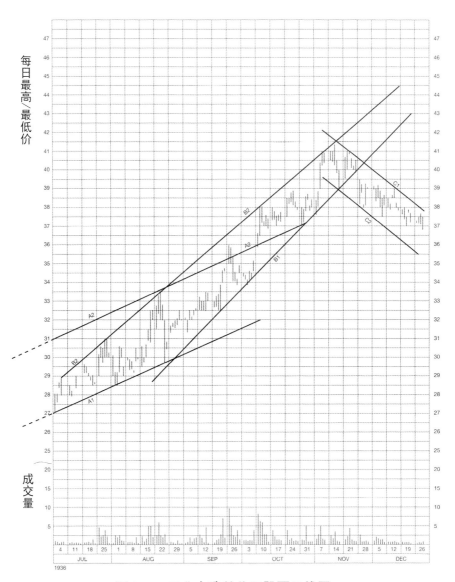

图 8-7　工业人造丝公司股票日线图

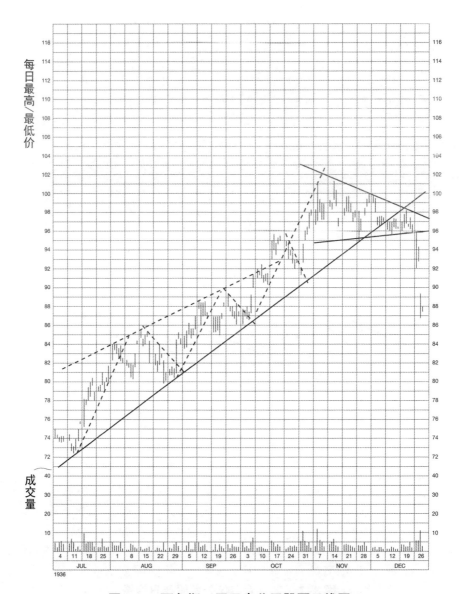

图 8-8　西尔斯·罗巴克公司股票日线图

这种观点引导我们仔细思考交易策略的基本原则、止损原则和尽可能获利的原则。经验丰富的交易者懂得这些原则的重要性，初学者可能不易看到其价值。我们将在后面市场策略的大标题下讨论这些原则。同时我们只需说，"新手"所犯的最常见错误之一就是：一方面因过快攫取蝇头小利而缩减了自己的利润，另一方面在损失时又犹豫不决放任损失增大。

谈到过早交易这个问题，在重要循环走势中，趋势线对长期交易者或投资者来说，作用更大。例如，请注意图 8-2 显示的伯利恒钢铁公司股票走势图，图中下行趋势线 E-F 警告交易者，在该趋势线 1932 年 8 月被有效突破之前不要为长期持有而买进这只股票。

趋势线常常发出早期反转信号

在我们前面讨论过的某种技术形态发出反转信号之前，趋势线经常就能给出反转的预测。这一点在西尔斯·罗巴克公司股票走势图中也可以得到证实。请注意，12 月第二周趋势线预示了反转，可以在 97~98 美元之间抛售股票。而当时正处于形成过程中的对称三角形，直到 12 月 21 日价格跌至 92 美元才告突破。

巴尔迪摩和俄亥俄公司股票走势图（图 8-5）显示了 1936 年 10 月出现的类似情形，那时趋势线 N 在 10 月 15 日被击穿，而大型长方形下边线直到 10 月 22 日才被击穿，价格低了一个半点位。

在其他情况下，规模和力度足以预示重要反转的技术结构，可能会在趋势线被突破之前完成并为我们提供可靠的交易信号。1936 年 2 月至 3 月间巴尔迪摩和俄亥俄公司股票走势图中形成的对称三角形顶部就是一个很好的例子。

水平交易区域

到目前为止，我们在平行趋势线或趋势通道的讨论中将全部注意力都集中在上行或下行的倾斜趋势中。我们已经看到，趋势的倾斜度越大，它离水平线就越远，在趋势通道内采取两种市场方法交易所获取的利润也就越少。而在相反的另一端却偶尔会发现边界清晰、几乎呈水平状的趋势通道。如果这些趋势通道很宽，顶部和底部之间允许几个点位来回波动，那么它们就为在市场中逢高做空、逢低做多提供了赢利机会。而如果这些通道较窄，虽仍有赢利机会，但利润却极为有限，也需要交易者具备更强的灵活性才能抓住机会。

我们可以在美国散热器和标准卫生设备公司股票 1936 年下半年的走势图（图 8-9）中看到一个水平趋势通道的例子。虽然该通道宽只有大约两个点，但交易者会发现，如果反应灵敏的交易者迅速领会其含义仍可把握获利机会。当然，我们很容易发现该图形与我们的老朋友长方形之间的密切关系。不过，这些平行趋势内的成交量一般不会出现逐渐且明显的减少，而在长方形结构中，这种现象是应该出现的。更宽、更松散的水平趋势通道同长方形的相似性就低多了。请看美国冶炼公司的股票走势图（图 8-9）。

作为反转信号的趋势线

在对趋势线的研究中，我们频繁提及价格突破趋势线的预测意义。一条趋势线首次被突破时，总会让交易者思考，是否已发出趋势反转信号的问题。在继续详细讨论这一公认棘手问题之前，我们首先思考一下什么可以被称之为重要突破。

首先，走势图中的趋势线越长，画图时的角度出现微小误差的可能性就越大。我们从开始确定的点位画出的趋势线延伸得越长，它与真正趋势的偏差就越明显。因此，趋势线从其起点延伸得越长，我们就越需对明显突破该线的价格行为保持警觉，此时采取行动就越需保守。在评价一只股票在长期循环趋势中的价格行为时，一两个点位并不重要。在几周的中期走势中，一个点位之内的波动也是不重要的。心中牢记这一基本原则——允许出错、允许不含技术意义的自然波动存在——我们就可以将注意力转到一些更具体原则的研究上去了。

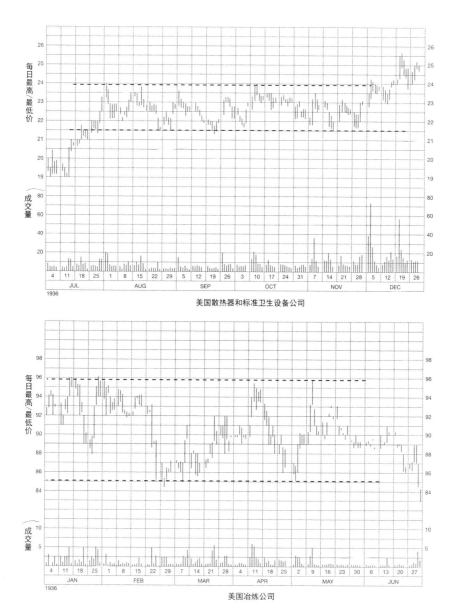

图 8-9 美国散热器和标准卫生设备公司、美国冶炼公司股票日线图

构成重要突破的因素

一般来说，我们在鉴定某一价格从一条趋势线突破出来的重要性时，应该遵循一种熟悉的形态结构突破原则。换句话说，我们必须考虑价格行为的幅度，趋势线被突破时的当日收盘价以及成交量。尽管对趋势线的突破而言，成交量并不是必要因素，这一点我们以后会看到。

我们最应该首先考虑的是突破的幅度。对于售出价低于50美元的股票而言，如果价格走势突破界线明确的中期趋势线不足一个点位，那么它除了指示日后在绘制趋势线时应做微调之外，没有或几乎没有任何技术价值。对于股票价格在25~50美元之间的，就应该要求突破的幅度为一个整点。按照比例，股票售出的价位越高，要求突破的幅度也应越大。另一方面，一个小幅突破也可能破坏一次短期趋势。除了考虑价格行为的幅度，还必须考虑收盘价。如果某日价格穿过趋势线但又返回并收盘在趋势线内，我们很少认为该趋势线遭到破坏，尽管这一行为之后常常跟随着一次有效的突破。通常，我们必须看到价格穿过趋势线并以相当大的幅度收盘于趋势线之外，才可以说趋势线被有效突破。

趋势线突破时的成交量行为

虽然趋势线的有效突破通常都伴随成交量的增加，尤其这种突破发生在走势上部时，但我们还是不能依赖它。最多可以说，伴随趋势线的突破而增加的成交量强调了此次突破的意义。当价格突破趋势线并以同样行为从一种形态结构突破出去时，该趋势线突破的意义就大大增强了。

一条重要趋势线被突破时，通常都会出现缺口。这种缺口与出现在区域形态突破处的缺口具有相同的意义，都属于逃逸缺口，可以被看作有效突破。

现在交易者完全可以回顾一下我们对巴尔迪摩和俄亥俄公司4个股票走势图的详细分析（图8-3、8-4、8-5、8-6），尤其是对那些重要突破的分析。还请大家注意，有几个非决定性的突破可以被忽略。例如，1935年12月第一周的价格行为和当月28日的价格行为。还有一个其价格行为运行幅度缺乏说服力的很好例子发生在 1936 年 10 月第一周。

扇形趋势线和走平趋势

研究了形成趋势线的有效突破所必备的各项限定条件之后，现在我们可以回到此类突破的预测意义，这个更重要的问题上来。最重要的问题还是"已经发生反转了吗？一直在上涨的价格会下降还是一直在下跌的价格现在要上涨吗？"不幸的是，我们也没能够找到既简单又可靠的答案。尝试、犯错、坚持不懈的研究、实际操作经验，最终会大大提高技术交易者判断趋势线突破的能力。趋势线行为不比其他技术结构和走势图现象更可靠，但是研究整个走势图形态时，常常会发现很多能够修正预测的有益指导。

正如我们在分析巴尔迪摩和俄亥俄公司系列股票走势图时所看到的那样，趋势的倾斜度常常是判断反转可能性的一个可靠线索。当趋势以很陡的角度延伸出去时，我们应该预料到，在出现扭转趋势的实际反转之前，它会被突破，被修正到更为合适的角度。由于连续线条从同一起点像女士的扇子一样散开或岔开，那么趋势线的这种修正可以被描述为趋势线的扇形扩散。通常，当这种扇形行为发生时，第三条趋势线的突破就会发出一个至少是小型反转的信号。在巴尔迪摩和俄亥俄公司股票走势图中已经看到两个这样的典型例子——第一个出现在 1935 年 8 月至 9 月间，那时趋势线 A、B、C 被突破，第二个出现在 1936 年 7 月至 10 月的走势中，趋势线 L、M、N 都被突破。

与圆形反转有关的走平趋势

另一种与扇形现象有些类似，也可被比作我们原先研讨时称作普通反转或圆形反转的趋势线行为——拉平趋势。事实上，这种行为可以被描述为一个十分巨大、十分平缓又十分不规则的圆形反转（不过不具有检测圆形转变可靠性时所依据的成交量特征）。我们可以参看亚特兰大熔炼公司股票 1929 年至 1932 年间的周线图（图 8-10），来找出解释这种拉平趋势现象的例子。1932 年趋势接近水平时，不需要详细分析或特殊评论就可以使我们注意到反转即将来临。

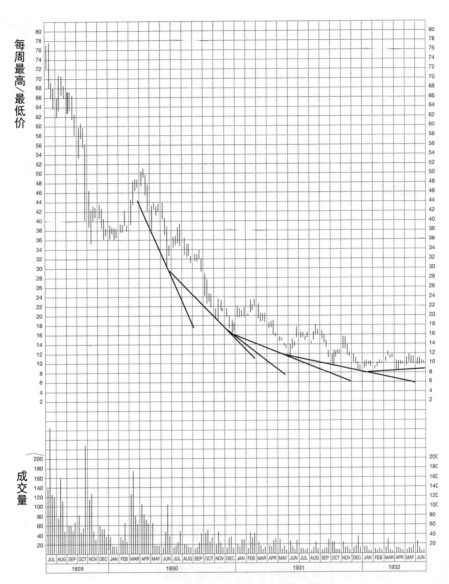

图 8-10　亚特兰大熔炼公司股票周线图

形态有助于解释趋势线

在趋势线被突破时形成的具有预测意义的结构，可以极大地帮助我们确定此次突破预示一个重要反转还是仅对趋势角度做出修正。当然，如果认为这样一种结构本身就具有重要的技术意义，那么自然就不需要趋势线行为为我们提供反转线索了。事实上，大多数主要中期趋势的反转都是由我们研究过的形态结构或其他个别现象所预示的，或常常由形态结构和现象一起预示，有时也由趋势线的突破预示。研究人员需记住，要一直使用自己拥有的"预测工具"，这些工具可以限定依靠趋势线做出的形态预测，可以评价依靠走势图形态勾画出的趋势线意义。请注意在巴尔迪摩和俄亥俄公司股票走势图中，我们熟悉的几种形态是如何帮助确认趋势线定义的。

趋势线突破后的"回调现象"

谈到趋势线在反转位的突破，有一种发生频率很高、非常实际、非常有用的价格行为，让我们很有理由在此刻对其进行仔细研究。我们把它称为"回调现象"。它是价格在突破趋势线后很快重新返回到趋势线的一种强硬走势——3个趋势突破中的2个可以证明这种现象。

巴尔迪摩和俄亥俄公司股票走势图中有几个很好的显示回调现象的例子。例如，在图8-3中，请注意9月第一周向8月27日被突破的趋势线 B 反弹时的走势和9月23日向20日被突破的趋势线 C 的反弹。在图8-4中，请注意2月17日的回落几乎触及前一周于上部被突破的趋势线 W。在图8-5中，趋势线 N 被突破后，10月19日出现回调。交易者会在这些走势图中，或者其他能说明本章内容的走势图以及任何他想分析的走势图中看到此类例子。

"回调现象"的实际运用

很难对这种"回调现象"做出符合逻辑的解释，但显然它在实际交易中很实用。令人遗憾的是，我们不能指望每次趋势线被突破之后都会出现这种现象，回调并不总会一直延伸到原来的趋势线——它可能会触及趋势线，连续几天冲击趋势线，个别情况下甚至稍稍穿过趋势线，或者干脆触及不到趋势线。

只要牢牢记住这些可能性和变化，当趋势线的突破发出第一次信号时，经验丰富的交易者就可以进行少许操作，来谋求回调所带来的好处。但初涉股市的交易者最好将自己的交易适时了结，不要冒险期待回调可能会给自己带来收益。

应该注意，如果趋势线被打破时出现逃逸缺口，那么很少会发生回调。

预测趋势线的可能运行范围

我们在本章开头简要提及了趋势线在预测价格行为的可能目标时的作用。既然已经观察了几张走势图中的趋势线行为，就完全可以对这个十分实用的问题做进一步研究。每当我们要决定是否应根据某一持续形态给出的暗示进行交易时，尤其当需要确定走势图中两种或更多种含有此类暗示的走势，哪一种能够提供给我们最大潜在收益时，都要考虑这一点。出现小型或中期趋势的几种形态时也应考虑这一点。

请看巴尔迪摩和俄亥俄公司股票走势图（图 8-4）中的一个有效例子，注意图中 1936 年 3 月直角三角形顶部突破后，价格在 F2 线上的盘整，以及随后的小幅调整是如何使价格继续下跌的。再请注意向下的走势最后在长期趋势线 E 附近的停止。还要注意 7 月份原上升三角形之后的上扬走势，在与 G 线平行的新长期趋势线 X 线附近的盘整。

对数刻度趋势线

在结束对平行趋势线的讨论之前，我们最好把它们与绘制走势图时使用的刻度结合起来考虑。绘制股票走势图使用的刻度有三种主要类型：算术刻度、对数（比率）刻度和平方根刻度。每一种刻度都有其倡导者，其中平方根刻度没有任何优点，使用得也最少。读者也没有必要去熟悉其不同之处。简言之，当价格向上运行时，对数刻度所显示出的每个价格点位的垂直空间就会越来越小，相等的空间距离表示相等比例的价格走势。例如，在对数价格刻度上，10 点到 20 点价位之间的距离与 20 点到 40 点之间的距离相同，也与 40 点到 80 点之间的距离相同，依此类推。而算术刻度则显示每一整点位的相同空间，无论价格上升多少或下降多少。到目前为止，我们在本教程中使用的都是算术刻度。

平方根刻度可以被称为"半比率刻度"，它介于算术刻度和对数刻度之间。可以这样说，对那些有数学头脑的人来说，一只股票每天在一定区域内上升一个整点所形成的趋势线在算术刻度上会是一条直线。在对数刻度走势图中，该趋势线会是一条对数曲线；而在平方根刻度走势图中，该趋势线是一条真正的抛物线。前者比后者会更快地走平。比率刻度的长处主要是股票价格上涨越高，以价位点来计算其走势的波动幅度就会越宽。对数刻度用百分率绘制，解决了这个问题。

成交量概述

目前为止，我们在研究价格行为和价格现象时讨论了伴随其间的成交量特性。我们相信，交易者已经认识到成交量是技术分析中一个极其重要的组成部分。说"成交量决定一半走势"也许并非绝对正确。但是当我们根据走势图预测走势、强调价格行为和成交量行为两个因素时，这种说法还是很有帮助的。因此，回顾到此为止研究过的成交量行为的基本原理，将它们这样综合概括是很恰当的。

成交量是一定时期内发生于一只特定股票上的购买和抛售的度量。每一笔交易都包括买方和卖方。其中一方愿意（或不得不）在一定价位购买股票，另一方愿意卖出股票。作为该股票的未来交易者，我们希望根据他们对价格走势的判断来进行这些买卖交易。一般来说，我们没有办法确切知道谁是买家，谁是卖家，以及为什么买卖。仅靠知道发生了一笔或几笔交易，是无法判断买家是否比卖家精明，还是卖家比买家更精明。但如果把这些交易的量与其价格行为联系起来，并与该股票过去的历史成交量相比较，我们就常常能够推断出它在技术图形中的价值。

历史成交量的重要性

既然如此，在对成交量进行技术分析时，我们最先需要考虑的因素就是它与前期成交量表现的关系，其次是它与相随的价格变化或价格无变化的关系。换句话说，有价值的不是某交易日的成交量，而是该成交量与前几天、前几周、前几个月成交量的比较。我们必须有相当数量的目前成交量与历史成交量的对比作基础，才能根据成交量走势图得出具有帮助意义的结论。因此必须明白，在讨论成交量时说的成交量放大，是指某一特定股票的成交量在某一特定时期超过了平时的成交量。

在陈述基本原理时，还需再次重复：任何技术因素和技术现象都会出错。这一观点适用于价格，也同样适用于成交量。

前述成交量特征

在前面章节中，我们具体提到过下面几种成交量变化或有关交易行为：

1. 趋势反转时成交量放大原则。它要求我们按照目前对技术预测的理解对其做进一步分析和判定。我们将继续对它进行详细讨论。

2. 在区域形态形成过程中出现的日成交量的典型下降，比如三角形形态、旗形形态和长方形形态，特别是这些形态接近完成时的成交量下降，以及圆顶形形态形成过程中的日成交量的典型下降（不包括此形态走过生死中心后的成交量变化）。

3. 价格对区域形态突破时成交量出现的明显放大，也包括有些情况下一两天之内出现的成交量明显放大。

4. 表示行情高潮的成交量放大，这种高潮是由于价格坚挺或疲软而引发的。

5. 伴随衰竭缺口形成而出现的成交量放大。

作为逆转信号的成交量

在这一阶段，显然读者已经明白，上述第 4 条和第 5 条成交量现象密切相关。两种情况下都会出现价格暴涨或暴跌，导致由成交量暴增而显示出来的超买或超卖。这类高潮成交量和枯竭成交量显然与反转时常见的成交量增加的现象有关。但是，在分析反转成交量行为的典型特征时，我们发现，高潮成交量和枯竭成交量在整个图形中只起一定作用，仅此而已。我们还发现了顶部反转时的典型成交量行为与底部反转时的典型成交量行为之间的一个很有意思，并且常常很有帮助的差异。

反转时的典型成交量行为

趋势反转期的典型成交量有两种。其中第一个伴随着价格在原来趋势中的最后强劲走势，第二个则伴随着价格突破旧形态，进入了新的趋势。第一个是高潮或枯竭行为；第二个与成交量放大有关，我们已经对其按照结构突破特征做过详细的讨论。虽然走势图形态并不总是十分清晰，尽管对一般规则而言常有许多例外，但我们仔细观察一下就会发现，多数反转走势图既可以看到高潮成交量也可以看到突破形态时的成交量，即使有时不出现明确的区域型技术结构或形态，情况也是如此。在头肩形反转结构中，顶部仅仅向左肩所处的价位之外延伸了一小段距离，高潮成交量通常随着左肩结构的形成而出现，次高潮或成交量冲刺出现在顶部。突破形态成交量出现在颈线被突破之时，或突破后不久。如果顶部延伸远远超过左肩价位，那么真正的高潮成交量通常就伴随着顶部的形成而出现。在三角形反转案例中，高潮成交量出现在结构形成之初，这是三角形在收敛之前价格对旧趋势的最后冲击。当然，这也是价格在旧趋势中达到的最远点。

长方形反转结构中的成交量行为，与三角形反转结构中的完全一样。但圆形反转和复合型反转结构中的成交量行为却略有不同。在典型的圆形反转或普通反转结构中，高潮成交量出现在价格呈平缓走势之前，突破形态成交量出现在价格开始转入新趋势之后。复合型反转结构中的成交量图形常常含混不清，一般来说，此结构中的成交量行为与普通反转结构，或头肩反转结构中的成交量行为相似，或是二者的结合。

成交量在顶部和底部时的差异

当我们比较高潮交易量和突破形态成交量时，顶部交易行为和底部交易行为的典型差异就会显现。由于存在许多例外，所以我们只能说，一般来讲，高潮成交量大于突破形态成交量，但底部突破形态时的成交量又大于高潮成交量。毫无疑问，这些差异来自相同的基本因素，可以在古老的投资格言中找到答案：久跌必涨。

顶部成交量与底部成交量之间的差异很常见，但不是一成不变。除此之外，成交量还有一个特点：那就是，底部交易量比顶部成交量更加萧条。

趋势暂时盘整时的成交量行为

从前面对各种走势图及走势图结构的详细分析中，交易者可能已发现，在趋势的中间暂停期形成的成交量形态，与在反转期形成的成交量形态非常相似。由于这种中间暂停一般来说会导致微小回调或修正，因此从某种意义上讲，它们可与反转结构进行比较。在所有情况下，技术趋势都会遇到抑制，也就会显示出高潮成交量；在所有情况下，中期价格走势完成之后，都会出现伴随突破成交量的形态突破。反转形态中的成交量行为与中间成交密集形态中的成交量行为之间存在的是程度差异，不是类型差异。我们是在研究价格运行的突破方向时，而不是成交量行为时发现了两者间的这一重要差异。不过，经验丰富的技术型交易者能够培养自己的成交量意识，从而对是否可能发生反转或持续做出合理的判断。

形态形成期成交量的下降

成交量行为的另一显著特点，是成交量在技术区域形成期的下降倾向，我们在前面的章节中对此做过充分讨论。一般来说，当形态接近完成、突破即将发生时，成交量行为的缩小尤其明显。该规则对于技术交易者来说十分有用，因为它有助于交易者决定某种价格形态是否可以归类为可靠的预示结构。在价格运动呈现出一幅十分明确的区域图形的地方，成交量是确定的但并不是至关重要的；在价格运动呈现出一幅不太明确的区域图形的地方，成交量经常会"投出决定性的一票"。初学者的普遍错误，是在并不存在技术结构的地方看到技术结构，在这种情况下运用成交量检测将会帮助他们避免得出不正确的结论，并阻止他们做无利可图的交易。

预示持续运动的成交量

当然，在伴随技术结构突破时出现的成交量放大现象中，有一个普遍现象是技术形态突破时都会出现成交量放大，这是利用成交量走势图预测持续结构的具体例子。我们已经看到成交量的上升是如何伴随上升方向的价格突破的。如果此前的趋势是下跌趋势，持续形态突破时，成交量通常也出现放大，但这个放大现象并不总是与突破同步出现。在向下突破的初期阶段，如果没有伴随更大的成交量，那么随着运动的进展，它通常会在一两天之内明显放大。如果成交量没有放大，就应该怀疑这是个假突破。还需再提及的一点是，当价格从一个密集成交区域向外运动时（无论该区域是什么样的模式），任何明显的成交量放大都预示着该结构将要持续。

除此之外，再没有必要进一步讨论突破时的成交量。我们还应该注意到，伴随趋势线的突破而出现的成交量放大证实了趋势突破的重要性，这和伴随形态突破而出现的成交量放大，意义基本相同。

为此，让我们再次回顾这样一个原则，即出于技术目的，为了将周六的成交量与同一周其他工作日里的成交量进行充分的比较，应该将周六的成交量翻倍计算。

成交量和价格运动的关系

在此之前，我们从未提到过成交量研究的另外一个方面，与价格运动进程的关系。这一点已经成为值得关注的研究对象，但就研究的结果而言，我们并未发现任何可靠的交易规则。最多可以说，只要价格持续运动，和成交量保持显而易见的比例，那么它所预示的就是持续。但是，当几天的大成交量没有伴随任何价格运动时，则预示着运动遇到了强大的阻力，接下来将出现某种调整。这一原则被应用到特殊的情形中时，可能会有一些误差。在评价成交量和走势图中其他因素的关系时，我们必须要具有判断力。

成交量走势和基本趋势的关系

最后，有一个更为普遍的成交量原则。当图形中的其他因素不能够提供明确的线索时，该原则对于技术交易者来说，有很大的用途。可以用如下简单的语言来表达该规则：当价格朝着基本趋势的方向运动时，成交量往往会增加；当价格朝着与基本趋势相反的方向运动时，成交量往往会减少。我们应该注意到，该原则整体上来说是有效的，但它不能被用于说明某一天的成交量运动，因为经常会出现例外。但是，如果我们在一个合理的期间内来考虑走势图，该原则就会具有较高程度的可靠性。

事实上，在所有我们认真观测的走势图中，都可以看到大量的典型的例子。交易者将会回想起，我们分析美国通用运输公司股票在 1929 年初形成的倒置三角形（图 5-1）时，曾使用了该原则。我们在分析阿纳康达铜业公司股票所形成的上升三角形（图 6-4）时，再次使用了该原则。我们在第七章中分析线外运动时，也使用了该原则。该原则在发现虚假突破上起到了很大的帮助作用。我们将在第十章中对虚假突破加以讨论。最后，该原则在评价回抽的意义时起到了明显的帮助作用。回抽经常在区域形态出现突破之后出现。我们在有些场合会经常提到这种现象，尤其是在第六章中。

在中期趋势中的交易作用

正在讨论的普通原则，还可以应用到周线图中的主趋势或循环趋势的图形中，但是它在长线交易中几乎没有什么实际用途，因为在成交量关系发展明朗时，趋势已经走出很大一截了。但是，在中期走势中，即运动的持续或反转阶段，该原则具有很大的实用价值。

具体地说，它在下列操作中是非常有用的：即在确定上升趋势中的一个回落是进入下行趋势的反转，或者仅仅是一个不影响原上升趋势的小型波动；在判定下行趋势中的反弹是否是逆转的开始或仅仅是短暂的超卖矫正时，该原则的作用最大。

交易者将明白这个规则仅仅只是成套设备中的一个工具。就其自身而言，它的作用是有限的，但是将它与所有的其他技术指标，即形态、缺口、趋势线等结合在一起进行考虑时，就有助于我们对未来的价格运动做出合理的预测。

道氏理论

此时很适合我们简要地关注一下道氏理论。因为该理论主要是以一般的趋势和成交量因素为基础的，实际上，并没有涉及我们在本教程中一直在研究的许多具体的结构和现象。

查尔斯·H. 道是第一位阐述了道氏理论的人。值得注意的是，他将这些原理应用到指数当中，仅仅或至少主要把它作为基本商情和金融趋势的判断手段，而不是作为一种投机的手段。他的追随者们一直都更为关注这些原理的投机作用，大部分散户已经把道氏理论看成是成功的股票交易的全面指南。这与该理论创始人的初衷相去甚远。

"道氏"所使用的两个指数

道氏理论基于对两个指数的同步的研究和解释，这两个指数是道琼斯工业指数（见本书首页长期图表）和道琼斯铁路指数。在道先生首次发布其市场运动的原理时，铁路运输公司共同构成了美国金融景色中极为重要的一部分。投资在铁路上的资金在全国的公司财富中占有相当大的份额。此外，实际上，所有的物资，无论是原料，还是成品，都是由铁路部门来运输的。因此，每一次商业活动的变化，都迅速地直接反映在铁路的收入上。这种已经不再存在的状况解释说明了道先生所强调的铁路指数的重要性。许多当代的指数交易者已经不再重视铁路指数的重要性。当然，自1932年以来，就整体市场而言，在道氏理论中，铁路指数很难再产生作用，它经常产生误导。

道氏理论的主要原则

毫无疑问，道氏理论目前的主要倡导者是罗伯特·雷亚先生。以下是对该理论的主要六条原则的简要概括，它们全都节选自罗伯特·雷亚先生的作品《道氏理论》。

1. "道氏"的三个运动：指数有三个运动，它们可能在同一个结构中同一时间内进行。第一个，也是最重要的，是主趋势，即幅度较大的上升或下降运动，一般被称为"牛市"或"熊市"，它们可能会持续几年的时间。第二个，也是最有欺骗性的，是次要回归，即在主要牛市中出现的一个重要下跌，或者是在主要熊市中出现的一个重要反弹，这些回归通常持续的时间从3周到几个月不等。第三个运动是股票价格每天的波动情况，通常都不重要。

2. 两种指数相互确认：总是应该把铁路和工业股票指数放在一起考虑。一种价格指数的走势必须被另一种指数确认之后，才可以做出可靠的推论。建立在一种指数基础之上的结论，如果没有得到另外一种指数的确认，那么该结论几乎肯定会被证明是错误的。

3. 确定趋势：连续的反弹突破前面的高点价位，随后下跌结束时的价位点高于前面的低点价位，这些为我们提供了一个牛市迹象。反过来，反弹不能突破前面的高价位，随后的下跌带来的低价位点又低于前面的价位点，则为我们提供了一个熊市的迹象。这样得出的结论在评价次要回归时很有用，在预测趋势的反弹、持续性或主要趋势的改变方面，能发挥主要的作用。为了讨论，我们把反弹和下跌定义为一次或多次日变化行情，这种变化必须产生超过任意一种指数 3% 幅度的反转。这种变化，只有当两种指数都给予了幅度上的确认后，才具有权威性，当然该确认不必非在同一天出现。

4. 趋势线：趋势线指延伸了 2 周到 3 周甚至更长时间的价格运动，在此期间，两种指数的价格变化在大约 5% 的范围内运动。这样的运动暗示着吸筹或派发。在趋势线范围之上同时发生的上涨暗示着吸筹，预示着更高的价格。反过来，发生在趋势线之下的下降暗示着派发，接下来肯定会出现更低的价格。根据一种指数得出的结论，如果没有得到另外一个的确认，通常都被证明是不正确的。

5. 成交量和价格走势的关系：一个超买的市场在反弹时会变得不景气，在价格下降的情况下变得更为活跃。反过来，当一个市场被过度地抛售时，在价格下降的情况下往往会变得不景气，在价格反弹时往往会变得更加活跃。牛市在过度活跃期间结束，在相对较少的交易的情况下开始。

6. 个股：所有活跃的、易于派发的美国大公司的股票，一般都会和指数一起上涨或下跌。但是任何一只股票都可能反映出一些不适用多种股票平均价格的条件和情况。

在股票交易中的应用

那些希望详尽地研究道氏理论的交易者将会发现，其所有原理都在罗伯特·雷亚先生的著作里得到了全面的阐述。该理论作为对一般市场趋势的概括性研究，具有无可争议的权威性。但是该理论作为在个股上取得成功交易的辅助手段，我们的经验表明它的价值极为有限。人们不能够买进和出售指数，个股并不是和指数同时形成峰顶和谷底，或以同样的速度进行运动。到指数给出信号时，大笔的利润或获取利润的机会已经失去。

第九章　支撑位和阻力位

我们在上一章已经了解到，趋势线的用途之一，就是预测中期价格走势的可能目标价位。一条定义准确的趋势线表明：价格碰触趋势线后，都会掉转方向。这就为我们在未来交易中预测可能获得的收益奠定了基础，同时也为比较股票之间的潜在利润提供了依据。趋势线的这种作用被叫作"阻力行为"——这是技术型投资者认为有必要了解并将其付诸实施的赢利行为之一。在本教程中，支撑位和阻力位是最有趣味、最具实用性的内容之一，我们应该对其给予极大的重视。

反转价位的重要性

在本课程中，我们首先关注那些能够预测价格走势反转的各种形态或结构。毫无疑问，在实际操作中，最重要的是反转的预示，因为在反转信号出现以前，我们尽可以设想股票的先前或当前走势呈持续状态。反转是技术形态即将转变的信号，我们有必要调整交易策略以适应技术市场的变化。如果能通过这样或那样的手段提前得到趋势可能发生反转的价位点，那么在实际市场操作中我们将占有极大的优势。但需要提醒的是，如果决定在某一价位买卖某只股票，那么，当股价接近此价位时，我们必须特别留心观察它在走势图上显示出来的价格走势，同时还应更为迅速地做好准备，以应付在此价位出现的任何反转。因此，可能会出现强阻力位的任何迹象都具有实际的帮助意义：首先，它帮助我们确定买入某只股票是否会获利；其次，它帮助我们确定何时获利了结。

术语的确定

一般来说，阻力位就是指特定的价格区间。在此区间内出现大量卖盘（或出价），导致技术走势的阻断，呈现的结果是：大行情的反转，或至少造成价格暂时盘整和密集换手。不过，如果我们不再广泛使用"阻力位"这一术语，把它限制使用在那些上行走势已经停止的位置，转而用术语"支撑位"来描述那些下行走势被阻止的价位，我们的研究将变得更为容易。

阻力位指的是一个近似价位，或是一个界定明确的价格区间。在此区间内，先前上行的股票遇到强势抛售的阻力。支撑位也是近似的价位或价格区间，在此区间内下跌股票遇到强势买盘的支撑。阻力位亦可被称为"供给区"———一个可以源源不断地提供可售股票的价格区间。同样，支撑位又可被称为"需求区"。

预测阻力位的方法

在前面提到的趋势线走势中，我们看到一种能够预测支撑点与阻力点的方法。事实上，在本书前面的章节中已经了解到，有很多由多种价格形态构成的暂时阻力点和支撑点，会在之后的章节中进一步研讨。不过，在进一步股票交易过程中，由区域形态和股价密集所标识的支撑位与阻力位最具实际交易价值。既然我们明白，任何价格密集区或价格形态，不论反转还是持续，都会带来某种支撑或反转作用，那么，未来的支撑与阻力变化就一定是原支撑与阻力在同一价位上的又一次重复。

阻力位变成未来的支撑位

这里需要指出的是，如果股价在以后的交易中突破阻力位，那么该阻力位将会变成支撑位。同样道理，支撑位一旦被突破，它也将在未来的价格走势中以阻力位的形式出现。支撑和阻力不断重复着自己的角色，也在不断相互交换着对方的角色。换句话说，一个区域，不管它最初是一个阻力位还是支撑位，后来都有可能在相同或相对应的位置上重复。重复的目的是为了抑制从上方或下方接近该价位的任何运动趋势。

对反转价位的合理解释

任何对支撑位与阻力位的合理解释，都要考虑到各种自然及人为的因素。一个很自然的原因就是，散户以及其他投资者往往都会记得过去的某个价格范围，并将其看作一个重要点位。当股价每天都发生快速变化时，人们买进或卖出的价格会差异很大。在这种不断的价格变换中，人们对某个价位就不会有一致的认识，也不会留下很深的印象。但是如果某只股票形成了一个价格范围，并在这个很窄的范围内盘桓一段时间，那么散户投资者买进和卖出股票都会被束缚在这个范围内，他们也就会记住这个特殊的价格区间。该股票在这个范围内消耗的时间越长，产生的成交量越大，这个范围对未来技术层面的影响也就会越大。

如果该股票上涨迅速，比如从 75 美元升至 100 美元，那么在这个价格范围中，就没有哪个点位有什么重要的意义。而如果该股票在 95 美元至 100 美元之间连续一个月遇到阻碍和波动，那么散户就有可能记住这个特别的价格范围，这一价位日后就会影响他们的操作。显然，在这个区间内买进或卖出的交易者都将对此价位印象深刻。现在假设这只股票继续快速上涨，在 125 美元附近形成了一个高位价格区域。125 美元这个位置就呈现了比 100 美元至 125 美元之间的任何价位都重要的价格意义。那么在 100 美元和 125 美元这两个价位上，就形成了一个范围区域以及阻力点和支撑点。

记忆因素的作用

假定那只股票从 125 美元回落至 100 美元，在股价不断跌落的过程中，散户投资的兴趣远没有再次冲击 100 美元那样大。然而，当股价真的降至 100 美元时，那些还记得以前这一价位并希望自己在这个价位买进了股票的人们纷纷开始购买。现在他们看到在此价位买进的第二次机会，于是许多人真的买了股票。还有许多交易者，在股价第一次在 100 美元附近徘徊时进行了卖空操作，但他们没能下止损单保护自己，当股票涨至 125 美元的时候他们懊恼自己的账面损失。现在，当股价跌回到 100 美元时，他们能够毫不受损地把空头补回自然十分高兴。因此，无论基于哪种自然的走势，在原来阻力位的 100 美元处就形成了作为支撑位的大笔买盘和需求。

我们假设这个 100 美元左右的支撑位又抵挡住了下跌，并让走势向上反转，那么当股价又重新到达先前 125 美元左右的阻力位时，其上涨再次受到遏制。那些希望在股价回落至 100 美元之前，第二次到达 125 美元时卖掉手中股票的投资者，这时发现自己又有了一次在 125 美元抛售的机会，于是他们立刻卖掉了手中的股票。而当股价第一次跌向 100 美元时后悔自己没能在 125 美元进行卖空操作的投资者，又一次发现在该点位卖空的机会。因此，无论考虑哪种自然因素，阻力位与支撑位的重要性都十分合乎逻辑。

人为因素偶尔显效

然而，我们还会看到另外一些人为的价格波动因素，包括专业投资者所计划的一些波动。专业机构不仅仅按照我们所关注的这些自然走势进行操作，他们有非常明确的价格定位，即在哪些价位收集筹码，又在哪些价位派发股票。这种操作采用了一个明确完整的方案，这个方案已经计划好在某个特定价位上买进或抛出大宗股票。如果机构投资者在 100 美元上下买进了大多数他们要买的股票，并决定在 125 美元左右卖出，那么几乎不可能在股票首次冲击 125 美元时全部卖出所持股票。当价格首次到达那个目标时，他们只可能卖出三分之二持有的股票。在 125 美元上下，购买力可能会暂时走弱，如果购买力并没有比预计的还弱，价格也没有重新回到 100 美元，他们就会让股价主动下降。如果股价重回到了 100 美元，最好的方法就是买回 125 美元售出的部分股票，抑制住 100 美元价位的跌势，使其重回升势。但当股价再次升至 125 美元时，他们就会按照原计划将自己手中持有的股票全部抛出。

我们已经看到，支撑位与阻力位一旦建立就会对未来走势产生重要的、可靠的影响。

供给价位与需求价位的可靠程度

我们将会看到，在任何情况下，这种支撑位与阻力位都是相当可靠的。不过再次提醒大家，没有任何技术观点是决定性的、完全确实可信的。与我们一直在研究的各种形态和规则相比，它们可能更为重要、更为可靠。有时候，由历史走势所预见的支撑位与阻力位并不奏效，但它们对走势图交易者来说仍然很有价值。它们或许暂时有效，一旦人们确信前述支撑位与阻力位不能固守，它们至少可以作为反面参考，因为它们证实了当前走势强劲有力，而且有效地表明当前走势会一直持续，直到下一个阻力位或支撑位出现。

很自然，人们会一直思考原有支撑位或阻力位的有效性会持续多久这个问题，在实际交易中，这一点也是必须考虑的。不过在我们讨论这一问题之前，首先分析一些大趋势中曾经出现过的阻力位与支撑位，这将会使我们的研究变得更为容易。

原先的底部成为未来的顶部

按照一般规则，一旦支撑位被突破，那么它在将来的上升运动中就变成了阻力位，反之亦然。交易者可以参看道琼斯工业平均指数月线图（图8-1），从该走势图中可以看到一个近乎完美的例子。我们首先回顾一下1924—1929年间的长期牛市，并且关注那些遇到阻力的价位。120~124美元之间出现了第一个此类价位，股价在此盘整了5个月之久。第二个此类价位是在160~164美元之间（在表格中每条线代表4个点），价格上涨前出现了长达一年的反复洗盘。花了半年时间才突破的阻力在200美元价位重新出现。越过216~220美元稍稍费了点气力，然后在320~324美元间有一个几乎"垂直"的上升，在最后向1929年最高点冲刺前却遇到长达5个月的阻力。

现在再让我们回顾一下1929—1932年大熊市中的价格行为。第一次恐慌性暴跌在两个月内将价格拉回至212美元，然后是196美元。遇到支撑后，股价在一个曾证明是阻力位的区域开始反弹，我们在前文曾关注过该阻力位。轻松地穿破320美元预期阻力位的有力下跌显示了1929年暴跌的惨痛特征。在第一次暴跌之后，出现了一系列正常的洗盘。1930年4月自196美元出现一次强势反弹，将指数又拉升到296美元。请注意，此处的阻力点与1929年间6个月价格走势首次的支撑点几乎处于同一价位。换言之，原来的底部变成了新的顶部。

原来的顶部成为新的底部

熊市的又一次下跌在206美元左右被阻止。在此支撑位曾出现1928年早期上升行情中的阻力。原来的顶部已经变为新的底部。再一次下跌于160美元附近遇到支撑，该价位的重要性已由1925年10月至1927年3月的走势图证明。后来发现这里还有一个原来的阻力位变成支撑位。1931年初期的反弹遇到阻力并又被推回至 196 美元。1929 年的暴跌就在这个点位遇到支撑。随后的下滑在 120 美元止住，显示为支撑的态势，而它在 1924 年末至 1925 年初时曾是阻力位。

始于 1932 年牛市第一阶段的价格走势，在其初期没有直接的对比价位，但值得注意的是，第一次价格上涨到上次熊市价格盘整区后所出现的反转。同样，160 美元在 1925—1927 年间显示为阻力位，1930 年又表现为支撑位，1931 年再次显示为阻力位，1936 年 4 月又表现为阻力位。1931 年 6 月的下滑在 120 美元遇到支撑，而 9 月的反弹则在同一价位遇到阻力。1932 年 9 月的顶部为 1933 年和 1934 年提供了支撑。

周线图的预测价值

即使过去了数月甚至数年，交易者还是会受那些原有顶部和底部的特殊影响。在预测当前走势近期可能达到的目标时，它们的重要性显而易见。即使快速地浏览一下道琼斯工业平均指数 12 年的走势，也可以看到其重要性。不过，在将这种支撑与阻力的研究应用到个案当中去的时候，周线图比月线图能提供更多、更详尽的信息。周线图能更清晰地显示那些至关重要盘整期形成的价位，以及那些在没有形成支撑与阻力形态的情况下迅速运行的价位。周线图还可以显示不同价位上的成交量，而成交量是确定未来同一价位重要性的一个重要因素。

若仔细分析便可发现，在所有活跃股票的周线图里，都有许多支撑位或阻力位对随后的价格走势产生影响的例子。例如，我们可以研究一下通用电气公司股票周线图上 1929 年 7 月以来的交易记录。在图 9-1 中，我们可以看到该股票到 1932 年 7 月为止的价格走势和成交量行为。左面页边空白处给出了该股票在 1930 年 1 月 1 日分割为四股之前的价格，而右面页边空白处给出的则是分割股份之后的价格，我们的研究只需要后一组数字。

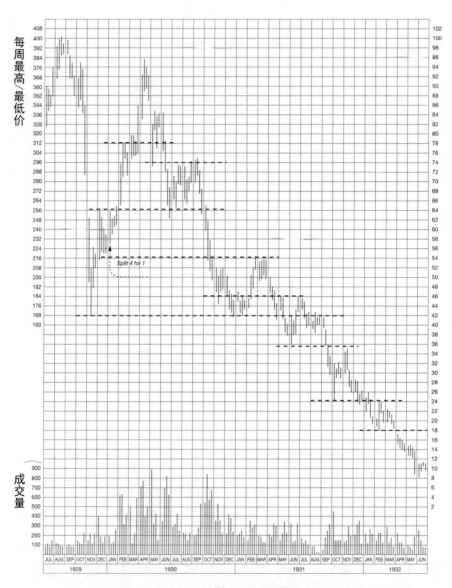

每周最高、最低价

成交量

Split 4 for 1

JUL AUG SEP OCT NOV DEC JAN FEB MAR APR MAY JUN JUL AUG SEP OCT NOV DEC JAN FEB MAR APR MAY JUN JUL AUG SEP OCT NOV DEC JAN FEB MAR APR MAY JUN

1929   1930   1931   1932

图 9-1　通用电气公司股票周线图

成交量作为预测的影响因素

1929 年 9 月，通用电气公司股票从最高值 400 美元左右猛跌至 168 美元。在股票分割后，这些价格分别相当于 100 美元和 42 美元，这样一来，42 美元就是一个可供未来参考的价位。"恐慌之后"人气的反弹又将股价推升至 64~65 美元的价位，在这里遇到阻力，时间长达两个月，待股价下跌到 54~55 美元价位后才又开始上涨。第二次上涨在 78~79 美元价位，遇到长达一个半月的阻力，然后强行推进，最终反转到 94~96 美元。随后股价开始下跌，第一次剧烈下跌刺穿 78~79 美元价位（明显的熊市表现），但在 74 美元附近遇到支撑；本次走势中的巨大成交量（1930 年 4 月的最后一周和 5 月的第一周）表明这一支撑位具有重要的长远意义。而且，在研究走势图显示的成交量时，必须记住在分割股份之前的成交量应该乘以 4 才能和后来的成交量进行公平比较。

在熊市中，价格再次下探到 64~65 美元区间遇到支撑，而这个区间在 1929 年后期曾是一个阻力位。之后股价回升到 74 美元遇到阻力，这是我们先前认为很可能非常重要的一个区间。64~65 美元与 74 美元之间近 3 个月的价格运行使人们在未来会更多地关注这些价位。

熊市期间确立的价位

无须赘述，我们回顾一下通用电气公司的价格在 1932 年探底的情况，就会注意到这些阻力位与支撑位。1930 年 11 月支撑位出现在 46~47 美元，12 月则出现在 42 美元，而后者曾于 1929 年作为支撑线而被关注。接下来在 54 美元遇到阻力（于 1929 年 12 月形成的），又在 36 美元遇到支撑、46 美元遇到阻力，然后就是价格为 24~25 美元的重要支撑位（把成交量考虑在内）。随后的回升并没有达到我们期望的 36 美元（与 1931 年 6 月相比），而是在 34~35 美元反转。1932 年 2 月出现的下一个支撑位在 18 美元，而在 24 美元则出现了我们预先推测的阻力位。

在结束走势图研究之前，我们建议交易者复习一下以前做过的分析，并注意走势图上那些点线是如何界定价格运行区与价格密集区的。为了标明这些价位，我们使用了一种有视觉效果的点线平均方法。但是需要记住的是，如果线设置的过于精确的话，后面的价格运动就可能会越过或者达不到这些价位。另一个研究的主题就是成交量，因为支撑位或阻力位确立时的总成交量越大，该价位可能对未来价格运行影响的时间就越长。这一设想显然是符合逻辑的。

在相反趋势中不断重复的价位

在界定了通用电气公司股票熊市期间所形成的重要价位或价格区域之后，我们可以检测一下它们在相反走势中给价格运行造成的实际影响。请看图 9-2，该图显示了 1932 年 7 月到 1936 年 12 月的交易记录，其中包括每周最高与最低的价格区间以及成交量。在该走势图上，那些之前走势图中被标注的价位都用点线标识出来，以便我们研究其持续影响。首先我们注意到，尽管 18 美元为预计阻力位，但第一次急剧反弹就将其突破。然而这一价位在 1933 年和 1934 年从始至终都显示出它的重要性，自 1932 年 11 月作为阻力位出现，随后又在多次反攻中充当了支撑位。

除了 1933 年夏天曾被猛烈穿透之外，24~25 美元位置变成了一面强阻力墙，直到 1935 年的 6 月才被最终突破。这一价位曾在 1931 年下跌行情中被标注为重要价位。1929 年恐慌性暴跌中发挥支撑位作用的 42 美元，在 1931 年则变成了阻力位和中期反转点，从而证明了自己的重要性（见图 9-1）。事实上，其影响早在 1935 年 11 月的 41 美元价位线上就已显露出来。42 美元价位之上原有 3 个支撑位和阻力位，可以在图 9-3，通用电气公司 1936 年下半年的日线图中更清晰地看到其显著影响。

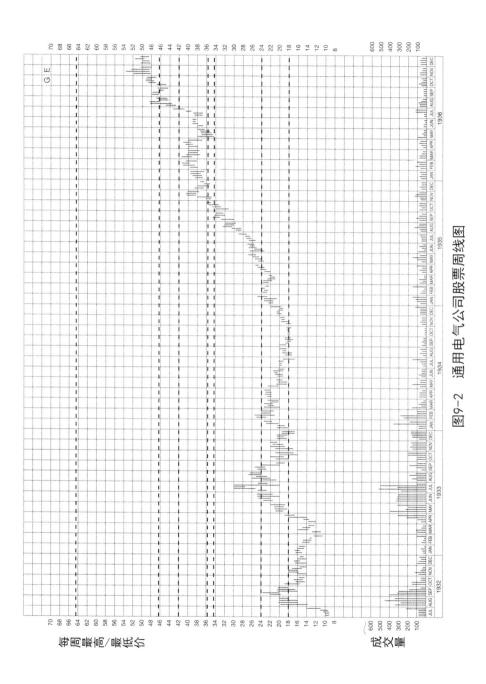

图9-2　通用电气公司股票周线图

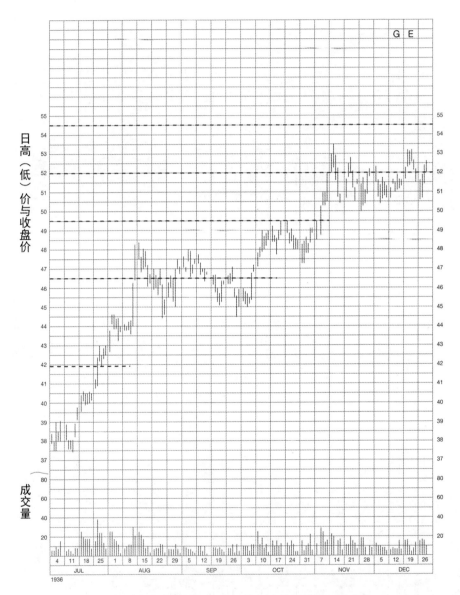

图 9-3　通用电气公司 1936 年下半年的日线图

在通用电气走势图中的走势预测

在上述研究中，我们已经看到原有支撑位与阻力位在后续市场中还会发挥很久的作用。还有一些值得关注的例子，说明当股价从下面接近原有支撑位或支撑顶时，这些支撑位或支撑顶在后续走势中就变成了阻力点或阻力顶。研究一下通用电气公司走势图中的以往交易记录，我们就可以从逻辑上做出预测，即股价在 54~55 美元时（请比较 1929 年 12 月和 1931 年 2 月的价格走势），会遇到前进的阻力；一旦该价位被突破，接下来将会出现一个较为自由的上升走势，价格会上升到 64~65 美元（请比较 1930 年 6 月至 8 月的价格走势）。我们在前面已对这一点位做过描述。

中期趋势中的阻力位与支撑位

到目前为止，我们在研究中一直都专注于研究长期走势图中的主支撑区域和阻力区域。这些支撑区域和阻力区域通常都是由中期价格走势范围所界定的。很自然，这些价位都是技术型交易者，在可能的前提下，需要提前测定的最重要价位。而且，我们也已看到它们可以通过周线图中的以往交易记录被预见。我们还看到，这些价位不能用任何数学方法准确地计算出来，在估计其未来影响力时，需要对价格和成交量行为做出一定的判断和评价。这种判断和评价尽管不是绝对准确的，但重要的支撑位对阻力位、需求区对供给区都会非常接近，这一点是显而易见的。如果再来研究中期价格走势中的小型波动，我们将会发现中期趋势的阻力位和支撑位其实都在主趋势里已经看到了。周线图上看不到这些小型波动，但可以在几乎所有股性活跃股票的日线图上看到它们。斯纳德包装公司的股票走势图（图 9-4）中有大量的完美例子。

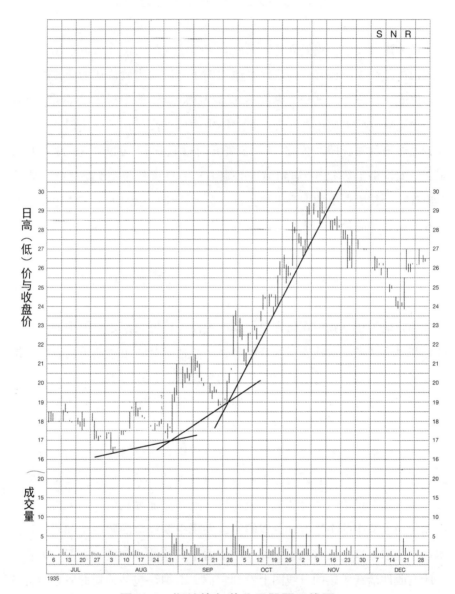

图 9-4　斯纳德包装公司股票日线图

次顶成为后来的次底

1935 年 6 月至 8 月，斯纳德包装公司股票在 19 美元价位遇到了上升阻力，该价位最终在 8 月 29 日被突破（请注意此时的成交量）。随后的反弹在 21 美元"形成了一个顶部"，然后价格又跌回至 19 美元，在原来的阻力位遇到支撑。股价从该价位上升到 23.5 美元上下之后，于 21 美元附近停止，原来的顶部再次成为新的次底。每一个小的反弹都在接近原来次顶的价位遇到支撑和反转，这种现象不断反复出现，只有一个例外，即 10 月 22 日的下跌并未跌至先前的顶部 24.5 美元。

当 11 月出现中期反转时，第一次快速下跌在 10 月下旬的次顶附近价位停止，第二次下跌在 9 月最后一周形成的顶部价位附近遇到支撑，当时成交量相对放大。

次要支撑位的反向作用

技术型交易者很快就会意识到，什么样的价位最有可能为未来的价格走势提供支撑或阻力。很自然，对中期趋势交易者来说，斯纳德包装公司走势图中 8 月到 11 月所显示的次要支撑位只有在被突破时，才会显示其重要性。价格在中间上升阶段回升到原来顶部价位是预料之中的事，并无任何不利暗示。但是，小幅回落的支撑位被突破，则意味着在技术图形中会出现更为重要的变化，并预示极有可能出现一个中期反转走势。

交易者能够在前面章节的走势图中看到更多的次要支撑位与阻力位的例子。在迈克卡车公司股票走势图（图 5-9）、电力船公司股票走势图（图 6-1）以及哥伦比亚碳素公司股票走势图（图 6-17）上，所有价位都已被清楚地标出。

形态和趋势线所建立的阻力位

我们已经了解了对支撑位与阻力位进行技术预测的重要性，这些支撑位与阻力位是由过去的交易记录所确立的。我们也已观察到这些价位是如何交替发挥效用的，是阻力还是支撑取决于价格靠近这些价位的方向。我们在对阻力位的初步讨论中注意到，这种行为重复出现有多种可能的原因，其中包括记忆因素。这些价位尽管最终会失去效用，但一旦确立就不会随着时间而改变。换句话说，某一特定价位上的阻力也许会耗尽并消失，但它不会改变这一价位。我们已注意到它们持续的时间跨度，尤其是伴随成交量放大所形成的价位。

不过，现在我们遇到了一个不同类型的阻力，它并不总在同一价位反复出现。这种阻力并非从原来的阻力位或支撑位演化而来，而是由一个价格走势或形态或我们已明确解释过的区域结构形成的。这样的支撑或阻力会随着时间的变化，在不同的价位出现。这一周它或许在这个价位出现，而下一周又或许在较高或较低的价位上出现。换句话说，由许多趋势和区域形态所形成的这种阻力线、支撑线和价格走势是倾斜的而不是水平的。

趋势线界定支撑位和阻力位

我们在第八章中讨论过在正常趋势中呈波浪形的价格波动倾向。这些价格运行是由单一趋势线确定的，偶尔会由位于趋势通道一侧的并行线给予确定，通常十分精确。在上升趋势中，最重要也是最可靠的趋势线是由连续下跌的底部连接构成的。这条线形成了一个移动的支撑位，当价格接近此位置时，该线就会阻止并反转价格的下跌。而在价格下行趋势中，主趋势线是由不断反弹的顶部连接而成的，它形成了移动的阻力位。当趋势通道十分规则、可以勾画出并行的趋势线时，上面的线就是移动阻力线，而下面的则是移动支撑线。

也许把普通的趋势行为与支撑、阻力现象联系起来的尝试并没有令我们发现两者之间真正的基本联系，除非我们从希望阻力位制止住主趋势的改变这个意义上去探查。但是，当我们开始考虑主趋势的运行被意外中断这种价格走势时，两者就完全是另外一回事了。我们发现，原有的趋势线依然阻挡着价格的回落。我们在趋势线一章的回挫标题下，已经提到过这种现象。

被突破的趋势线很快会失去其技术意义

不过，趋势线一旦被突破，它们的作用很快就会消失。一旦一条新的趋势线在原来的趋势线旁边被勾画出来，原有的趋势线就没有什么参考价值了。事实上，对回挫的阻力（或支撑）仅出现一次，第二次回挫到原有的趋势线附近可能会遇到极小的阻力甚至没有阻力。回挫的发生与趋势线被突破的时间间隔越长，这条线的支撑或阻力价值就会越小。

支撑点——一个强势阻力点

我们知道单一趋势线具有重要的支撑和阻力作用，甚至即使趋势线已经被突破，我们还是认为任意两条趋势线相交的点都能为价格突破造成双倍困难。事实也的确如此，所以这个价位被称之为"支撑价位"。

支撑点出现在任意两条趋势线相交的地方。阿纳康达公司股票走势图（图9-5）中显示了一个迅速上升趋势线中的相交点，那是1936年5月的第一周，在30美元价位上两条趋势线的相交。请注意在此价位的价格回落。通常价格不总是折返至一个支撑价位，但值得关注的是在很多情况下它们都会折返，并且这种折返都无一例外地在支撑价位停止并反转。趋势线相交之后不久，其中一条或两条便被突破。

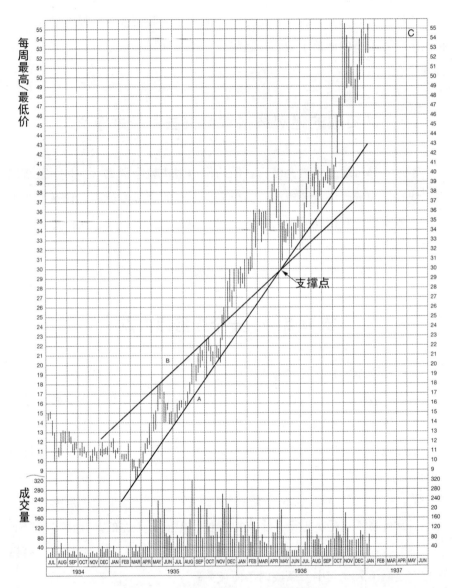

图 9-5　阿纳康达公司股票周线图

头肩形反转结构中的支撑位与阻力位

我们所研究过的各种反转和持续结构，都有自己独特的支撑线与阻力线，如同趋势线一样，它们在价格突破自身体系后的一段时间内依旧发挥着作用。在头肩形态案例中，延长至突破点一侧的颈线，成为走势图中的一条临界线。当这条线第一次被打破并发出反转信号后，价格有可能重新返回该线，但很少出现以有效幅度返回线内的走势。在颈线呈水平状时，它所形成的支撑位与阻力位很容易用上文所述的一般规律予以解释。而当颈线呈倾斜状时，不论作为阻力位或支撑位，其作用都只能与趋势线进行比较。

在联合碳化物公司 10 月 24 日当周的股票走势图上（图 9-6），我们能够看到一个完整头肩形态中延长颈线成为阻力位的极好例子。我们还可以在同页上，看到太平洋联合公司头肩形态中倾斜颈线所起到的阻力作用（参看 10 月 12 日和 19 日当周的走势）。

与斯纳德包装公司股票日线走势图（图 9-4）中研究的那些次要支撑位和阻力位一样，对于主要参与中期走势的交易者来说，他们更喜欢看到颈线阻力位与支撑位的突破作用。价格向颈线的回归是很正常的，也并不与头肩形态的预测相矛盾。只要这条颈线能够再次遏制任何企图突破它的价格回落（就像它总是起的作用那样），则最初的预测依然有效。

多重结构中的支撑位和阻力位

我们在对双重顶（M 顶）和双重底（W 底），以及相关多重结构（第四章）的分析中看到，直到价格从第二个峰顶下降到两个峰顶之间的"谷底"时，一个双重顶才算完整。因此可以将对支撑位与阻力位现象的研究与之联系起来。"谷底"代表着一个支撑位，直到该支撑位被突破以后，我们才能做出这样的结论：反转的趋势已经发生。当然，一旦该支撑位被突破，那么对于后来的任何价格回升它都将成为一个阻力位。对其他各种多重顶和多重底形态的分析，都可以使用这种理论。

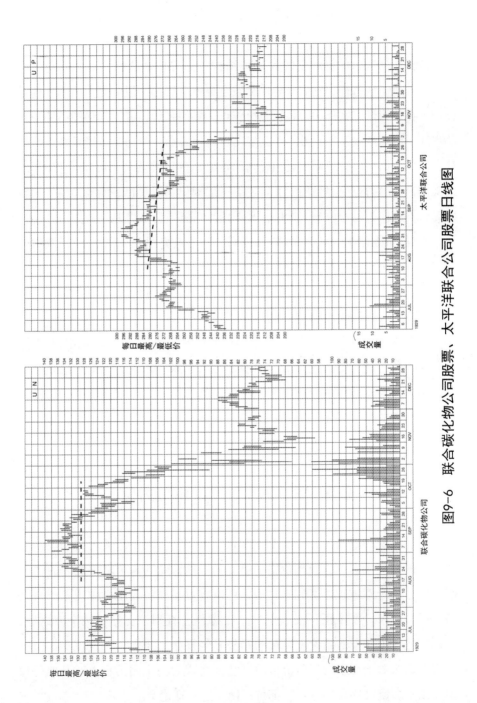

图9-6　联合碳化物公司股票、太平洋联合公司股票日线图

矩形和直角三角形中的应用规则

对阻力位和支撑位的解释，同样可以说明在矩形结构中或突破了矩形结构之后的价格行为。显然，这种大家熟知、可靠的预测形态，上边线与下边线分别是阻力位和支撑位。一旦发生突破，其中一些价位被击穿，那个被突破的价位立刻就会改变它的角色；如果价格是上升的，突破了上边线阻力位时，上边线就变成了支撑位。突破之后，价格可能会继续上升几天甚至一两个星期，然后在一个强势上升趋势开始之前价格会向原来形态的顶部价位回落，并在这个顶部价位得到支撑。当价格下降突破了下边线时，下边线或支撑位就变成了一个阻力位，随后的反弹会触及该价位，但突破的概率很小。

同样道理，上升三角形的上边界线或水平线在被突破之后会变成一个支撑位；而下边界线则会在被突破后变成一个阻力位。第六章所述阿纳康达铜业公司股票上升三角形发生突破后的价格走势，验证了支撑位的作用。而图 6-5 中的美国罐头公司股票是一个下降三角形下边线变成阻力位的最佳范例。当然，这个原理同样也可应用于任何有水平边线的形态。

对称三角形形成的阻力位和支撑位

分析对称三角形突破后的支撑位和阻力位时，我们发现了另一种运行形态。那些在对称三角形后半部分形成的支撑线与阻力线形态很有意思，可以将其比作一个"磁场"。

突破后回踩的第一道防线，取决于突破点同顶点的距离。如果这次突破发生在形态完成之前——比如，从其始点至其理论顶点一半或三分之二的位置——那么在回归发生前价格不会波动太多，可以预计回归将在延长边线附近被阻止。换言之，如果价格在三角形的上方突破，价格上扬很快就会被阻止并反转，原来形态的上边线就变成了一条支撑线，这同趋势线被突破后的走势极其相似。如果价格在三角形的下部突破，那么对于随后的反弹而言，三角形的下边线就变成了一个阻力位。

关于对称三角形边线的角色变换，可以在 1935 年下半年芝加哥气动工具公司股票的走势图中（图 9-7）找到一个很好的例子。1935 年 9 月份开始的价格形态在 11 月 4 日被上行突破，同时成交量显著放大。不过这次上升只持续了一个多交易日，之后价格回落（成交量也随之缩小）。11 月 12 日，价格回落至对称三角形的顶部延长处，然后重新"弹起"。当然我们不能指望支撑线总能像其在本例中那样及时准确地起作用；在这个价格区间内，股票买卖的任何一个点位都体现了支撑线的作用。

顶端价位很有意义

假设对称三角形结构一直到接近其顶点的时候才被突破，而价格还未走出多远，回落便随之发生了。在这种情况下，一般预计价格的回落在接近三角形顶端价位的地方将遇到支撑。在 1931 年美国工业酒精公司的走势图中（图 2-3），我们可以找到很好的佐证。在 2 月份形成的头肩顶中，有一个完整的对称三角形，其边界用黑点线标出。3 月 12 日，价格在三角形的一条对称边、靠近顶角的部位发生突破，该突破以及随之出现的一个简短反弹都没有得到有力的支撑。请注意这一反弹在顶端价位停留了 3 天，随后价格便开始大幅下跌。

顶点价位所起的支撑或阻力的作用，似乎延长了很长一段距离。交易者也能从对称三角形形态中找到很多这方面的例子。只要顶点价位阻止了价格回归，那么有关突破的预测仍然有效。

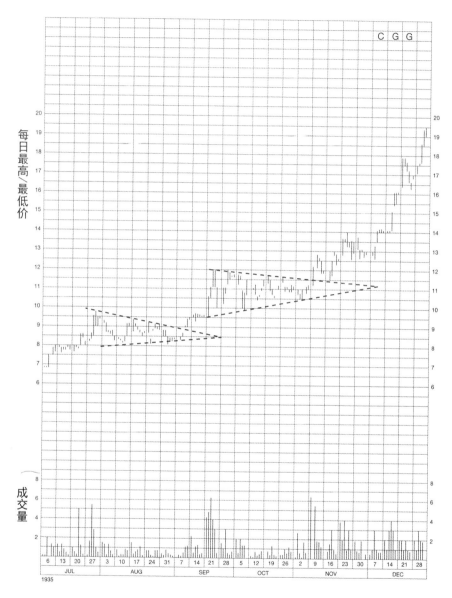

图9-7　芝加哥气动工具公司股票日线图

对称三角形形成的支撑点

与前面所讨论过的交叉趋势线的交点一样，对称三角形的两边交点也形成了一个支撑点。正如我们所期待的那样，这个支撑点所在的价位同样形成了一个强大的阻力位。纽约电话公司股票 1936 年下半年的走势图（图 9-8）是一个在支撑价位形成阻力的例子。该股票于 10 月中旬形成顶部后，10 月 26 日和 11 月 12 日之间的价格运行又形成了较宽的对称三角形。在价位向下方突破之后，价格在 11 月 17 日反弹到该三角形的底部边界，并且在该处遇到阻力。我们也许早已预料到这种情况。接下来的价格下降一直延续到41¼点，在此价位又出现了另一个小型反转，从而使价格在 11 月 28 日回升到 45.5 美元价位。在此价位，走势遇到了由支撑点形成的阻力，该支撑点由三角形的延长边线形成。随后在 12 月第二周出现的反弹被挡回到顶点下方，即三角形上边延长线的下方，这一延长边线起到了趋势线的作用。事实上，对称三角形的边线可以被看作小型趋势线。纽约电话公司股票走势图中的对称三角形实际上是大型复合顶部的一部分，毫无疑问，交易者对此已经认可；该结构形成过程中的价格运行界定清楚，然而这一期间的成交量却缺乏规律。突破之后的阻力位形态或许正是我们所期待的，此价位阻挡了 3 次较强反弹的事实正好确认了该三角形对进一步下跌的预测。

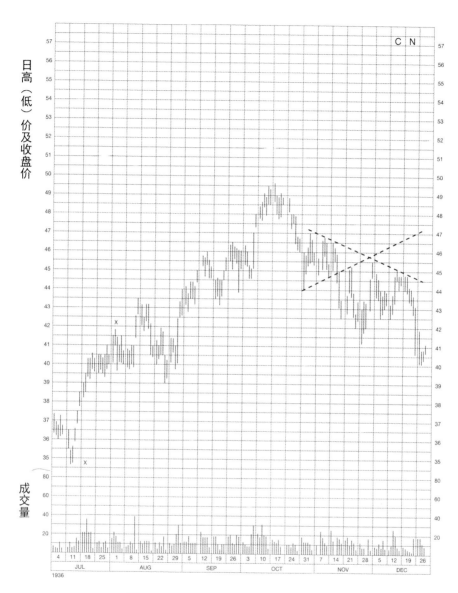

图9-8　纽约电话公司股票日线图

第三个重要价位

我们在上一节中已经探讨过预计会出现阻力或支撑的价位，这些价位是由次反转的出现而形成的，这些次反转则是在对称三角形突破后且价格还未运行很远的时候产生的。但是大多数情况下，在走势"盘整"或"校正"之前，一个有效的突破将会使价格出现较大幅度的变化。在这种情况下，我们不应该指望价格会回复到顶点所在的价位点，至少在没有明确的迹象表明技术趋势发生变化的情况下，不应该这样指望。实际上，在接下来正常的价格运行中我们发现，一旦远离三角形结构，任何小型的反转或"校正"，通常都在该三角形最高价位或最低价位附近停止，这些价位都是在结构初期形成的三角形顶部或底部。换句话说，股票价格现在已经离开了该三角形本身的"磁力地带"，可能会寻求更为普通的支撑位或阻力位。关于这一点，我们在斯纳德包装公司走势图（图9-4）中可以得到验证。

在电力船公司股票走势图（图6-1）中可以看到一个规模不大但却极为典型的同类例子。请注意，价格于1935年12月5日出现突破之后的回落，随后在11.75美元遇到了阻力，这个位置正好是该三角形的最高价位。奥伯恩公司股票走势图（图3-7）显示了两个这种支撑类型的例子——11月15日在前面底部三角形的最高价位，以及12月20日在前面持续三角形的最高价位。实际上，后一价位在1月第二周的第二个回落中仍然保持为支撑位。还请大家参照得克萨斯公司的周线图（图3-13）。在该走势图中，我们可以找到阻力出现在对称三角形底部最低点的例子。请大家比较1930年12月到1931年2月出现的三角形和1931年8月出现的上升走势。

预测支撑位时所做的判断

在上述对称三角形的研究中，我们已经看到，对支撑或阻力价位的预测，取决于突破之后的价格运行程度和反转趋势出现的时间。不可能制定任何准确的算术规则供交易者测定某一价位在何时何处被越过，另一价位于何时何处到达。在价格运行的任何阶段，若想对关键性价位构成的因素进行可靠的判断，则需要经验和仔细研究。但是，初学者也不必过于担心，只要仔细研究走势图，认真分析每一次价格上升和回落之前的走势，很快就会对支撑和阻力现象获得"感觉"，而且还会更加重视这个非常有趣的研究对象。

缺口处的支撑和阻力

还有一种现象与我们对形态的研究有关，需要我们予以考虑，那就是缺口对于支撑位或阻力位的影响。我们已经知道，价格突破技术形态后所形成的缺口很少会回补。通常我们会很自然地认为，产生该逃逸缺口的非正常技术形态可能会同时形成支撑位或阻力位，这种支撑位或阻力位会阻止价格返回到原有形态中去。事实上，上升缺口之后的回落通常都会在缺口的最高价位获得支撑。请注意约翰斯·曼维尔公司股票走势图（图3-12）6月19日的价格走势，向下的缺口形成了类似的阻力位。

持续缺口有时也会以同样的方式发挥作用。蒂姆肯滚动轴承公司股票走势图（图4-6）是上升型持续缺口形成支撑的典型例子。请注意2月第二周在52美元价位形成的缺口以及3月第一周价格回落至该价位的走势。通常来说，如果该缺口较宽，我们可能预计在其顶部价位会遇到支撑；如果此时没有支撑，也许会在缺口里边或其底部遇到支撑；而如果这些支撑都没有出现的话，则表明该价格运行会持续下去，最终到达下一个支撑位。

形态阻力研究的实际应用

在本章，我们用了大量的篇幅对由持续或反转结构形成的各种支撑位与阻力位进行了分析。读者自然会问我们为什么如此关注它们。原因之一就是，对价格走势习性的了解可以使我们免除不必要的担心，这也是最重要的原因。例如，我们买了一只股票，其走势图显示上升三角形走势出现了有效突破，接着价格又回落到该三角形所处的价位，如果我们已经了解了这些习性，就不会过于担心。只要正常的支撑在该价位出现，我们就可以对起初的预测保持信心，期待所预示的有价值的价格上涨在预计时间内出现。

又一个买进或卖出股票的机会

研究同预测结构有关的支撑或阻力现象还有一个非常实际的原因，即它经常使我们能够在有利可图的价位下单操作，而这些价位首次在走势图上发出信号时，如果不依靠这些形态产生的阻力位或支撑位，就很容易被我们错过。出于这样或那样的原因，在上升行情中，当一只股票首次突破一种结构时，我们没有及时将其买进；但当价格接着回落到该结构的支撑位时，我们就有了又一次买进该股票的好机会。

实际上，许多富有经验的技术型交易者，在价格出现突破时，仅仅只买进部分股票，他们打算在价格回落到支撑位时再买进其余部分，甚至提前在预计的支撑位设定买单。这一策略很有学问，但是初学者应该牢牢记住，这种回落并不常出现——即使出现一个快速回落，也不总是一定返回到支撑位。复习一下本教程所说明的各种典型结构示例，我们会发现，在大多数情况下，走势图中一旦显示出价格突破，也就出现了最好的建仓（或出货）时机。

先前价位的有效期

在走势图分析中经常会出现这样的问题，即先前的支撑位或阻力位能够将其影响力或重要性保持多久。不可否认，对此问题给出明确答案十分困难。在本章的开始部分，我们就对这些价位做了一些解释说明，或许能够从中收集一些信息，另外我们还注意到，成交量也是一个需要考虑的因素。

大致来讲，由小型价格波动所形成的支撑位或阻力位，两三个月之后就会失去其重要性，正如我们在斯纳德包装公司股票走势图中所看到的那样（图9-4）。另一方面，主趋势中的中期顶部或底部所形成的支撑位或阻力位，可能几年之后仍然具有影响力，那时下一轮重要行情会将价格推至这些价位，例如我们在通用电气公司股票周线图（图9-1）中所看到的那样。我们因此可以得出这样一种规律，即形成支撑位或阻力位的行情越大，价位在未来市场走势中影响力持续的时间也就越长。

在下一轮主趋势中，除了原有价位重复出现以外，还可能出现新的价位。这些新价位在接下来的行情中同样会十分重要。例如，通用电气公司股票日线图（图9-3）中，8月1日交易周结束时在44.5美元价位出现的阻力。该价位后来又变成8月21日和9月25日出现的价格回落支撑位。44.5美元价位在几个月之后还可能再次显示为支撑位或阻力位，在未来交易中，它可能会作为重要价位取代原来的46.5美元价位。但就我们在走势图中所见，它将仅仅被看作次要价位之一，很快就会失去其价值。

另一个与我们所讨论的持久性问题有关的因素是，价格走向反转价位或离开反转价位时的陡峭程度。价格缓慢上升后形成的柔和圆形顶部，一段时间后它的支撑位效力将远远小于快速价格上升所形成的陡峭顶部。关于这一点，请注意通用电气公司股票走势图（图9-1和图9-2）中42美元价位的长期持续价值。这一持续价值由1929年秋天出现的价格急速跌落以及随后出现的价格快速反弹所确定。

关键的 50 美元和 100 美元价位

任何一位股民都曾注意过价格走势如何在50美元、100美元这样的整数价位盘整，并形成成交密集区的。毫无疑问，在很多情况下，行情通过这些价位时会遇到许多困难，其原因可能是人们在整数价位惯于做出的某种思考。比如在42美元价位抛售股票时，我们经常听到这样的随意评论："应该涨到50美元"。交易者们倾向于在这些整数价位买进或卖出股票，阻力起初是人为的，后来由散户的追捧与获利型操作而得到巩固，造成的结果是这些价位对未来市场走势的影响进一步加强。此外，在过去100美元是大多数领头股票的"票面价值",那么"票面价值"自然就是重要、有意义的价位。它往往会阻止来自各方的价格走势通过其价位。但这些人为的支撑位与阻力位不如我们前面讨论过的自然价位的力量强大。毕竟,以往的交易记录是我们最好也最为安全的指导。

中期行情运行理论

价格原理曾一度是市场交易者们重点关注的对象,即使它可能与我们对支撑和阻力的研究没有技术上的联系,但此时有必要简要探讨一下其基本理论。该理论认为,当某一主趋势发生反转时,只要反转价格只返回到原主趋势整个幅度的一半或一半以下,它就只能被认为是中期走势。反之,如果预想的中期走势继续运行,并返回到原主趋势整体幅度的一半以上,则意味着基本趋势的反转可能正在形成。我们起初假设的中期调整行情极有可能变成新一轮主趋势中的真实行情。

翻阅一下数年间的大量走势图,我们就会发现,这一理论具有一定的根据,但并不是完全可依赖的交易原则。大多数中期调整并没有返回到原主趋势幅度的一半以上,但其中一些返回到三分之二。偶尔,调整会使价格几乎原路返回,但基本趋势却并未发生反转。三分之二可能是较为稳妥的界限:返回原走势三分之二的中期行情完全可以表示主趋势的反转。

来自支撑位或阻力位的"反弹"

有关阻力位和支撑位的实际应用还有一点需要讨论,即接近某一阻力位或支撑位时的价格行为。浏览一下曾帮助我们理解这些现象的图形案例,就会发现后面的走势会有两种:盘整并建立一种在该价位最终被突破之前持续一段时间的价格密集区,或"反弹"为有一定意义的反转走势。

似乎没有可靠的指导来预测在到达重要支撑位或阻力位之后究竟哪种价格走势会出现。(实际上,我们偶尔也见过当前走势中没有重要盘整区的情况,但这不是惯例,只是例外。)我们必须考虑到走势图中的其他因素，比如成交量，先前走势的广度和力度，先前走势衍生的特性和规模，其他股票的走势图形状，股市的整体走势以及预测阻力位或支撑位的潜在力量。然后我们一定要注意观察，看看那些达到该关键价位股票的走势图上出现了何种形态。

赚钱的好地方

最后，我们认为，若想在股市交易中保证安全，那么当某只股票接近强支撑带或阻力带时，最好适时撤离股市，然后视走势而定是否再次进入股市。假设，我们在 1935 年购进通用电气股票，并持股至 1936 年 2 月（图 9-2）。我们很可能想要在 42 美元获利了结，因为先前交易记录指示该价位是"强硬"阻力位。再次买入之前，我们可能会观察通用电气能否突破这个价位，或留意预示行情还会继续上行的有力形态是否形成。事实上，这种形态的确在 1936 年 5 月出现过（出现在那一时期的日线图上）。

这一合理的交易法则给我们的提示是：当价格上升接近某一强势阻力位时买进股票并准备长期持有是不可取的。我们应该在该阻力位下方两三个价位的位置就先离场观望。从形态本身来判断，我们有可能受到诱惑去购买股票，但我们明白阻力位就在那里，而且具有可能完全吞噬我们期待走势的技术实力。在这种情况下，保守型投资者会等待观察，看阻力位是否会"岿然不动"。一旦阻力位被有效突破，他们就会信心十足地期待一轮有利行情的到来。

卖空时支撑位和阻力位的作用

我们在第八章中已经注意到：在熊市的恐慌阶段，最有力的支撑位也将无法保持支撑。在这段时间里，不断套现和被动出售的压力使价格急剧下跌，直到无信心的持有者和散户投资者全部被洗盘出局。尽管有此例外，熊市策略与牛市策略完全没有差异，这一点我们已在前面讨论过。

当某一股票价格跌至或接近某一有力的支撑位时，进行卖空操作是不理智的。最安全的卖空价位是价格反弹至某个阻力点时，或有效地突破了支撑位之后。当接近第二个支撑位时，卖空应该被补进；再次卖空之前，股票又有了反弹的机会。

第十章　丈量方法及其结构

股市投资者在入市以前需要解决三个问题：

☆ 价格运动开始于何时？

☆ 价格运动上升或下降的方向如何？

☆ 价格运动到何处产生反转或长期盘整？

对于前两个问题，技术型交易者可以很自信地直接回答出来，其依据就是前七章对形态和结构的分析。第三个问题同样重要。不过，在面对整个市场时，我们当然要使资金得到最佳配置。我们都想选择在最佳时机出货或买进，这就要求我们仔细解读走势图，反复对比并评估哪些机会能给我们带来最大收益。

支撑位和阻力位的历史追溯

在第六章对支撑位和阻力位的学习中，我们了解了其重要性。这些在以往交易中形成的支撑位或阻力位，在预测一只股票走势方面至关重要。尤其是分析走势图中的主趋势和中期趋势的时候，原来的支撑位和阻力位的影响更是显而易见。一只股票进入上升走势，我们便可以参考其过去的支撑位和阻力位，凭借这些价位，我们可以预测这只股票价格的运动方向。假设我们在走势图中找到了两只价位接近、盘桓时间相同，并且同时向上突破的股票。如果从周线图上来看，其中一只股票的当前价位上方就有一个阻力位，但是从另一只股票的交易历史上来看，处于突破上升趋势时股价上方20~30美元范围内是没有阻力位的。显然，在其他条件相同的情况下，第二只比第一只上涨的可能性更大。若技术层面强势利好，那第一只股票也无可争辩地会突破阻力位强势上行。但是从概率上来讲，最可能的是股价要在这个阻力位进行长时间的盘桓，从而形成一个新的底，消化成功后便可伺机突破，但是这个过程很漫长，考验着交易者的耐心。

关注现行走势图中的重要价位

为了获得交易的成功，我们将某一只股票的交易记录做成走势图进行分析，这个过程可能很辛苦但也是值得的。通过对周线图的技术分析，我们很容易了解某只股票的交易历史和它可能的支撑和阻力价位。我们的研究还是要回归到前期讲述的主趋势的前端。换句话说，如果想要以走势图的方式勾勒出某只股票在长期牛市中的通道，那就要一直回溯到上一个熊市开始时的高点。如果在熊市中追踪一只股票，就应该分析其底部横盘的情况。而这些横盘的底往往又是一个牛市的起点，这样就可以比较准确地确定某只股票的支撑价位。

要想研究得更加彻底，我们不妨通过月线图再往前追溯，观察一下那些重要的价位。事实上，月线图可以取代周线图来分析盘面走势，但是一些重要的价位和成交量在月线图上显得比较模糊。所以从某种程度来讲，周线图更有帮助。一旦通过研究股票交易历史，彻底弄明白了在哪里可能遇到支撑或阻力，我们就可以在日线图上标记出来。甚至还可以用些简单的符号，按照重要程度，依次来给这些价位做标识。这些连贯的符号可以作为预测股价运动的重要标准，我们可以通过观察其日走势来决定是否介入。这样一来，我们就不必回顾其全部交易历史，从而大大节省了时间和精力。

作为丈量指标的趋势线

我们在第八章中学习了趋势线和趋势行为。知道一条趋势线一旦确立了方向，那么在反转迹象出现之前，我们还是很相信它能按照既定方向前进的。因此，对于趋势行为而言，我们还有另外一个尺度：那就是小幅盘整在距离主趋势线多远的位置可以导致横盘和反转。反转发生的准确价位将取决于波动的"角度"，也就是说，取决于价格到达趋势线的时间。如果趋势通道是直线下滑的话，任何有悖主趋势的波动都会被限制在既定范围内。在工业人造丝走势图中（图8-7），我们的观点得到很好的验证。

主趋势线更为可靠

当我们把趋势线应用于同主趋势相反的调整走势时，发现它们在判断预测方面是很有用的。趋势线在界定大熊市中的中期上涨的界限时，以及中期下跌中的小幅上涨的界限时效果都很好，在牛市中同样有效。当然，我们可以运用单个或一些主趋势线来阐释下降趋势中的顶或上升趋势中的底。只有在很偶然的情况下才能画出平行的趋势线。这些平行趋势线在预测价格上升或下降的可能性目标方面很有用处。

形态自身的丈量含意

交易者将看到，前面两种估测价格波动程度的方法，都依赖于我们预先能够识别一些条件，这些条件是变化的界限，一旦价格逼近这个界限，就会盘整或逆转。当然，很多股票的交易记录上并没有明显的阻力位或支撑位的线索，甚至连明显的趋势在走势图上都无法找到。在这种情况下，我们只能参考其最初形态来做出主观评价。所谓最初形态，就是这只股票暴涨前的形态。也可参照其价格运动的内部信号来判定这只股票的强弱和顶部。

我们在之前的学习中曾学到：形态越清晰、越大，价格运动就越好判断。在评价形态的重要性时，我们也需把基本趋势的方向考虑进来。在市场大方向下，价格波动也比较平稳。因此，在牛市中，底部形态往往有惊人的拉升；而具有顶部形态的形态却常常有暴跌的可能。在熊市中，我们却希望反过来，顶部形态会产生长期而广泛的下跌，底部形态会出现相对较小的反弹。当我们在比较两只股票的形态时，可以先不考虑大盘的走势。

头肩形态的丈量含义

我们在此课程中学习到的第一个反转结构就是头肩形态。在分析头肩形态中，我们曾对某个评测规则稍加提及。此规则具有一定的可靠性，并可用于头肩形态的分析中。此规则可简单描述如下：价格在跌破颈线后至少还要下跌同样长度的垂直距离，然后才能停止。在这个位置的盘整只是暂时的，稍后还会继续下跌。当然，也有可能会有一个小小的暂时的反弹，让价格再次回到头肩形态的肩部，就像头肩形态这种形态所预期的那样。不过，也有可能完全打破原来的预测，产生一个技术性的突破。

头肩形态规则的检验

我们可以把上述规则应用到各种图中出现的头肩形态中去，以便检验其准确性。以美国钢铁公司股票走势图（图 2-1）为例，如果把 C 点和 I 点用线连接，那么这条颈线距离顶部最高处直线距离为 28 个点。10 月份的最后一周颈线在 112 美元价位被打破。按照我们的规则来看，价格再往下运动 28 个点后会有一个盘整。当然，也可能向上走至 84 美元价位处。事实上价格在我们计算的位置并没有停止，而是继续下探至 73 美元价位。然后一个小的反弹又将价位拉升至 89 美元。在西方联合公司股票（图 2-2）的头肩形态中，很好地体现了规则的准确性。不过在美国工业酒精公司股票（图 2-3）的顶部头肩形态中，规则计算的位置应该在 56 美元，而价格却直跌至 38 美元。在博登公司股票（图 2-4）、蒙哥马利·沃德公司股票（图 2-6）、杜邦公司股票（图 2-7）诸图的头肩形态中，规则都得到了很好的验证。不过，在伍尔沃斯公司股票（图 2-5）图中，按照规则计算，价格在此头肩形态的底部盘整前会达到 52 美元，而事实却是在 G 点即 50.5 美元处有个小的反转。

头肩形丈量原则的可靠性

回顾前几段中提到的例子，我们会很清楚地知道规则的可靠性。尽管这需要交易者去验证其他所有头肩形态。值得一提的是，在纽约电话公司股票（图9-8）走势图中，按照规则计算，40 美元价位应有一个盘整，但是在 41.25 美元附近却出现了一个反转。显然，这个规则很有用但也有许多例外。也就是说，我们还不能因为它而放弃许多其他的交易法则。在预测某一个即将暴涨点位，或者提供给我们其他可贵的机会时它将起到至关重要的作用。

三角形的丈量含义

倾向于用技术手段分析股市的研究人员，很多都想找到一些可靠的方法。这些方法可以在三角形形态中得到应用。一个很有意思的理论是这样的：在三角形形态中，价格一旦突破，从上一个盘整到达下一个盘整或反转前的距离是相同的。对于这样的理论我们不能不相信，这是基于上百个严格测试后得出的结论。之所以说这样的理论很有意思，是因为它看上去似乎可应用到任何情况中去。比如在霍利·休格股票走势图（图6-2）、公交公司股票走势图（图5-11）和电力船股票走势图（图6-1）中似乎都能讲得通。但是快速浏览其他三角形形态后得知，这个理论还是不适合于大多数情况。显然，它也不能应用于反转型三角形形态。以一个比较保守的方法来看，价格突破后移动的距离至少可以到三角形的边缘。这样看来，这种测算方法还不十分牢靠，但是我们可以依靠趋势或支撑位或阻力位的原理来推测。

作为丈量形态的旗形和三角旗形

尽管在三角形模式的估测中自由度很小，当我们在检验价格运动的时候，还是找到了一个完全不同的情形。当然，这是在两个相关的形态——旗形和三角旗形——完成之后。这两类形态一直很可靠，依靠它们得出的预测也是十分精确的。我们在第六章学到的旗形是在一种桅杆形——即一种几乎垂直向上或向下的价格运动通道之上的。从前面的盘整到旗形开始形成的点位这一段距离就是桅杆的长度。在多数情况下，这个长度预示着从前一个反转点开始的价格运动的范围。如迪尔公司股票走势图（图6-14），图中桅杆从57美元一直上升至75美元，而75美元也是旗形开始的起点。请注意这种方法只适用在此旗形的顶部。此旗形的底部在69美元价位形成，而价格正是从这个价位重新反弹快速上升的。从69美元升至87美元，上升了18个点位，达到了其近期目标。

仅适用于桅杆本身的评测方法

同样一个规则可以适用于各种类型的旗形和三角旗形。一个十分清晰的例子可以在国际收割机公司股票走势图中找到（图6-16）。这个例子再一次证明了在一个上升趋势中可以测量三角形形态的精确性。在此图中，可以比较的是从79美元到91美元的点位距离和从89美元到101美元的点位距离。不过请注意，为了检验评测方法，我们只是截取了桅杆本身的一段距离，而没有考虑任何价格运动的其他因素。至于灰狗汽车公司股票走势图（图6-15）形成于3月份的第一个旗形形态，我们只需评测从30美元开始的次反转即可；形成于4月末的第三个旗形我们也只需从39美元开始即可。

旗形规则并不预示着反转

灰狗汽车公司股票走势图（图6-15）可以证明旗形预测规则的另外一点。这个规则将会计算出价格运动的可能目标位，而且不会引起趋势反转或者一个稍微长一点的盘整。事实上只会有一个简单的盘整，然后继续向原来的方向加速拉升。这可以在1935年的灰狗汽车公司春季走势图中找到佐证。在灰狗汽车公司春季走势图中，柱状物（旗杆）相对较短，旗形相对较大。不过，若是柱状物（旗杆）较长，相对来说旗形就会小一些。因为人们会很自然地期望目标价格达到后价格运动会渐趋势微。总之，在实际操作中我们要善于运用这个原理，因为它适用于各种技术形态或理论的交易。如果价格运动如同我们期望的那样，那么旗形的"码尺"预示我们获利的价位已经到了，须立刻出仓，静待另外的时机。

半桅形盘整形态

旗形（以及三角旗形）是在快速价格运动中短线炒作出来的。但是它却经不起任何逻辑推敲，比如，为什么在大多数情况下这些形态出现在距离中间点不远的地方？当然，我们感兴趣的是是什么而不是为什么。不管什么原因，我们都已经发现了另外一个预测方法。这种方法的预测结果和旗形的预测结果一致。我们将这个方法命名为"半桅形横盘"。也许是因为很难将其分类，所以就给它这样一个称谓。它形成在柱状之上，是一个很紧凑的形态，一般有五天到三周的形成期，这取决于桅杆的长度。这种盘整会随着一个小的"立体"三角形或矩形的出现而发生，成交量也随之萎缩，大大出乎我们的预料。在某些情况下，它似乎可以和我们已经认识的任何一个形态联系起来。但是在任何情况下，它都是立体的、紧凑的，不会显示任何价格"下调"或价格区间放宽的迹象。它所能预测的只是价格能够按照同一方向快速前进以及前进到多远。至于何种价位才能获利，它能提供的线索少之又少。

半桅形盘整例子

在 1935 年下半年的西方联合电报公司股票走势图（图 10-1）中，我们可以发现一个近乎完美的例子。在横盘两个月之后，51～52 美元的阻力位于 10 月 4 日被报复性突破。股价以近乎垂直的形态直接逼近 64 美元大关并在那里盘整。随着成交量的下降，价格运动由此在这里形成了简单的盘整形态。直到 11 月 17 日，随着成交量上升，股价在不到两周内扶摇直上至 77 美元。从突破价位 52 美元到柱状顶部 62 美元，有 12 个点的距离，这就预示着下一次股价上升也应该是这个长度。这是一次很精确的预测。这种半桅形态看上去似乎和三角形形态有点类似，然而，它仅是一个很紧凑的盘整形态。如果手中没有这只股票，我们就会依照 12 月 2 日的图示的价格和成交量去购买股票。

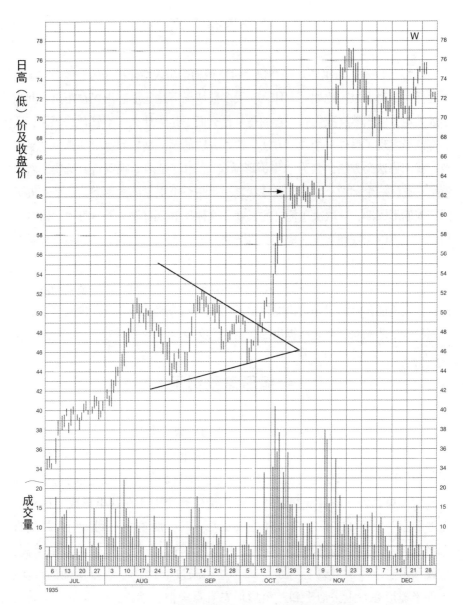

图 10-1　西方联合电报公司股票日线图

一个不很独特的例子

在 1936 年上半年美国橡胶公司股票走势图（图 10-2）中，包含着一个不错的例子。这个半桅形盘整形态形成于 3 月 21 日。在此个案中，股价以桅杆形从 19.5 美元上升至 27 美元，并在 26 美元附近开始了一周左右的盘整，这期间，成交量下降。这其实预示着一个向 34 美元的快速飙升即将启动。事实也的确如此，上冲在 3 月 24 日开始启动，不过当股价运动至 30 美元时迅速停止，只走了预测距离的一半。随后两周呈横盘状态，半桅形形态随着一个反转而迅速呈现。不过，在 4 月 8 日股价又出现突破并达到其预期目标。

半桅形形态的可靠性

尽管前文提及的两个半桅形形态的例子都被我们精确地计算出来，但是还是有必要在这里老话重提：不能盲目地依靠技术形态或其他手段。在股市的技术分析中，没有"绝对"或"从不"这样的字眼。半桅形形态和旗形形态的确是很可靠的手段，但是它们也有失误的时候。投资者在依照它们的提示进行投资的时候，必须随机应变以防不测。像旗形和三角旗形那样，半桅形盘整在上升或下降的趋势中都会出现，并且它所起到的作用是一样的。

测量理论应用于缺口

另外一套丈量理论是建立在缺口现象之上的。事实上，持续缺口因为其有效的丈量价值，而被称为"丈量调控"。有人相信缺口和股价运动是有某种程度的逻辑关联的。缺口本身就是大盘反常的证据，因此有从技术层面分析其好与坏的要求。只有分析出好与坏，才能得出价格上升还是下降的结论。不管符不符合逻辑，我们都曾发现没有任何一个缺口理论值得百分之百的信任。不过，其中的两条理论是值得我们探讨的，因为这两条理论的确阐述了价格运动的丈量方法。

图 10-2　美国橡胶公司股票日线图

单缺口测量理论

假设某图中有持续缺口，并且随之有突破现象并伴随着或快或慢的价格波动（见图 7-14 及相关分析）。按照缺口理论，这种波动会从一个缺口到另一个缺口，大概距离就相当于从顶部到第一次缺口的距离。换言之，第一次缺口的发生会在股价波动到目标位 40%～50% 的时候。在应用此理论时，大家务必要注意，在跌势中缺口会经常出现，而且基本没有技术分析的必要性。我们可在美国钢铁公司股票走势图（图 10-3）中找到调控理论的例子。在 1936 年 1 月份一直没有缺口出现，那个月底股价突破了等边三角形形态的上腰，并伴随着成交量的增长，但并没有主力"奔逃"的迹象。股价在 2 月 10 日蓄势上扬，上升了 4 个价位，接近 55.5 美元价位。第二天，强大的上升惯性直接将股价拉升至 58.5 美元价位开盘，留下了将近一个点位的缺口。从 49 美元突破到 56 美元缺口，整整有 7 个点的距离。按照单个缺口理论，还会有一个 7 到 10 个点位的上升空间。这将会使股价跃升至 63～66 美元的位置。而这个位置是我们判断是否会出现盘整或反转的位置。一如我们的判断，美国钢铁公司股票的确上升至 65 美元价位。

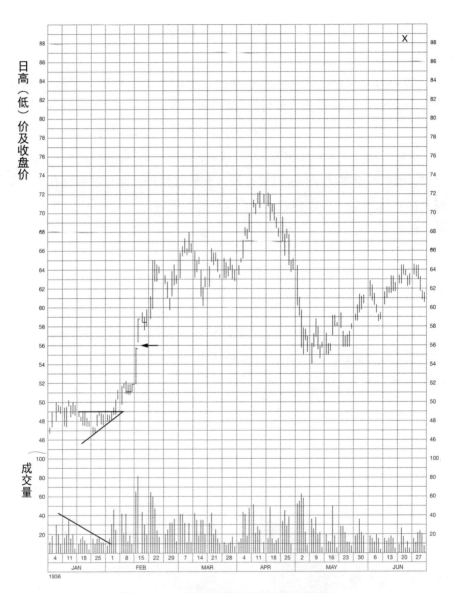

图 10-3　美国钢铁公司股票日线图

缺口之后的各种趋势变化

现在，似乎只要研究人员拥有足够多的历史走势图，就能找到数量可观的例子来验证任何的丈量方法。想找到这些例子的确也不难。在实际应用中，当缺口出现时，我们面临着这样的困难：哪一个价位可以作为股价运动的开始呢？从哪一个价位开始丈量呢？同时，我们也不能迅速而果断地判断我们面对的是持续缺口还是衰竭缺口。最后，即便我们确定了股价运动的出发点，也识别出缺口属于持续性类型，我们还是无法找到随后的波动界限。单个缺口出现在新泽西标准石油公司股票（图5-5）和通用剧院设备集团公司股票的（图4-12）走势图中，前者缺口出现在4月22日和23日的跌势中，它是随着头肩形态而出现的。随后一周中，价格波动在10.5美元打破了颈线（从1月29日到3月13日的连接），缺口出现在10美元附近。按照缺口理论，接下来会有一轮快速下跌。事实的确如此，价格波动一天内就下降了4个点位。

一个不易解释的例子

在新泽西标准石油公司股票走势图（图5-5）中，3月24日和25日有一个很清晰的缺口，并且明显属于持续缺口。在应用规则前，首先要找出波动的起始点。最安全，当然也是最保守的价位，应该在缺口下方67美元处，用我们的理论从这里就能很好地计算出下一个盘整位置。再仔细观察这张走势图，在64美元价位发生了一个更加重要的突破。在这个价位上，下降的中期趋势线所连接的1月份和2月份的交易量的高点被突破。再往前看，缺口所在的那个快速上升趋势是从61美元价位开始的。按照我们的理论，在反转之前股价会持续上升至79~84美元之间。从80美元的第一次反转开始，就一直应验着我们的预测。

交易者们也可以参考下面的例子，这些例子出现在我们前面课程提供的走势图中，有些验证了这些理论，有些不能验证。

图 1-1——7 月 28 日趋势线突破之后在 131 美元价位形成的四分之一点缺口。

图 2-1——8 月下旬在 118 美元价位的大缺口。

图 2-3——3 月下旬在 58 美元价位的小缺口。

图 5-13——10 月在 112 美元价位的缺口。

图 6-8——8 月 10 日前的一周在 10.5 美元价位的缺口。

也许没必要在对单一缺口原则进行探讨时提醒大家：如果一个缺口很快被覆盖，它就可以被忽视，不作为丈量的基础。

多重缺口理论

在前文中，我们研究了在正常价格波动中可以应用到单个缺口形态的丈量方法。不过，如果一个波动以一个突破缺口开始，随后还有持续缺口，那么正常的逻辑是，后面应该有一个更大的技术变化需要我们面对。我们也期望能追踪一个更长期的股价运动。这些在多重缺口理论里都有所提及。按照此理论，股价在第二次缺口上方运动的距离应该是第一次和第二次距离的两倍。在美国工业酒精公司股票走势图（图 7-15）中可以得到很好的验证。5 月 19 日，价格突破了等边三角形的下边线，并出现了一个突破缺口，随后即出现了一个持续缺口。第一次突破是在 45 美元，第二次出现在 41.5 美元，两个价位差值为 3.5 美元，两倍就是 7 美元。正如预测的那样，股价直跌至 34.5 美元，并在 33.5 美元横盘。

两个持续缺口的应用

同样的测量规则不仅可用于一个突破缺口和一个突破缺口再加上持续缺口的情况，也可用于在价格快速波动中出现两个持续缺口的情况，至少在理论上，只要在波动中持续缺口继续出现的话，就可以不稳定地连续进行。当然，常识告诉我们，任何非正常的急速变化，其结果必定棘手，而一不留神就会过度买进或卖出。因此，我们不应过分依赖基于变化进行的丈量，出现衰竭缺口的风险总是存在的。

丈量缺口分析的有效例子

要应用多重缺口规则分析持续缺口，还是来看一下我们的老朋友，伍尔沃斯公司的股票走势图（图 7-14）。第一次检验规则的机会出现在当突破缺口 A 之后立即出现了持续缺口 B 的时候。这两个缺口之差接近 1.5 美元，因此据它们的预测是股份继续上扬大约 3 美元，在第二个缺口 56.5 美元的水平上上扬，目标可能是 59.5 美元，缺口 B 后紧随缺口 C 给我们提供了一个新的丈量起点。这些计算的细节很简单，我们暂且跳过，留给交易者去计算。我们现在有了新的预测，即价格会继续上扬到 60 美元范围内的某点，这一预测在短期内就很快被证实了。下一次证实规则的机会出现在 3 天后当 E 点的突破缺口在 62 美元的水平上紧随着另一个缺口。这种组合按理可预测股价应该上扬到 65 美元，但是却发展出一个小的岛形反转，在没有反弹之前，价格跌回了 E 处缺口的支撑线。可以看到，预测的结果和规则都失败了。另一个检验是在缺口 F 后紧接着缺口 G，根据我们的规则，预测的结果应当是达到约 71.5 美元，但可以看出，这种预测结果没能出现。然而，这个阶段的量使得 H 处的缺口也显得很可疑，像一个衰竭缺口，我们仍然期望会出现更大的变化。但当第二天缺口结束时，其衰竭的特征已确立无疑。

多重缺口规则的可靠性

伍尔沃斯公司的股票走势图让我们对多重缺口丈量理论进行了一番检验，并进一步证明了对于任何形态发展的结果都需要谨慎。这表明，我们不应当过分依赖丈量规则。而是应当密切注意走势图变化，关注出现其他技术形态的迹象，一旦出现任何让人担忧的因素，就要立即舍弃原来的预测。我们在第七章探讨的区分持续缺口和衰竭缺口的困难，进一步强调了盲目依赖多重缺口规则的风险。

克莱斯勒汽车公司股票走势图（图4-7）也可以用来进行研究，以探讨当两个缺口间隔较远，已具有丈量意义时，多重缺口规则的应用。一般说来，两个缺口间隔越近，对它们丈量所做出的预测越可靠。

丈量中的时间因素

在我们结束丈量规则的讨论之前，再次重申：我们还没有发现任何一种时间循环理论在实际交易中是可靠的。对时间理论的研究是诱人的，它吸引了交易者对其进行详尽的研究，但迄今为止还没有发现一种可靠的时间规则。

虚假突破与洗盘

前几章常从各个方面提及虚假突破与盘整，但直到现在，我们还没有详细解释这一现象。即使不大常见，这样的变化的确时有发生，而且很容易对分析产生误导（至少对新手来说是这样的）。下面将给予详细说明。

就走势图分析来说，这两个词"虚假突破"和"震荡"的实际区别微乎其微，事实上，许多交易者对这两个词不加区别，都用来描述同样的情形，对把它们互换使用我们没有什么异议。

虽然细究起来，"虚假突破"这个词和"震荡"相比更多用来指时间较长的价格变化，后者通常多指一两天的变化（类似于一日反转或一日反常），而虚假突破不太剧烈，可能跨度超过一周或更长时间。洗盘可能发生在任何时候，可以在形态之内也可在形态之外，而虚假突破通常被认为是指那些非决定性的莫名其妙的情形，其价格变化相对不大，却和确定的技术形态走势相悖，即和后来真实的或长久的走势不相符。有人认为洗盘肯定是炒作者在操纵以"混淆"散户的视听，在价格开始上涨之前要套取止损单或造出下跌的声势，而虚假突破一般是市场不明朗或缺乏职业行为而引起的。

走势图中最混淆视听的大敌

在任何情况下，我们对结果的关心胜过对原因的关心。在这个研究中，我们使用了"虚假突破"这个词来描述所有那些导致或似乎导致错误预测的价格走势。如果这些波动走得够远（就价格波动而言），且伴随着放大的成交量，那么它们就成了走势图分析和实际交易中所有价格形态的最危险、最麻烦的大敌了。它们看上去真的很像一个涨势，引导我们在市场上采取行动，但随后会发现这是错误的。这样一来，就会导致实际交易中的损失和思想上的混乱。即使它们没有呈现出有效上扬的所有特征，也会混淆视听，引起混乱，至少暂时让人对依据走势图形态进行实际交易的整个理论产生怀疑。比如一只股票明显可靠的下跌反转形态最终形成了，各种迹象表明这是一个长期下跌的开端，在市场上有利可图。但是就在这只股票看上去最疲软，并准备开始大幅下跌的时候，价格在几天之内突然猛涨了几点。这个变化完全和我们的技术分析规则相悖，不过，即使没有经过实践，我们也经常听到提醒说走势图形态规则不会是百分之百正确的，有时它们也会出错，一旦出错，随后的走势就会和原来预测的完全相反。显而易见，这种在预测大势走低的情况下的突然上扬，即使规模不大，也会影响所有精心制订的计划，并在实习研究人员和实际交易者中引起思想混乱。

这样的虚假变化会让普通交易者心烦意乱，令他觉得他的走势图完全失效了，分析证明也是错误的，他应当改变自己的预测，从大势下跌变为大势上涨。可以想象，如果就在他改变了原来的分析时，虚假走势结束了，股票又开始下跌，并按他原来预测的那样开始了长期明显的，而且有利可图的下跌，这时分析者的分析判断力就会变得一塌糊涂。

所幸产生误导的虚假突破不多

只要利用走势图形态进行确定的分析，任何情况下都可能出现虚假突破，这就实际上意味着前几章中认识的具有预测价值的任何结构都可能出现虚假突破。所幸的是，只要我们按照前面学习的有效突破形态标准，对其进行"严格检验"的话，大多数虚假突破是不会误导我们的。不过，我们既要注意那些不会误导我们采取错误对策的虚假突破，也要注意那些不常见的会误导我们的情况，而且这应当成为我们的首要关注点，因为它们会让我们做出错误的预测。我们必须学会辨认它们、提防它们，不仅要减少可能的损失，而且要完善我们对股票价格动向方面的知识，以避免对我们的预测方法失去信心。

三角形最易出现虚假突破

我们已经知道三角形虽然多半是持续形态，但它们实际既有持续形态，也有反转形态。这样的双重形态往往会阻碍我们迅速做出预测，只有当这个三角形形成，走势已经被其突破形态所暗示时才能对下一个重大走势做出预测。这就使得三角形形态特别容易受虚假突破影响，造成混淆。另外，单纯从逻辑出发，我们也会料到虚假突破的出现和三角形有很大关系，特别是三角形的顶点，因为在三角形顶点快要形成时，变化特别不活跃，价格波动很小，只要对技术现状的把握稍微走偏，就会出现奇特的暂时虚假价格走势。在这种情况下，一个专业操盘手也很容易操纵制造出虚假突破。我们并不是指所有的虚假突破都和专业人士故意操纵有关，但是其中一部分的确是操纵的结果。

普通对称三角形的虚假突破

1936年通用汽车公司股票走势图上（图10-4），显示了一个对称三角形引发虚假突破的典型案例。这个例子可以归为虚假突破中"正常"的类型，一般不会引起错误预测。注意4月30日到6月1日价格波动所形成的对称三角形，当这一形态要形成顶点时，成交量下降。到6月1日时，三角形变得非常狭窄，以致任何正常价格波动都不可避免地会穿透它的一条边。事实上，较低的一边是在 6 月 2 日被穿透的，价格不稳定地下跌了 3 天，在 4 日和 5 日收于 61 美元，比跌破三角形边线前低 1 美元。然后这一趋势开始反转，也很不稳定，直到 6 月 10 日价格升高了 1.5 美元，在三角形顶点上方收盘，之后就继续了大幅上扬走势。现在请密切注意参与这一演变过程的成交量，在价格波动低于三角形的整整一周，交易清淡，成交量低于图上以前的任何一周，但是当价格开始上扬时，就在三角形顶点价位被向上穿透的那一天，成交量显著上升。

多数虚假突破成交量极低

如上所述，这个例子表明：当正常的、欺骗性较小的虚假突破向错误方向运行时，成交量停留在低水平；当真实趋势出现时，成交量增加。我们可以看到，在这个例子中，虚假突破没有显示有效的突破信号，价格运动不确定，成交量没有放大，没有我们预期的伴随着对称三角形的完整突破。因此，如果在这段时间跟踪通用汽车公司的股票，我们可能会对 6 月 6 日前那一周的价格变化有所关注，但一般不至于做出下跌趋势的预测。仔细关注成交量，我们应当怀疑这是一个虚假突破。当成交量在接下来的一周增大时，就会证实我们的怀疑，使我们对价格上扬做出正确预测。

成交量大的特殊虚假突破

一个产生于对称三角形的、不寻常的、更加具有欺骗性的典型虚假突破出现在海勒姆·沃克公司股票走势图上（图 10-5）。在这个案例中，三角形是在 8 月 5 日形成的，价格在周末前不确定地向一侧运动。周六成交量增加，价格开始下跌；但是到下周二即 8 月 11 日时，价格和成交量变化都表明有一个向下的有效突破，预示价格会进一步下跌。然而，第二天虽然成交量更大了，价格却没有下跌，两天以后价格开始上扬，并接近了顶点价位，星期六（8 月 15 日）上涨了 1.5 美元，且成交量惊人，后面留下了一个整点的突破缺口。

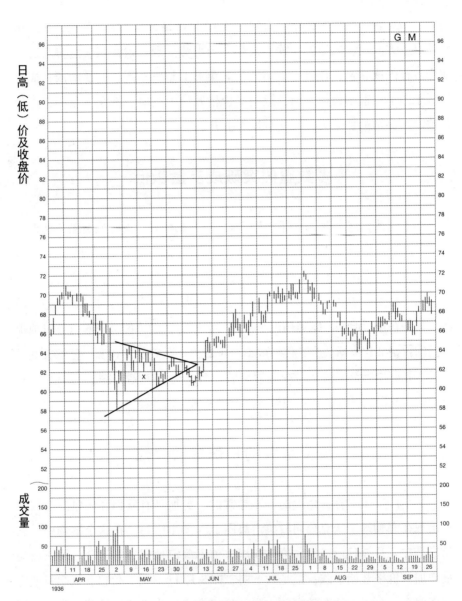

图 10-4　通用汽车公司股票日线图

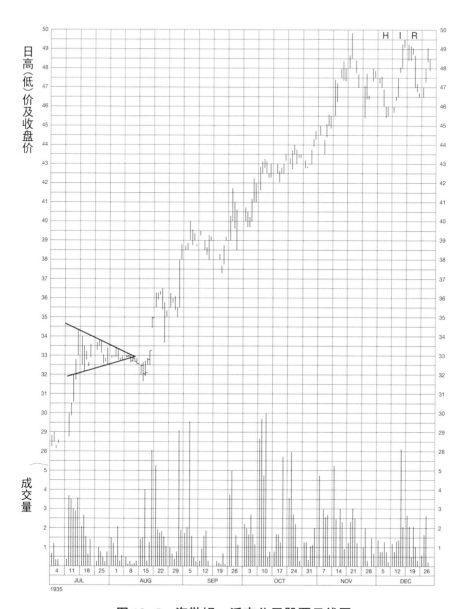

图 10-5　海勒姆·沃克公司股票日线图

海勒姆·沃克公司后面的走势就无须评论了，从 8 月 8 日到 8 月 12 日的价格走势是最危险的、能引起混乱的虚假突破，没有任何线索显露出其真正的特性。照其操作的交易者只能在真正趋势显露时尽快改变措施，认赔出局，以待再战。我们观察完整的走势图会发现，有充分证据表明，这一虚假突破肯定有专业人士操纵，目的是要震出缺乏信心者手中的股票，从而增加自己的筹码，以便开始抬价。简言之，这就是我们称之为"洗盘"的行情，所幸的是，对于技术型交易者来说，在如今的市场上，这种情况极少出现，一般会很快就显露出真正趋势的迹象。我们在后面探讨洗盘积极的一面时要提及这一点。

直角三角形中的虚假突破

上面两个例子表明，虚假突破出自对称三角形，而且值得注意的是，每次都出现在形态已经完成了其顶点的时候。在同样的情况下，虚假突破也会出自直角三角形，不过自然不那么容易误导我们，因为任何与价格走势相反的波动都会明显地引起怀疑。在前面的课程中，我们在涉及阿纳康达铜业公司股票的上升三角形（图 6-4）时，偶然提到了这样一个虚假突破，建议交易者们返回前面阅读涉及这个虚假突破的走势图和评论。阿纳康达铜业公司股票的形态明显显示了其上升趋势，以及最终的向上突破。因此，我们看到1936 年 1 月 17 日到 21 日的走势与形态预测的相反，并考虑到参与其中的成交量低时，应当不会被误导。在走势图上没有出现更加明确的迹象之前，我们不会放弃做多的策略去进行卖空操作。应当强调，这一类上升三角形所带来的虚假突破很少能"打乱"形态或引起重新界定边线。

出自矩形的虚假突破

我们已经认定矩形是特别可靠的预测形态，因此任何出自矩形形态的虚假突破都会具有很强的欺骗性，事实的确如此。我们应当知道，和矩形相关的虚假突破绝少发生，但一旦发生，就特别容易误导分析者。美国机械与铸造公司股票走势图上（图 10-6）显示了这样一个例子。这只股票从 1935 年 6 月 8 日到 8 月 25 日的价格活动构成了一个矩形，在这一阶段的最后一个星期，成交量明显减少，预示即将出现突破。8 月 27 日，价格跌破下边线到了 23 美元，以日内最低价 22.25 美元收盘，成交量有相当的增加。此时具有了有效突破的各种迹象，只是没有走出我们希望的一个整点的价格波动幅度。第二天也没能继续这一走势。然后成交量又接近一周最低，价格不确定。到 9 月 9 日强上扬趋势形成，9 月 11 日产生了有效突破，并伴随着高成交量，随后出现了稳定的上扬。

虚假突破与线外走势

如果技术型交易者遇到伴随着成交量增加的出自矩形的虚假突破时认为自己遇到了真突破，那就更加危险了。例如美国机械与铸造公司股票走势图（图 10-6）9 月 6 日在矩形范围内收盘，分析者在逻辑上会认为之前向下的突破预示着最终真正趋势的突破，那么后来相反方向的突破就会完全出乎意外，令人措手不及。

头肩形后边的虚假突破

另一种罕见的虚假突破也具有很高的欺骗性，就是价格突破了头肩形的颈线后却不继续发展以实现这个形态所预测的趋势。纽约电话公司股票走势图上（图 9-8）出现了这种现象的例子。7 月 23 日到 8 月 21 日价格变化形成头肩形，左肩形成于 7 月 28 日，头部形成于 8 月 6 日，右肩形成于 8 月 19 日。这个形态的颈线稍微向上倾斜，于 8 月 21 日被突破，成交量增加，价格下跌到 39 美元，几乎以日内最低点收盘。这已经接近了一整点的穿透，如果考虑成交量和收盘价的话，实际已经足以称作有效突破了。然而，第二天价格回升，在颈线处收盘，没再跌破颈线。8 月 27 日，随着成交量的增加，强势上扬开始显现。

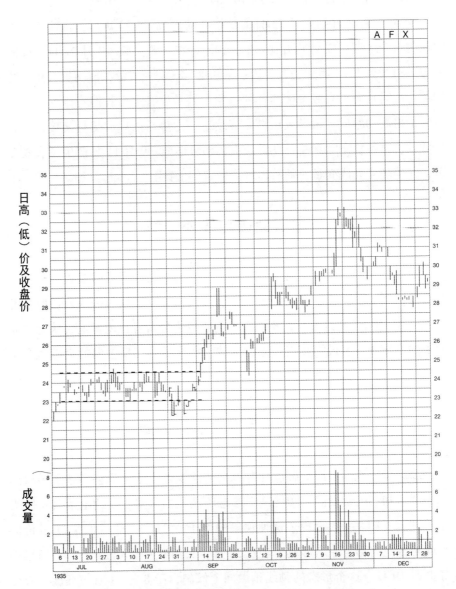

图 10-6 美国机械与铸造公司股票日线图

提防虚假突破

交易者看到上面的论述也许会问，我们是否常常处于被误导的风险中。坦率地说，在某种程度上答案是"YES"，极端的虚假突破防不胜防。但是和那些我们可以预防的正常的虚假突破相比，极端的类型并不常见。

我们已经注意到，提防一般的虚假突破，其中的一个措施就是密切观察成交量。大部分情况下，在一个形态的波动中成交量趋于增加，或突破了图中的某些关键线，那么很可能这个走势是真实的。如果成交量低，或趋于降低，那么这个走势可能是虚假的。这是符合逻辑的，因为如果专业人士准备操纵一只股票使其发生长期重大变化时，他们已经清理了这只股票目前可以得到的绝大部分，在这个阶段不需要多大的成交量就可以让股票走势发生改变。如果一个操盘手现在想要制造一个虚假突破的话，他不会使用超过目前所必要的量，因为他不愿意无谓牺牲自己宝贵的利益。如果他们操纵的虚假突破正遇上大家都希望减少成交量的趋势，而不是像他们希望的那样增加成交量，他们当然就会降低其欺骗策略，事情往往是这个样子的。如果相反，形态波动就是真的，专业人士知道他们必须大胆行动，赶在这个走势吸引其他交易者之前完成自己的市场策略。

伴随高成交量的洗盘

对于低成交量意味着虚假突破，高成交量意味着真实趋势这个规则，有一个明显的例外，就是单日反转或日内反转。这类交易日的标志是几乎一整天成交量都很高，早晨价格开始于一个方向，成交量反转，接着中午又返回到早晨的水平。当这种日内反转突破了一个形态，那么很可能就是洗盘的特点了。在任何情况下，这个反转都容易分辨，反转发生在一日内，表明早期走势是虚假的，至少最近的趋势方向可能是相反的。当然，我们很容易看到，这种简短洗盘很少能把价格带出一个形态，构成一个可靠突破的信号，特别是当我们需要价格不仅要跳出这一形态，而且收盘时要大幅跳出时。

突破规则的严格构成

总之，提防普通形式的虚假突破，就要对所有突破都采取严格保守的态度，不仅对成交量，而且对价格波动程度以及收盘水平都一样。如果除了符合所有的这些条件外，这次突破还伴随着突破缺口（在一只股票中这样的缺口不常出现），我们当然就可以对真正的走势抱有双倍的信心了。

与此相关，还需再次提醒大家，在除息日或除权日之后一两天内突破形态的情况都可以置之不理，除非随后由于更长久的稳定因素，价格和成交量变化对该趋势加以确认。如果该突破的成交量并没有放大，且价格下跌的量接近股票"除权"量的话，情况更是如此。国际收割机公司股票（图6-16）9月19日那一周的成交量表现就是除息引发的虚假突破的例子。

使用止损单提防虚假突破

我们根据经验可以知道，使用止损单在大部分市场交易中的实际好处。作为一种提防手段，提防那些看上去价格和成交量都显示为有效突破的、罕见的，且极具欺骗性的虚假突破，正确地下止损单是十分重要的。不幸的是，人们经常引用的使用止损单的缺点之一，就是止损单也可能受那些极端虚假突破和洗盘的欺骗。承认了这种风险，特别是不恰当地下止损单的风险，我们反而认为应当经常使用止损单。

下止损单时应当注意减少在真正的趋势之外对其使用的风险，这就意味着止损单必须设置得足够远，以把它们被洗盘"震出"的概率降到最低。与我们在此所做的对虚假突破研究的参考价值相比，经验以及对设置止损单的基本原则的理解更值得考虑。我们会在这一章稍后对此加以仔细研究，研究时要想到虚假突破的可能性。

虚假突破有其乐观的一面

我们一旦观察了走势图上虚假突破的发展，并清楚地对其加以辨认，就可能得出一个令人高兴的结论：在一个形态中很少能有一个以上的虚假突破。因此，我们就可以得到比较可靠的保证，在相反的方向上不会再遇到虚假突破。由于这个原因，许多根据走势图进行操作的交易者就会欢迎虚假突破，因为具有决定性意义的价格活动应当在相反的趋势中，而一旦虚假突破得以完成，真正的走势就会开始。因而，虽然虚假突破发生时会令人困惑，但是它实际上是一个伪装的朋友，当价格开始按照真实趋势运行时，就可以信心十足地执行我们的计划了。

概括说来，虚假突破在走势图中可能随时出现，我们应时刻提防。虽然它们可能出现在任何种类的形态中，但似乎在三角形的顶点附近出现得较多，并且常见的特征是成交量小、价格活动不稳定。而面对各种花样的洗盘，我们没有多少提防能力，只有改变策略，并在之后采取技术措施加以补救，不过这种非常规洗盘非常罕见。总之，虚假突破并没有那么可怕，一旦认清了它们的本质，就可以变害为利。

走势中断并非虚假突破

价格活动的某种现象偶尔会出现在走势图上，也可能出现在表面分析中，和我们刚研究过的虚假突破有关，这就是走势中断。当价格走势在一个非常明显的形态中，出现了完美的、有效的突破，在相反的方向上走出一个反转行情，我们称其为"走势中断"。这种走势中断的典型例子出现在肯尼科特铜业公司股票1936年上半年的走势图上（图10-7），这只股票在2月19日到4月4日之间形成了一个明显的上升整理三角形，在39美元价位形成了一个严格意义上的顶或阻力线。4月6日这一形态被突破，走势图上的各种迹象都表明要有一个大幅上扬，然而这个趋势在 41.5 美元价位处很快逆转，随后开始快速下跌，一直跌破前面上升三角形顶点形成的自然支撑位，继续下跌到 33.5 美元，下跌了 8 美元，接近 20%。这种下挫发生在像肯尼科特这样的市场巨头身上，其发生的时间恰逢大盘中期回落，受其影响有些指数下挫了 30%，无疑这也是肯尼科特股票下挫的原因。肯尼科特已经准备要上扬了，而且初露锋芒，但它无力长时间抵抗住清仓出货的压力，于是就发生了下挫现象。不过这只股票的强势是显而易见的，2 月至 3 月的强势形态后来得以全面实现，市场调整后，肯尼科特股票迅速复原，随之上扬，在 11 月份达到了 63 美元。走势中断有时是有迹可寻的，可以追踪到前面接近突破水平的明显的阻力位或支撑位。对以往这些案例的研究，警示我们要提防对形态趋势的过分依赖。在肯尼科特的股票走势图上，以前的历史表明可能在 41~42 美元的区域中遇到强阻力，上扬的势头可能在这里停留一段时间，但是下挫的价位达到了 33.5 美元，就不是这个理由可以解释得了的。

当受大盘或整个行业的重要基本因素的影响而出现走势中断时，形态预示的强势支撑线和阻力线被突破，对我们来说是一个明显的警告，我们应当尽量减少损失，旁观形势，等待情况明朗。在肯尼科特的案例中，4 月 20 日至 23 日的价格和成交量是决定性的，如果这只股票的基础情况不像以前技术形态显示的那么强的话，下挫的幅度很可能还要大得多。

像虚假突破一样，走势中断也不常见，但是认识它们的实质，准备在它们出现时及时做出反应是很重要的。

图 10-7 肯尼科特铜业公司股票日线图

止损单

我们在研究虚假突破时提到过使用止损单来防御风险，但这只是止损单众多用途中的一个方面。止损单的名称显示其首要目的就是把损失降到最低，除此之外，它在遇到意外逆转的趋势时可以保护交易中的既得利益。总之，止损单最广泛和最重要的用途就是自动地实施一个基本原则，也就是古老的市场格言所表述的"砍掉损失，让利润奔跑"。不过"不幸"的是，一般没有经验的交易者太容易满足于小的利润，而他们的损失却在一次次不成功的交易中累积到了严重的地步，这是常见现象，也是人之常情。这种错误的策略就是经纪人经常议论的一个事实，也就是他们大部分客户的单笔交易是赢利的，但令人郁闷的是经过相当一段时间以后，他们账户上显示的余额却是净损失，几次大损失就抵消了许多次的小利润。在每次无论长期还是短期的委托交易时经常习惯性地使用止损单就会改变这一趋势。止损单如果使用合理，就会把原始资本的损失减少到最低，保护你的整个资本，并在形势有利时进行交易，逐步自然地增加你的交易利润，把大笔的利润变为现实。

止损单的机制

止损单，严格用交易中的技术语言来说就是"停止"交易的指令，是给你的经纪人的指令，让他在某只股票的交易记录达到或超过某一价位时购入（或出售）一定量的这只股票。止损单只有在这只股票达到或超过规定的价位之后才执行。例如，你在 50 美元价位买入了 100 股美国钢铁的股票，如果它的价位跌至 48 美元或更低时，你就不想再持有这些股票了，因为它一旦降到这个水平就会改变技术图形，并预示着价格会跌得更低。这时，为了保证你的股票能及时脱手，你就可以在 48 美元价位给你的经纪人设置止损单，让他"执行，除非我提出撤销"。这个指令记录在他的日志上，直到你撤销或等美国钢铁公司股票的交易价格跌至 48 美元或更低时执行。价格下降到 48.5 美元也不会对它有任何影响，但一旦有 48 美元或低于 48 美元的交易出现，你的止损单就会变为正常的市场指令，你的经纪人就会尽快把你的 100 股钢铁股份出手。

如果你的止损单要求出售"零星股票"（对于大多数股票来说任何不足 100 股的），你的指令就会在价格超过规定价位整数交易的 1/8 处执行。交易活跃股票的止损单通常是在非常接近规定的"叫停"价格时执行指令，但是对于那些交易不活跃的股票，如果开盘时受到了重大意外消息的影响，止损单可能会在和你的要求相差几点处执行，当然，这种情况多数是让人沮丧的执行情况（超过了你的限度几点），但是这不应该阻碍你在以后的交易活动中继续使用止损单，因为结果总是表明，使用止损单永远是正确的。

什么时候设置止损单

有一个涉及止损单问题的答案是明确的，这就是什么时候设置止损单。止损单应当在你开始交易之时就设置，最晚也在你从你的经纪人那里注意到你的常规指令已经得以执行的时候。这条规则没有例外。你设置止损单时的头脑判断，一定会比你进行交易时，或以后当你承受着市场波动的压力和困惑，也许还听到各种消息，担心受损失时的头脑要清楚得多。当你看到一个明显的技术形态，例如一个来自反转或持续形态的有效缺口——这一缺口保证了安全交易，你同时应当检查图形，决定价格走势在相反方向的什么水平上会表明你的预测是错误的，超过这个限度，你就要调整策略。然后就可以在这个价位上，指示你的经纪人买卖股票的同时设置止损单。

变更止损单

一旦设置了止损单，就不应当改变，除非在你买卖股票的走势方向上定的价位太远，且从这些价位已经看到了预期利润。如果你的预测告诉你应当改变你的止损单，要记住提醒自己，你的第一份止损单的目的就是要把可能的损失降到最低。如果不是为了确保利润，一般不要改变。如果已经买入并在比买入价低的位置设置了止损单，那么止损单的设置点要低于你的交易价格，后续可以把这个点提高，但绝不要降低。反之，如果你刚刚进行了卖空操作，并在高于你交易价格的地方设置了止损点，随着利润的增多，可以把这个点调低，但绝不要提高。

在什么地方设置止损单

在设置止损单的问题上有许多规则，我们承认任何规则，即使是刻板的算法也比没有规则要好，不过正确的设置止损单的方法，应当主要遵从我们在这门课程中研究的技术图形。毕竟，原则是简单的。止损单是用来在我们预测有误，或趋势出乎意料发生变化时，让我们迅速自动地摆脱"糟糕交易"的。因此，止损单的设置应当能预防价格走势和我们原来的预测相反，预防原来被认为是有利于我们的趋势现在变得对我们不利。同时，它们的设置还应当不至于对我们的基本预测造成影响，或被大势并没有和我们的预测相逆的一些小幅波动"诱发"。

实施这些原则并不难，我们可以通过参考一个具体的例子来学习这些规则。让我们先来研究一个看涨交易，看在什么地方设置止损单来对其进行保护为佳。假如我们认为美国橡胶公司 1936 年秋天的普通股有上扬的趋势，有获利的可能。图 10-8 显示，8 至 9 月份这只股票形成了对称三角形。9 月 23 日价格上涨突破了形态，同时成交量明显放大。虽然收盘价格没有幅度明显的上涨，但各种迹象表明应当立即购入，特别是考虑到当时大盘正处于主循环上升期。

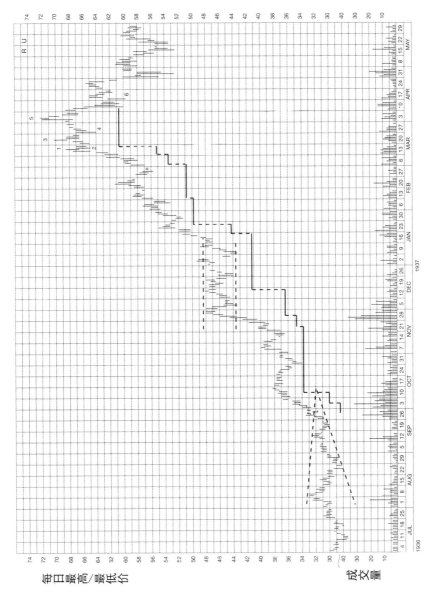

图10-8 美国橡胶公司股票日线图

规则在看涨交易中的应用

在买进时，我们坚信美国橡胶的强劲上扬势头已经开始，但是我们还得提防这也可能是假突破。如果我们遇到了线外走势，购买最终是会获利的，但必须持股一段时间，同时价格可能回落到形态之中。在这种情况下价格应当不会大幅下跌到低于上次下跌的底部，或下跌到 9 月 19 日形态反转的价位 30 美元。但我们必须为剧烈的洗盘留出一些余地来，经验告诉我们，余地的大小应当相当于股票价值的 5%。就美国橡胶而言，这只股票的底在 30 美元价位处，它的 5% 约为 1.5 美元，因此我们止损单的设置应当在 30 美元向下 1.5 美元处，也就是 28.5 美元。这些定了以后，我们会在 9 月 24 日给我们的经纪人指令，让他在市场上购入美国橡胶，同时设置 28.5 美元为止损点。9 月 25 日价格果然有所回落，落回了形态之内，但第二天又转为上扬并迅速走高，28.5 美元的止损点不会执行。在继续跟踪美国橡胶之前，也许应当思考一下我们前面提到的幅度为 5% 的余地。对于售价在 10 美元范围内的股票，5% 应当是半点；50 美元范围内的，两点半；80 美元范围内的，四点。以此类推。当然，这是人为定的数字，因此，就像本课程中所有其他人为的突破和丈量规则一样，应当加以检验和证实。如果我们面对的股票习惯波动范围不大，如通用汽车股票，我们就可以把余地幅度降低，让其低于 5%；相反，如果我们面对的是像钒钢公司这样波动范围较大的股票，我们的余地幅度也可以大一些，比如说 8%。研究一只股票过去的历史，能够了解其有什么与众不同的特点，可能会出现什么特殊的情况。

止损单的第一次波动

现在我们回到美国橡胶的交易上来，考虑下一步的止损策略。该例子并不是一个非常好的预测形态，会有一些小的下挫、缺口、持续形态及"交易密集"或不确定偏离趋向，这些现象建立起了新的小支撑点，给我们提供了设置新止损单的依据。在美国橡胶公司这只股票中，我们已经经历了这样的情况——9月25日下挫到31.5美元，等价格上扬，远远偏离了这一形态后，我们可以在30美元处设置新的止损单，在这次小幅回落的最低点之下——29.88美元更好，因为把止损点设在诸如比25美元、30美元、50美元等整数稍低是一种很好的做法，洗盘往往在这些整数点处停下来。

但是我们还有一个问题，洗盘后多长时间就可以安全地更改止损单呢？我们还得再次人为地设定规则，作为我们的总体指导思想，并在对股票习性研究的过程中加以验证。我们的规则是等待，直到两天的价格波动完全超出了我们原来设置止损单的形态，这时我们来设置新的止损标准。如果我们是在上扬的趋势中操作，就像美国橡胶公司股票的例子，我们会等到两天的低价高于价格回落时的最高价。在这一例子中，下挫日9月25日的最高价是32.75美元，第一次两天价格波动完全超出这个价位的日子是9月29日和30日。那么在10月1日我们就可以撤掉原来购入这一股票时设置的28.5美元的止损点，在29.88美元处设置新的止损点。

这个"两天之后"的原则（在能做出正确判断时可以根据具体情况有所波动），既适用于上行的趋势也适用于下行的趋势，既可用于缺口，也可用于我们依据其设置止损单的走势图形态以及小幅反转。我们将会把这一原则用于跟踪的美国橡胶的交易中。切记在设置新的止损单时要撤销以前的止损单，否则经纪人的日志上两项都会有记录，在以后的日子里两个都会执行。如果你没有指令，经纪人是不会撤销以前的止损单的，只要没有撤销，经纪人就得执行。

缺口提供一个新的基点

经过9月25日的小幅下挫之后，美国橡胶公司股票的价格稳步上升，在10月3日之前，没有任何预示让我们再次更改止损单。10月3日的价格活动产生出一个从35.5美元到36美元的半点缺口，我们知道，持续缺口构成了小型支撑线和阻力线，通常不会被轻易突破，除非大趋势上发生变化。不过在更改 29.88 美元处的止损单之前，我们还应当应用"两天之后"的原则。这个缺口的高点是 36 美元，在 10 月 7 日之前两天的价格波动幅度完全超出了这个价位，10 月 8 日就可以撤销我们在 29.88 美元处的止损单，在 33.75 美元处，也就是在缺口底部 35.5 美元下面的 5% 处设置新的止损单。这之后，有一些小幅上扬，然后在 10 月 23 日回落到 35.25 美元。此时似乎要出现一个小的转折点，但 26 日又继续下跌到 34 美元，不过价格就此完成了小型调整，开始上扬，没有影响到我们 33.75 美元的止损点。注意，我们不应该由于新的底部成了 34 美元而改变止损点，因为这意味着把这个点降低，而规则是除非有利可图，否则不要波动止损单。

完成美国橡胶的交易

下一个提高止损单的机会出现在 11 月 18 日，距 11 月 14 日的小型底部 36.5 美元符合"两天之后"原则，可以把止损点定在这个点的 5% 以下。我们可以在 11 月 24 日再次调高止损点到 36.5 美元，约是 11 月 20 日底部之下的 5%。直到 12 月 10 日，才到了离 12 月的第一周发生的反转底部的"两天之后"原则处，我们可以把止损点波动到它的 5% 之下，定在 41.25 美元处。一个多月过去了，我们才又发现新的止损点。其间，出现了一个矩形，在 1 月 15 日的上边有了一个有效突破，之前是 5 天的密集交易，从 1 月 8 日至 14 日几乎出现了一个旗形，这个密集型的底部可以被当作一个新的基点，把止损点上调到 44.5 美元处。

1937 年 1 月 20 日价格波动造成的缺口让我们又一次可以波动止损点，这次到了 49.88 美元（避免整数 50 美元）。2 月 9 日可以调到 50.88 美元，也就是 2 月 5 日反转后的 5% 以下。2 月 9 日到 15 日的斜向密集区给了我们一个不错的基点，可以把止损点变更到 54.25 美元处，但更加保守一些的政策是等待形势更加明朗。直到 2 月的最后一周，价格反弹到 56 美元，趋势才变得明朗。3 月 2 日，低点区域发出"两天之后"提示，我们可以把止损点调到 53.25 美元处。3 月 8 日，根据 3 月 4 日涨到的 58 美元，我们再次把止损点上调到 55.25 美元。

止损点的执行

下一个止损单的基点是 3 月 10 日出现的大缺口所提供的。直到 3 月 13 日我们才得到了两天价格波动都完全超过这个缺口的时机，于是我们就把止损单调高至 60.75 美元。这是我们最后一次由于有了新的基点而调高止损单。3 月 22 日的上扬都在我们的止损线之上，但是 4 月 7 日价格急剧下跌至 60.75 美元，这一天我们的止损单变成了脱手的市场指令，于是经纪人卖掉了我们的股票。我们从股价约 33 美元起一直交易，直到超过 60 美元，获得了 27 美元的丰厚利润。现在我们根据止损单把股票脱手，但后来价格又有回升，在月底价格实际上几乎接近 66 美元，但是这一回升并不预示我们要再次买入，相反，那次"诱出"我们止损单的趋势后来完成了一个重大的反转形态，轮廓清晰（1-2-3-4-5-6）。在这个顶部扩散形中（第四章，132 页），到 66 美元的反弹只令价格回升了下跌的 50%，这种形态变化在许多情况下都可以预见到，但并不总会发展成形。我们出手了美国橡胶股票 6 个月之后，它跌到了 20 美元。

在卖空中运用止损单

我们一直跟踪交易的美国橡胶股票的中期上扬趋势清楚地展现了恰当设置止损单的作用，它可以让交易者在一个确定的趋势中保持自己的既定策略，省去了"看行情交易者"或"直觉交易者"的担心和困惑，避免了像他们那样很快被交易早期的变化甩出市场。既然止损单在做多交易中有用，那么它在卖空交易中也是不可或缺的。如果交易者进行购入的话，价格变化不会比他购买股票时的价格更差，而他进行卖空操作的话，从理论上讲，他就冒着以后该股会不断上扬的风险。实际上，每一个消息灵通的经济学家都会认为卖空操作自身就具有合理性和优势，而实际交易者除非在每笔交易中使用了止损单，否则就不会认定交易是合理的。

卖空交易中最初止损单的设置

在虚拟的美国橡胶股票的交易中，止损单的设置保护了我们做多的策略实施，同样它也能在卖空交易中起作用。如果交易者仔细阅读了我们的讨论，观察了我们在美国橡胶走势图上应用止损单的原则，可能已经不需要我们对止损单的技术做进一步的解释了，不过再简短观察一下止损单在卖空操作时的应用是有益的。

让我们跟踪美国钢铁公司股票 1937 年 7 月开始下跌的趋势进行一次虚拟交易。图 10-9 显示了这只重要股票该年下半年的日价格走势和成交量表现。美国钢铁公司股票从 1937 年 3 月 127 美元的顶点跌到 6 月的 91 美元的低点，然后 7 月迅速反弹，几乎回到了之前的高点。在这一走势的第一阶段有相当的成交量，但随着 8 月上扬势头的放慢，成交量越来越小，在 8 月份的第三周价格下跌，成交量增加。到 8 月 28 日，出现了一个明显的圆顶形，美国钢铁公司股票显然是一个很好的"卖空"操作对象。

考虑到和之前日线图及周线图的关系，这张走势图上还有其他证据暗示了美国钢铁公司股票 7 月底 8 月初的变化，但我们现在采取的是保守的短线策略，除非这些变化的趋势已十分明显，一般我们不予考虑。当然，最终根据出现的圆顶形，我们知道了后面的变化趋势，前面（第三章）学习过，圆顶形是一个非常重要的反转形态，另外，它是典型的出现在熊市反弹顶部的形态，预示着后面的下跌幅度不会小。它出现在 1937 年 8 月份许多只主要股票上，预示着一个大的熊市趋势（第三章 68 页、70 页）。

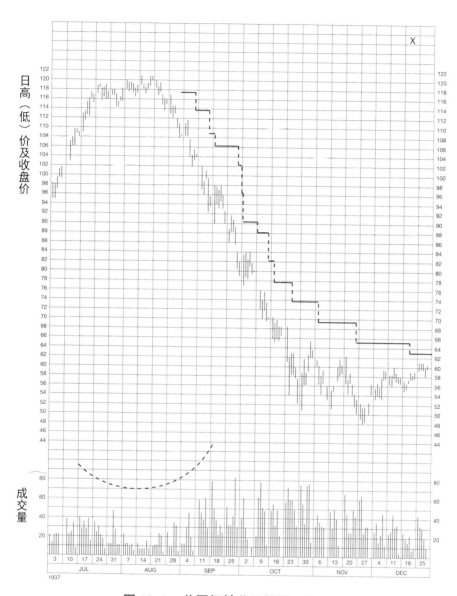

图 10-9　美国钢铁公司股票日线图

在卖空交易中止损单是购买指令

　　再回到我们的例子中，假设在 8 月 26 日的走势图形成后，我们决定卖空美国钢铁公司股票。不过在给经纪人下达出售指令之前，我们必须首先决定在什么地方设置止损单，以防我们对下跌的趋势预测不正确时，好及时从交易中跳出。研究走势图，我们会发现 8 月 23 日密集区域的顶点是117 美元，这个点可以作为我们最近的有效基点，因此我们第一个止损点可以设置在高于这个价格的 5% 处，也就是 122.75 美元。注意这个例子中，我们要进行的交易是"卖空"，所以止损单应当是购入的指令，并且设置在高于现行价格处，而不是低于现行价格。那么在 8 月 27 日一早，我们就可以给经纪人下出售指令，比如短线出售 100 股美国钢铁，同时，给他指令，让他在 122.75 美元的止损点处购入 100 股。这里有个规则，要求我们的止损点设置在离现行价格远一些的地方。在这种情况下，大部分的交易者会理所当然地觉得无论他们对自己解释技术图形的信心有多大，他们也不愿意冒遭受如此大风险的可能。如果判断力好的话，可以不必非常严格地遵守这个规则，可以把止损点定得靠下一些，比如 117.5 美元，略高于8 月 11 日的小型形态底部。事实上，我们交易的那天已经是离 113 美元的小缺口"两天之后"了，可以为在 117.5 美元处设置止损点找到依据。

　　接下来的星期三，也就是 9 月 1 日的下降缺口，伴随着增加的成交量，令人满意地证实了我们的预测，接下来的两天价格在这个缺口下方波动，我们可以把止损点下调至其上的 5%，到 113.5 美元。9 月 7 日，又一个缺口出现了，甚至比前一个还要大，成交量继续放大；这样 9 日时就可以根据这一变化设置一个新的止损单，把止损点调低至 109.25 美元。下一个下调止损点的机会出现在 9 月 13 日，我们可以把它调至 106.13 美元。9 月23 日后，价格从前一星期反弹顶点下跌，又到了"两天以后"规则处，106.13 美元的止损点可以撤销，并建立新的止损点，在 103 美元买进。

　　接下来的四周，美国钢铁公司股票的卖空交易，随着价格的持续下跌，赢利迅速上升。在此期间，有几个好的技术图形需要我们改变止损点。我们只需要把它们简单地列在这里，交易者们就可以对照走势图为每一次更改找到证据。

下面是图示的变化：

9 月 25 日以后——96.75 美元，

9 月 27 日——90.25 美元，

10 月 4 日——88.25 美元，

10 月 7 日——82 美元，

10 月 11 日——77.75 美元，

10 月 20 日——73.5 美元。

到 10 月底，下跌的势头表现出趋缓的迹象，但直至 6 个月走势图的尽头也没有反转的迹象。在 11 月期间又出现了两次机会让我们改动止损点。经过 11 月 3 日的更改，止损点成为 69.5 美元，11 月 19 日后到 65.25 美元，每次都把它定在上一次反弹顶点之上的 5%，11 月 14 日之后，止损点已经调至 63 美元。

使用心理止损单

由于这样或那样的原因，许多交易者不喜欢使用止损单，而愿意在交易中使用他们的"心理止损单"，当价格到达心理止损点时，他们下达买进或售出的市场指令。大部分反对使用预先交给经纪人的常规止损单的理由，在我们看来，在当今的市场上都是错误的。其中一个交易者经常表达的反对意见是，就在价格刚达到止损点的时候，市场可能反转，再次突破原来预测的方向，结果是交易者承受不必要的损失，而且还"失去了原来的阵地"。很明显，这种不幸的结果，不是由于使用了止损单，而是在大多数情况下止损单设置得不合理。

还有一些人对使用止损单犹豫不决，是因为他们的账户不大，或是因为经纪人对这种做法给予嘲讽。接受并执行止损单是你的经纪人责任的一部分，你在这件事上有权得到有礼貌且高效的服务，你应当坚持自己的权利。好的经纪人鼓励使用止损单，作为一种明智保守的措施来保护客户的原则和利益。

从理论上讲，"心理止损单"没有理由不像交给经纪人的常规止损单那样起同样的作用，但条件是交易者必须时刻接触市场，并在价格达到他的心理止损点时，马上能做出反应。然而实际上，在关键时刻总会有诱惑延误行动的，总会有"再给一次机会"的想法来改变心理止损单，结果是最后承受了不必要的更大损失。在长期实践中，有经验的交易者会发现，精心设置止损单是成功交易的一个重要部分，提前设置，或者说"冷静"地设置，交易者会避免心理混乱和在市场上出现意想不到反转时总会让人耽搁的倾向。

形态之内的止损单用处不大

在本书为了说明止损单的设置而举的中期趋势波动的那些例子中，需要注意的是，等到预测的重要形态完全成形，能够预示以后发展走势时才进行交易。只有在这种有相对可靠的技术形态支持时，止损单才是非常有效的。有些交易者喜欢在形态之内根据价格的小型波动来牟利。比如打算从 1937 年 10 月"恐慌"之后市场出现的大范围的变幻莫测中获得利润。在这些区域或各种形态之中，交易情况是不稳定的，不幸的是，使用止损单也不能让交易更安全一些，因为止损单不能准确地设置，很难找到风险不大且能赢利的止损点。我们不推荐在形态内使用止损单交易。

不要忽视其他走势图的预示

本章花了很大篇幅探讨了使用止损单的重要性，但我们不想给交易者造成一种印象，一定要等到止损点被触及执行才结束交易。如果交易者仔细观察这些走势图，就会看到大部分的交易中都有反转或衰竭的迹象，这些迹象可以让交易者采取行动获利，或者让他在比现行的止损点更加有利的情况下退出。测算规则、阻力线、高潮成交量、衰竭缺口，我们在这门课程中学习的各种各样的技术现象都应该密切关注，以保证我们退出交易时保有赢利。

止损单的其他用途

止损单不仅可以用来让交易者退出一个旧交易，也可以用来让他进入一个新交易，或在出现走势突然改变之际来改变自己的市场定位。例如，我们购入 100 股股票，并在其价格下面设置了止损单，规定如果趋势有变，我们就出手 200 股，这样就不仅仅改变了我们长期的市场定位，也同时让我们开了 100 股卖空交易的新单子。这种止损单叫作"双向止损单"，或"变向止损单"。有些交易者可能预测到一个形态，例如一个矩形会出现突破，他就会在这一形态上方的一个价位设置止损单，实际突破一定会触及这个点，那么，一旦突破出现，他们就立即把这只股票变为多头。这样的止损单偶尔会有资金雄厚的交易者使用，但是我们并不觉得它有什么特别的好处。不推荐一般根据走势图交易的交易者使用。

毕竟止损单在交易中主要是用来作为一种保险，其必要性就像在其他经营中买入保险一样。

第十一章　长期走势图、指数图和板块图的使用

对基础工作的回顾

我们前面所进行的一切研究，都是在对走势图理论的各个方面进行逐一探讨。通过对各方面进行相对独立的研究，我们试图发现其各自相对的优势和重要性。希望这种对单个现象的渐进式研究能为我们打下一个坚实的基础，在这一基础之上来构建并完善我们在整个走势图分析领域中的知识体系。

我们已经逐个地研究了在以后的实践中要用到的各种工具，逐个对它们进行了检验，逐个观察了它们的使用情况、重要性以及各自的可靠性。这样，我们就完成了准备工作，现在就剩下把这些工具实际应用到更加重要的走势图分析中去，从今后更多的交易走势图记录中逐步获取经验，并在关键时刻自主决定使用哪些工具、哪些指数或哪些结构，以便把单个的指导原则整合为一个完整的知识体系，并成功地运用于各种股票走势图的分析，从而达到准确预测股市变化的理想目标。

月线图

一般说来，我们都是基于日线图对那些较短、较频繁的形态发展进行研究的，但是这些形态可能无限期地延续，随着范围和时间的增长而逐步加强。当这些形态的持续时间超过几个月的时候，基于周线图或月线图来

对它们进行辨别，就要比基于日线图容易了。这时，周线图就非常有用了。周线图的优势还在于其在实际绘制中更省时省力，另外，它还常让我们注意到在小型日线图上显示的不清楚或干脆不能显示的形态。现在我们应当明白，研究过的理论和形态不仅仅可以应用到日线图上，而且可以应用到基于任何时间段制作的走势图上。另外，因为这些理论来自对公开市场交易现象的研究，所以它们同样也可以应用于研究商品，例如可以研究棉花、小麦和玉米的价格走势，或研究其价格波动是由开放的自由交易市场上供求关系所决定的任何商品的图示记录。在以后的章节中会进一步阐释商品走势图，不过在此首先让我们来研究一下可能出现在股票月线图上的形态。

月线图上的结构发展

图 11-1 中的通用汽车、利菲特和迈尔斯烟草 B 的月线图显示了这些股票 13 年来的价格走势。图上的纵格线代表着 1924 年 1 月到 1936 年 12 月（含 1924 年 1 月和 1936 年 12 月）股价的高低波幅，没有显示成交量。通用汽车的走势图粗略一看给人一种很复杂的感觉，因为在这只股票中有几次拆分，而且在 1926 年 9 月份有 50%的股息都受到了影响。然而，我们不必受这些时常出现的资本构成中变化的干扰，因为股价规格都随着每一次变化进行了调整，其结果就是走势图上显示连续的价格走势。右边空白处所标的价格代表了制作走势图时个股的价格。

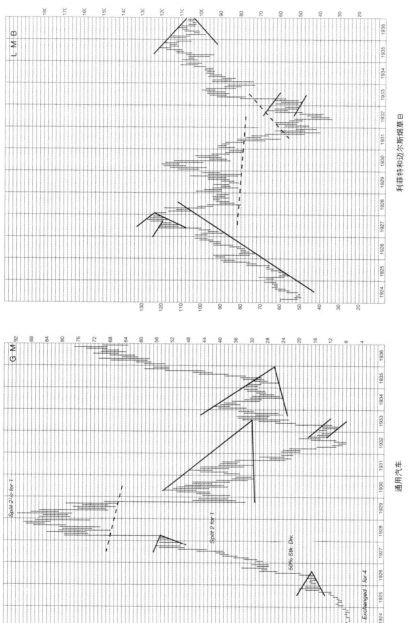

图11-1 通用汽车、利菲特和迈尔斯烟草B月线图

从 1924 年起，通用汽车走势图上标示出的第一个形态是一个小的对称三角形，表示的是从 1925 年 11 月到 1926 年 6 月的股价走势，后面紧接着是一个快速上涨。我们看到 1927 年的前几个月有一个快速形成的峰顶，然后在年底接着一个非常清晰的上升三角形，这一形态导致了 1928 年 3 月的一个腾跃，在仅仅一个月中股价就从 140 美元上升至 199 美元。在这个顶点上我们发现了一个复杂形态——一个大比例的肩和双头式，这一形态用了一年半的时间才得以完成。接下来的跌落使股价降到了 34 美元，随后近两年的价格走势构造出一个巨大的下降三角形的轮廓，它导致了 1932 年股价进一步下降至 8 美元。转成上扬态势时，我们发现在从 1932 年 8 月到 1933 年 3 月间形成了一个清晰的旗形。从 1933 年 7 月到 1935 年 3 月的形态看起来好像是一个完整的反转头肩形，不过颈线从未断开，其股价走势一直持续到了 1933 年 6 月份，形成了一个大的整理三角形，并在 1935 年爆发了大幅飙升。我们在走势图的末端没有看到确定的形态，不过读者很容易就可以看出几个有趣形态即将形成的可能性。

可以用类似的方法来分析利菲特和迈尔斯烟草 B 的月线图，从 1924 年到 1927 年，我们发现了一个明确的上扬趋势，在 1926 年的 3 月到 7 月出现了快速形成的峰顶。1927 年顶上出现了一个反转三角形，从 1928 年到 1930 年底，我们发现了一个清晰的大范围的扩散三角形——换一句话说，整个这三年的形态可以叫作"持续头肩形"。另一个大的反转头肩形构成了这只股票 1931 年到 1933 年的底部，这一形态的右肩也是一个好的旗形持续形，从 1934 年 11 月到 1936 年 8 月的股价走势预示了一个头肩顶的可能性，然而，如果颈线不能被突破，这个头肩顶便不会形成。整个 1936 年的走势预示着一个对称三角形，当然，这个对称三角形可以是整理的信号，也可以是反弹的信号，这就要看突破的方向了。

月线图在交易中无用

读者可能会对月线图上所标示的某些形态的能量或由这些形态所造成

的大范围价格波动印象颇深，但他不应该忘记，这些形态的构建需要好几个月，有时是数年的时间，而且期间还有很长的时间根本没有任何形态出现。从我们对这些情况进行的简单观察来看，很明显，交易者几乎没有可能依据月线图的形态及时做出可靠的预测并据此牟利。对于普通的交易来说，日线图和周线图当然更有用而且可靠。但是考虑长期的投资策略时，月线图就变得有用也有意思了，它们偶尔反映出重大变化的可能性，这种可能性可以在日线图和周线图上查证，并转化为交易利润。

指数图的使用

我们在前面的研究中多次提到了指数和指数图，我们注意到，指数仅仅是被挑选出来的一定数量股票的综合指标，那么指数图也就可以称作对所有那些单个股票的一种综合图。就像对那些个股图进行分析一样，这些指数图也可以适当地用来进行技术分析。而且，因为我们现在面对的是多少能代表市场的综合指数，我们在指数中发现的技术形态和出现在仅仅一只或几只股票中的形态相比较，在对整个市场预测方面应当更加重要。换句话说，很容易看出，如果足够的个股在图示中表现出充分的一致，并据此构建出综合图形态的话，那么预测指标的分量就重多了。

然而，我们应当知道，有可能出现的情况是，某些股票或各种板块的股票整体走低，而某些个股却逆势上扬，甚至在"市场"出现重大转折时期，某些股票会比其他股票提前几个星期或几个月到达其反转点（这方面可以比较图 11-1 中的两个月线图）。对于资金量有限的交易者来说，他自然希望永远把资金放到最具优势的地方，因此，个股的技术图要比任何指数图更有实用价值；另一方面，我们知道大多数股票迟早会跟随市场的主流波动，因此，对于资金量大的长期投资者来说，不大会在意个股的交易利润，因为他所关心的是主要的投资政策和整体收益，平均指数对他来讲是最重要的。读者如果能把我们所研究过的各种形态亲自应用到图 11-2 所显示的《纽约先驱论坛报》工业股平均指数的日线图上进行分析，会是非常有趣也有益的。

板块图的使用

一般说来，我们前面提到的关于大盘平均指数的论述也适用于板块平均指数——石油、食品、钢铁、铁路、公用事业等。那些有时希望购买或维护自己的某些产业板块指数图的读者会发现这些图很有意思，但相对来说，这些图在交易中的实用价值不大。就像整板块的股票可能并且经常会和市场指数的明显走势走向相反一样，板块中的个股有时也会和板块指数的走势相反。作为一般的规则，购买其技术图形呈现出强势的股票要比购买那些技术图形呈现跌势的股票更容易获利，反之亦然，不过总有许多例外的情况。

图 11-3 中的走势图，提供了两个不同板块指数的价格走向比较，这些走势图表现了两个板块股票一周期间的价格波幅和成交量，数据是根据《纽约先驱论坛报》上 1934 年 7 月到 1936 年底 5 种食品股票和 7 种铜股票各自的加权平均数得来的。在大部分时间里，铜这一板块的平均价格迅速稳定地上涨，只有相对不大的下跌和调整，而食品板块的平均价格上下波动，没有多少真正的提高。长期来看差别明显，但是可以看出，在短期操作中，食品板块同样可以获得和铜板块一样的交易利润（为了说明问题，假定可以对整"板块"进行买卖）。事实上，在市场两端进行交易，食品板块要比铜板块获利更多。就像我们已经看到的预测形态会显示在全面指数图上一样，它们偶尔也能显示在板块图上，但是不会经常出现在个股图上。

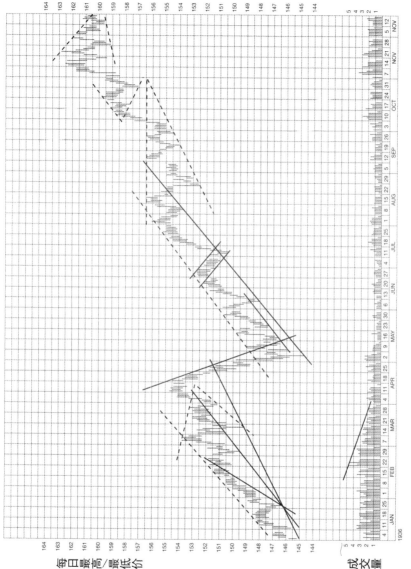

图11-2　《纽约先驱论坛报》工业股平均指数日线图

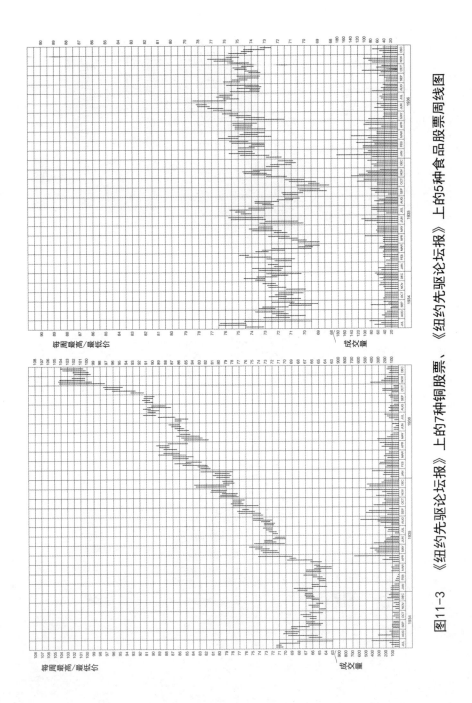

图11-3　《纽约先驱论坛报》上的7种铜股票、《纽约先驱论坛报》上的5种食品股股票周线图

花在个股图上的时间收益更大

读者要自己决定愿意花费多少时间和精力来维护和分析市场和板块指数图。如果他绘制约 40 或 50 张各种各样的个股图，通常个股图就可以告诉他所需要知道的"股市"的情况了。他必须记住，比如当一个预测形态出现在道琼斯工业指数图上的时候，不管这个形态有多强，他也不能让经纪人"买入 100 股道琼斯工业平均指数"（当时不行，可是现在是完全没问题了）；如果一个头肩顶在戏剧股指数图上形成了，他也不能在市场上"卖掉 50 股娱乐股"。简而言之，他必须针对具体个股进行交易，而个股走向可能和它们的板块或"市场"趋势一致、幅度一样，但也可能不一致、不一样。只有他们自己的个股图可以告诉他们该对哪只股票买入或卖出。

长期分析的收获

当我们完成了对个股、板块以及综合指数的长期价格走向分析研究时，可以停下来思考一下，从对它们的观察中我们得到了什么样的收获。我们可以说，根据走势图走势进行的成功交易，并不是来自盲目、教条地相信每一个出现的技术预测，而是要永远保持思想开放，并把使用多种单个走势图因素仅仅作为综合分析的一种辅助手段。

我们可能也看到了跟随市场大势的好处，一旦确认了大势，如果对中间变化有所怀疑的话，那么就根据大势来调整自己在市场中的位置。这样，就导出了另外一条规则，也就是在几乎任何情况下，交易者都应该把自己的看法、走势图预测以及所有普通的、不起眼的未来预示折中在一起考虑，宁愿选择一条中间道路，而不是匆忙地去改变方向，甚至走极端。综合理论的推理结果就是在纯长期操作时，收集和派发都应本着规模原则进行。换句话说，当牛市态势即将结束时应逐渐抛售，而长期的熊市态势要扭转时应逐渐购入。当然，这一规则主要适用于周期性或半投资操作，而不适用于普通交易，但这门课的交易者大多数被认为对普通交易（也就是短线操作）更感兴趣。

缩短制图时间间隔

为了丰富技术分析知识，我们应该熟悉的形态学另一大方面，就是把走势图形态及其原则实际应用到我们选择的任何时段间隔来图释原始的交易记录。大部分的研究是基于天，因为天作为制图时段已经被证明是非常实用的，并且在普通操作和普通技术分析中是最有用的。

然而，我们已经知道这种方法可以扩展，制作出周线图、月线图甚至是年线图来，每种图各有所长。另一方面，我们也看到，日线图也可分解成几乎是无限小的间隔段，包括小时图、整时的片段图，甚至可以分解至极致，来给一只股票或者股票板块的每一笔交易制图，后者叫作"交易图"或"滚动行情图"。

分解日线图

最实用的日制图间隔分解自然就是小时图了，这种图在技术上唯一的不同，就是交易记录图的时间段由日改为了小时。也就是小时图上显示的是每一交易小时的股价和成交量，而不是每个独立交易日的股价和成交量。

至少从理论上讲，小时图上形成的形态和日线图上的形态具有同样的意义，只是我们能够自然地想到和日线图上的幅度相比，小时图上的形态要小。价格走势有一个现象——缺口，缺口在用日线图进行预测时有其独特作用，但当其出现在同一个交易日的两个小时里的价格波幅间的时候，保险一点的话，就可以假定它没什么预测价值。缺口出现在我们为制图而人为选定的时间里，显然它的价值和在任何小时段里出现的价格突然变化是一样的，在这种情况下，我们的走势图中就不会显示出这是缺口。隔夜的价格缺口出现在日线图或小时图上，除了代表收盘这一时段所积聚的技术优势或劣势之外，也会给人带来心理影响。而可能出现在一日之内的小时图上的缺口，则不会产生心理的和累积的影响。不过，我们没有必要用更多的篇幅来讲解小时图，读者可以看到，它们对一般交易者来说很明显没有什么价值。只有那些想从一日之内的微小波动中获利的投机者才可能会发现小时图有些帮助，但是那样的话，他就不得不整天既盯着行情显示牌又盯着钟表，注意单子上股票的每一笔交易，并在每一个小时末进行记录。

行情滚动图或交易图

时间段分解的极致，自然就是交易图或行情滚动图，图中的交易根本没有按时间分板块，而是把每一笔交易，连带其价格及成交量都单独标示出来。在小时图和交易图之间可以有半小时时段图、15 分钟时段图以及任何我们希望使用的时段图，唯一重要的是要求在一张单独的图上，时间段必须一致。交易图的一个变种是 200 股交易图，这种图上 100 股的交易就被忽略了，只有超过 200 这个基本单位的交易才制图。其结果是节省了相当的时间、空间和精力，但是从理论上来讲，好像不如基本交易图精确或有价值。

很容易看出，把日时段进行分解要花费额外的精力，特别是制作交易图时要记录每一笔单独的交易，连带其价格和成交量。记录一只股票每一笔交易的走势图，对于专家或搞研究的理论家来说也许有其令人感兴趣的地方，不过对于实际交易者来说价值当然不大。

短期变化图

交易图的另一种替代品是短期变化图，因为它的实际优势在于能够提供一日内的短期价格变化，但不需要像绘制交易图那样的耐心和详细程度，这种图是在股价图上画一条垂直线来表示一个方向上的每一个短期变化，直到行情显示器上记录的价格走向出现倒退，偏离了以前方向的极值。可以选择反转的任何基点为单位制图，通常的是从一点半到三点。当以前的短期变化反转时，就从以前变化的极点画一条水平线，一直向右，一直到下一个垂直图形。那么新的反方向的短期变化就被另一条延伸向反方向的垂直线标注，直到新走向的再一次反转，这时制图过程再一次重复。换句话说，如果我们根据短期变化来决定一个整点的话，我们的股票以 50 美元开盘，随后下落到 49 美元，我们就画一条从 50~49 美元的垂直线，如果它反弹到 49.88 美元，我们在图上不做任何标记，因为反弹的幅度从前面变化的极值算，没有达到我们选择的一个整点这个标注单位。但是如果股票又下落到 48.13 美元，我们继续把垂直线画到这个价格水平，但是如果这时股价反弹到 49.13 美元，我们的短期变化就反转了。从48.13 美元这个极值画一条短的水平线一直到下一个垂直图形，然后从48.13 美元到 49.13 美元画新的短期变化线，以此类推。这种短期变化图较为准确地反映出一日内价格的变化，但是从它上面不容易看出时间因素，同时也没有标示出成交量。

短期趋势线图

另外还有一种形式的短期变化图，它也只考虑预计价格变化幅度，它和前面所说的图唯一的不同之处在于表示重大价格变化的画线方法，这种图可以叫作"短期趋势线图"。我们还用前一段落用过解释短期变化图的数据来举例，我们的图还从 50 美元开始，画一条下降的斜线，一直到右边垂直截面线上的 48.13 美元处，然后再画斜线到下一个垂直截面线上的 49.13 美元，以此类推。除了有必要得到每一只股票的全部交易的精确记录外，对实际交易者来说，短期变化图和短期趋势线图两者的使用都很有限。

点数图

还有一种交易图的变种和短期变化图非常相似，只是标记或实际价格指标是写在图上的，而不是画了垂直和水平的短线。这种图有很多名称，但是通常叫作"数图"或"点图"（图 11-4）。其总体设计是为满足个人对细节之处的不同喜好提供更多选择，但是如果接受了前面的短期变化图例子中的只对一整点进行标注的话，那么我们应当在第一个柱状图和带有水平价格数值的水平线上使用任何一致的符号，常用的就是数字 50。当股价下降到 49 美元时，我们把 49 这个数字标在 50 下面的一个恰当水平。

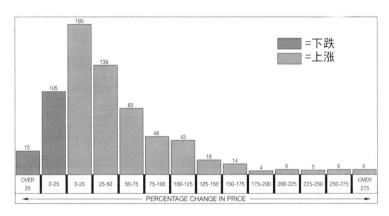

图 11-4 数图或点图

按照同样的数据，我们却不应当把 48 美元标在同一个柱状图上，因为在下跌到 48 美元之前，下降的走势曾一度反弹到 48.13 美元。如果没有发生这种反弹，我们就只在下一个位置垂直画上一个新的柱状图就可以了，以 49 美元作为基数，以上涨的每一个整点为单位不断增加，直到下一次反转。点图或数图可以以我们选定的任何规模的微变化为单位，例如可以使用半点、1 点、3 点或 5 点变化作为最小的单位，但是这种图同样反映不出成交量和时间。经过足够长的时间段，这样的图上就会发展出一些我们熟知的技术形态，就可以用来进行通常的分析和预测推理了。我们知道，我们没有得到成交量的数据，而这个数据是极其重要的。另外，缺口也表示不出来。有时，点数图使用某些特殊的测算规则来进行短线预测，但是这些预测规则在实际应用中，似乎不如我们前面研究过的与纵线图相关的一般测算规则准确。

点数图的局限

　　和我们前文探讨过的其他类型的短期变化图和短时段图一样，点数图也需要完全记录行情变化牌上的每一笔交易，或每天向商业统计公司购买这些数据。由于点数图只显示那些与事先设定的最小值单位相等或超过最小值单位的价格变化，多数情况下，它们当然不能表示整日的价格波幅。例如，如果一幅点数图以 3 点为基本单位，那么价格波动和图中上一条记录的变化如果是 2.88，没有超过 3 点的变化就不会在图上显示，同样，在以 1 点为基本单位的图上，像 7/8 这样的波动幅度就会被忽视。也许有人会说，价格波动没有超过原来设计走势图时作为基本单位的幅度，那么它们就不重要，在解释市场方面也没有意义，但是我们发现事实绝非如此。小幅变化有时意义非凡，特别是把它们和成交量联系在一起考虑的时候。对点数图进行了一番研究后，我们不得不得出这样的结论：和普通纵线图相比，它们也没给实际交易者提供什么便利。在极少的情况下，它们会标示出一个快速的几乎是"直线"的上扬，这样一个特殊幅度之后的急速反转，这种现象在日纵线图上是超常规的，除非出现成交量枯竭。不过即使在这种特殊的情况下，也需要交易者坐在行情发布牌前，把牌上的每一笔交易都记录在走势图上，以便能及时得到逆转信号并从中牟利。另外，像这样的波动，也许在发生的那几天看上去惊心动魄，但对于普通交易者来说，却是难以驾驭的。当这种波动发生在交易者持有的一只重仓股上，需要在上扬时期就采取明智的止损措施来保护既得利益。另一方而，许多有重大预测价值的现象经常出现在纵线图上，却没有显示在点数图上。

日内图只具有研究价值

　　我们不会给普通的技术分析交易者推荐各种各样的日内图和专门的短期变化图，了解它们的特点和制作过程只是全面掌握技术分析知识的一部分。很容易看出，首先，使用它们不仅仅需要大量的精力和劳力，而且需要制表人整个交易日都得在经纪人行情室中观察行情变化，或者至少在收盘以后仔细研究交易记录，以收集资料制作其详细的走势图。其次，我们根据经验可以知道，普通的交易者从这些走势图中得不到多少帮助，这样看起来，当然就得不偿失了。在特殊情况下，日内图对于极短期预测或短期投机是重要而且有价值的，但对于普通看图交易者来说，日内图有时也让人糊涂，甚至可以说是误导，因为它们过分夸大了短期变化的重要性，就像前面提到的紧盯行情牌的做法。

无论什么时候使用，重要的是，日内图仅可作为日线图的补充，因为日线图依然是我们实际分析技术变化的基础，实际上是普通交易操作中唯一需要的基础。

其他走势图研究的特殊领域

读者完全可以想象得到，多年来，股票市场一直是人们努力研究的对象，这些研究使用了各种可以想到的走势图和数学手段来解释市场行为。如果愿意，交易者可以找到几乎可以说是无尽的领域来进行研究，移动平均线、波动指数、比率计算、市场因素的宽度等等，各有各的研究对象。对于有时间投入其中的人来说，这些研究是有趣的，甚至可以说是迷人的，但是它们在实际交易操作中的实用价值，至少可以说是令人怀疑的。我们的经验是，这些研究几乎总是导致人思想混乱、犹豫不决，而不能让人采取获利的行动。

这门课程中，我们已经集中研究了那些实用的、验证过的、容易操作的能够解释市场的技术分析方法，如果能根据常识和判断正确使用这些方法的话，是会安全地带来相当收益的。我们避免了未经验证的和纯理论研究的"如果正确就会有趣"的理论——那些多少有点深奥的研究，因为这些研究不能及时让我们进行实际预测以在交易中获得收益。这里所讲的技术分析的方法，并不是要给某个机构进行持续不断研究提供数据和分析材料，这些方法只需要交易者花合理的时间并进行思考，对于任何具有同等的投资风险和获利机会的商业活动来说，都需要一定的时间和头脑。

其他交易市场的制图

我们在课程开始时就提到，大多数的原则和技术方法可以直接用于手头的研究，也可以用于其他领域的研究，因为这些原则都来自有供需双方互动的同类市场中的各个方面。也许对于走势图和走势图理论来说，股票市场可能是最专业、最实用和最有收益的，但是它的整体逻辑也可以始终用于其他市场，只要我们研究对象的价格波动是自由开放的贸易所引起的，是各种对抗的力量角逐的结果。

债券市场

债券市场是走势图和走势图理论可以大有作为的一个领域，虽然这里的交易有所局限，缺乏投机行为和职业操作，并且缺少卖空交易，这一切都让走势图理论的功效大打折扣。这些因素不但导致图形过于简单、形态过少，而且它们也往往限制了债券价格的波动，和股票市场相比成交量小，这些都是使用走势图分析的不利因素。此外，债券本身内在的投资稳定性也限制了大范围的价格波动，从而减少了潜在的市场利润。因此，走势图分析在债券市场上不会像在股票市场上操盘那么成功，收益那么大，然而里面的原则同样适用。债券走势图不但实用，而且相当普遍，常常对于感兴趣者以及债券交易和投资者非常有用。债券走势图的技术形态更加简明，因此，如果价格比例制定得比同一水平股票走势图更大些是会很有益处的，大比例补偿了债券市场上通常较小的价格波动。

债券走势图使用实例

走势图11-5呈现了一种典型的高级铁路债券价格变化，图上显示的是 1936 年下半年纽约中央融资所 2013 号，收益 4.5% 的债券的价格和成交量走势图，比例恰当、形态明显。7 月 9 日开始，价格直线上涨，从 87 美元升到了 89.5 美元，随着成交量显现出下降趋势，我们看到，在这一水平上形成了一个拥挤密集的半桅杆形，这个形态导致价格进一步上扬到了约 92 美元。事实上，这一预测是在不到三个星期之内做出的，半桅杆形暗示着在这一水平上至少有部分赢利空间。8 月 21 日的下跌打破了第一条短期趋势线，但是 24 日的价格走势在后面留下了一个岛形，预示着上升趋势的复兴，如果我们在前面平仓了的话，这里就可以再次买入。从 9 月 8 日到 16 日，价格走向内含了一个旗形。尽管 17 日的突然上扬没有伴随着成交量的增加，然而随后而来的上扬显示出了旗形的效果，在约 95.5 美元处再次盘整（又一次验证了我们的测算原则），在这个点上，至少根据部分原则是可以赢利的。同时 8 月 22 日的底部给我们提供了一个新点，穿过这个点可以建构一条趋势线，和之前上部的线平行。回落形成的旗形触及了 9 月 16 日的趋势线，不过并没有对其造成干扰，9 月 23 日的价格波幅达到了上层线，随后跟着一个反转，这个反转只根据趋势走向我们也可以预测出。然而 10 月 17 日，趋势线被略微突破，价格走偏，直到 21 日进一步的下跌表明这一趋势完全被突破。从 10 月 26 日的底部可以画出又一条趋势线，当它受到干扰时，强烈预示主趋势将要反转。12 月的反弹没有成功地以决定性优势上升到趋势线的第三个"扇面"的事实进一步证实了这一预示。

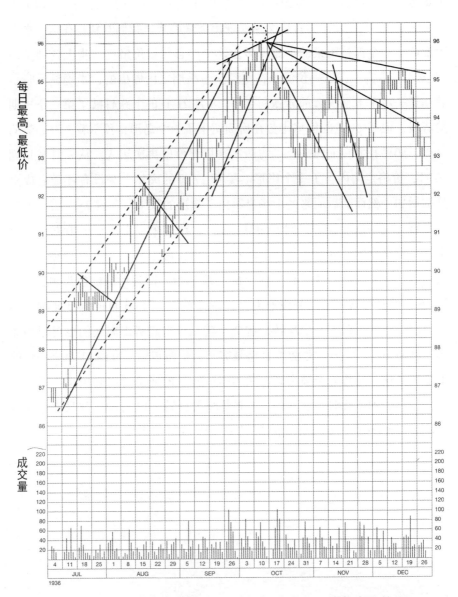

图 11-5　纽约中央融资所 2013 号，收益 4.5% 的债券日线图

商品市场制图

和债券市场相比，更加自由的商品市场为走势图和技术预测理论的应用提供了更加肥沃的土壤。这些市场与我们理想中的自由开放的投机场所更加接近，各方面矛盾的力量互相作用，导致了价格的快速变化。它们为投机牟利提供了一个更加广阔的空间，这里可以进行纯职业化的投机和操作，一般在市场两端都允许短线操作交易，比股票市场的波动范围还大，还有利可图。小麦、玉米、黑麦、燕麦、棉花、羊毛、糖、铜、橡胶、咖啡、可可……一句话，所有开放市场上交易的商品都在一定程度上可以利用走势图来进行分析。不过，并不是某种商品本身决定了走势图分析的可行性，而是这种商品所处的市场的性质、交易的类型、买卖活动、能否获得所需数据、主要波动的范围和其他需要考虑的问题决定使用走势图的理论价值。一般可以这样认为，这些特点越接近股票市场交易的那种理想标准，走势图在市场上的应用就越精确、越容易获利。小麦和棉花市场可能是用走势图研究和解释最多的市场，主要是因为它们具备许多以上所提到的条件。两者都是规模大、重要而且利润大的市场，都有自由开放的交易、大量的商业活动，具有短期操作投机的机会，还有价格浮动幅度大，利润空间也大。

合约到期产生的合约中断对制图的影响

在小麦和棉花以及其他一些商品制图中，有一个比较麻烦的地方，这个复杂性源于各种不同交割日期的相互影响，交割日期的不同几乎形成了各不相同的单独市场。例如，小麦可以在任何日期以三种不同的"合约"交易，11月份，在芝加哥、温尼伯或堪萨斯市可以买卖12月、5月和7月交割的小麦。当5月的市场选择闭盘时，也就是5月份交割的小麦停止交易时，12月份的就开盘了，开始了12月交割的小麦交易，当7月份的闭盘时，第二年 5 月交割的市场就开盘了。在 9 月份的任何一天，小麦价格也许和 7 月份的价格每蒲式耳上下相差 5 美分。就棉花来说，交易的未来交割日期同时有 11 个选项。

（在开始使用走势图分析商品市场之前，必须假定交易者即使现在不大明白，将来也会采取行动熟悉商品市场机制以及发货和收货合同的性质，这是实际交易的基础。他以后还得知道价差、挤榨、转换等，不过，这种知识对于我们今天对走势图进行分析并不重要。）

合约制图的不同方法

由于在不同期货中存在的同时交易行为，制表员就面临着一个在证券制图中不存在的问题。最简单、最经常也是最实用的方法就是把每一个发展中的合约作为一个单独而特别的市场。小麦的每一张图都会根据合约的不同运行 7~10 个月，在任何时候他都可以选择维护 2 种或 3 种不同的表，可以把每一张表看作不同的交易品种，就像他看 3 种不同的股票一样。然而这个过程的缺点是缺乏长期的连续性，而这种连续性在分析股票走势图时很有价值。

为了给小麦这种商品提供连续性和更广阔的市场视野，第一步应该把所有不同的开放和活动的合约画在一张大表上，用不同的颜色来加以区分。例如，可以用绿色代表 5 月、红色代表 7 月、蓝色代表 9 月、黑色代表 12 月。随着过期合约和现货合约从图上消失，新的、更长时间以后的就会加到图上。由于书本印刷的限制，我们无法在此展示这种走势图，但我们相信这种方法是完全容易理解的。另一种相比之下不大完全，用处也没有这么大，但却简单得多的权宜之计，就是每次为一个合约制图，通常是给离现在时间最近的交易制图，同时在交割月的第一天删去旧的，从那个点上开始下一个合约。例如，12 月交割的小麦可以一直制图到 11 月 30 日，5 月交割的可以制图到 4 月 30 日，以此类推。走势图 11-6 所显示的就是按照这个方式制作的一张图，标示了从 1936 年 6 月 6 日到 1937 年 1 月 30 日这 8 个月中芝加哥期货交易所小麦的价格和成交量变化。图上标示的两个不同合约在一个向另一个转变时的价格差异偶尔会不很清楚，或者图的连续性在某种程度上被突破，但是通常这种差异不大，交易者的转换操作以及自然的供需规律都会促使两者相近似。

平均所有的活跃合约

对于那些有时间和设备，又希望认真研究市场的人来说，也许所有方法中最有效的，就是把所有开放和活跃的合约价格放在一起平均，制出一张主图。这张主控制图为实际研究和长期操作提供所期望的连续性，不但可以作为评估大市场的重要指南，而且可以用来指导具体合约的小型和短期图的制作，只要合约还没过期，这种小型和短期图就同时维护着。

制作和维护这样一张主图，和股票的指数图相比需要更多的计算和劳动，因为它需囊括所有合约的相当程度的动态平均指数。每种过期和到期的合约都要终止，用新的合约加到平均指数上来加以代替，只有这样，才能绘制出大市场可行实用、令人满意的持续指数图。

为不同市场和交易制图

除了所介绍的不同合约现行交易的复杂性之外，小麦交易者还面临着决定要跟随哪个大的粮食市场，跟随几个的问题。以美国为例，在这个国家，小麦期货是在芝加哥、明尼阿波利斯、德卢斯和堪萨斯城的公开市场上进行交易的，其中芝加哥市场（芝加哥期货交易所）是最大，也是最重要的。堪萨斯城的一般被认为在重要性方面，特别是在现金市场上，要次于芝加哥。加拿大的温尼伯市场规模大且活跃，交易限制少，因而比美国国内的交易所对世界范围的影响敏感。利物浦是世界上最主要的小麦市场。许多交易者只在这些交易所中的一个进行交易，实际上再跟随一个或多个其他市场更可取。只有在芝加哥市场上能得到官方的成交量数据。

不同粮食价格之间的紧密联系

就像不同股票之间可能受总体金融业和工业浪潮的影响而走高或走低一样，不同的粮食市场，也会在某种程度上受大气候的影响。比如，如果小麦市场价格走高，人们就会购买玉米，并在许多方面用玉米代替小麦，一种粮食的缺乏可以引起对其他种类粮食需求的增长。因此，玉米市场会影响小麦市场，反之亦然。而这两种都会影响黑麦和燕麦市场，因为粮食消费中许多方面可以互相替代。因而，小麦市场上活跃的交易者会发现，给玉米和其他粮食市场制图，观察这些市场的变化并把这些走势图的变化用于分析和预测小麦走势图也是明智之举。

出现在小麦走势图上的形态

在图 11-6 的小麦走势图上，我们可以观察到一些熟悉的形态。首先注意走势图先从到 6 月为止的 7 月份合约交易开始，然后是到 8 月 19 日为止的 9 月份的合约，再然后是到 12 月 28 日为止的 12 月的合约，接下来是到 1 月 30 日为止的 5 月份合约。随着各种合约交割月份的临近，其成交量通常呈下降趋势，当解释成交量记录时，这种常规情况应当加以考虑。当即将交割的合约交易变得不大活跃的时候，我们的走势图关注就转向了下一个合约。在 6 月 23 日到 6 月 30 日期间，我们首先看到了一个好的旗形在桅杆上形成，该桅杆从约 85 美元处延伸至 97 美元，然后又接着另外一个急速上扬，从 94 美元到约 110 美元。7 月 13 日到 7 月 29 日的价格走向呈现出一条略微下降的趋势线，随着成交量的明显增加，这条线于 7 月 29 日在上部突围，这也意味着这一点上形成一个对称三角形。8 月 11 日回落到 7 月 16 日顶部的支撑点，8 月底的回落使价格降到了 7 月下旬的支撑位，接着开始反弹，上升趋势线反弹，到 9 月 24 日，价格升到 117 美元。

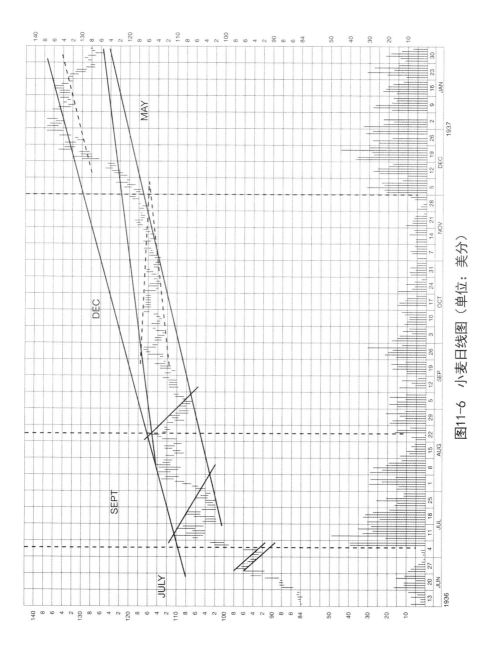

图11-6　小麦日线图（单位：美分）

一个整理三角形和一个丈量缺口

从那一天（9月24日）到11月14日，我们看到了一个长而细的对称三角形，在11月16日上端有一个明确的突围。注意跟随突围所增加的成交量以及后续下降成交量略微反弹，达到了这个三角形上部延长线的支撑水平，这样就形成了一个摇篮，长期趋势线由此点长出。12月12日和14日之间形成的整理缺口可以使用我们的丈量缺口规则，其测算结果是会进一步上扬到133~137美元区间。从1月初的137美元附近的顶点回撤以及随后没有反弹到以前的高度，让我们看到了一个头肩形，这个头肩形带有一条倾斜向上的颈线，这条颈线随着1月19日成交量的上升而被突破。不过之后的下跌在12月中旬形成的缺口顶部的逻辑支撑水平处停止。

7月18日和9月2日在底部形成的长期上扬主趋势线，直到走势图结束时还没有被突破。随后，小麦在趋势线处形成了一个小头肩形的底，随着2月3日成交量的增加，这个形态的颈线被突破，在128美元水平处出现了一个突破跳空缺口，在本书付梓之时，价格已涨到138美元左右。

基本形态和解释不变

我们并不是要让读者相信，刚才分析的小麦走势图是芝加哥期货交易所进行操作的最佳走势图，但是它无疑说明了我们在股票走势图上学习认识的形态，在粮食市场图上具有同样的预测价值和同样的意义，因为它们都是供需各方角力的产物。在股票市场上带来技术变化的那些因素，在粮食市场上同样起作用，并在走势图上产生相似的图形。和股票走势图一样，粮食走势图也是所有选择、希望、担心和知识（公开的和未公开的）的综合反映，这些因素贯穿于供需各方，控制着价格走向。如果我们能够把走势图资料转化成对未来可能趋势的可行预测的话，就没必要去费心关注那些市场背后的基本面因素了，因为走势图已经替我们关注并进行了评估。

棉花市场制图

一般来说，在分析小麦市场时所用到的方法和原则也同样可应用于棉花市场的技术分析。美国棉花期货的交易在纽约和新奥尔良棉花交易所进行，在芝加哥期货交易市场也有少量的交易，利物浦是海外主要的交易市场。美国交易者会发现，有必要给根据其所在地区或个人兴趣不同的市场制图，或者给纽约市场、新奥尔良市场制图。因为哪一个交易所都没有记录和发布正式的成交量，所以在分析价格走势时就缺少一个有价值的参考了。一年当中的任何一个月都可以进行棉花期货的买卖，当年 1 月份的现货市场刚收盘，来年 1 月份的期货市场就可开盘了，这样每一种合约都可以开盘 11 个月。不过，并不是每个月的合约交易都同样活跃，通常 1 月、3 月、5 月、7 月、10 月和 12 月是最重要的投机和炒作的月份，按照惯例，只有在这些月份，报纸上才发布完全的市场价格报告。期货合约的最后交割日是月底前的第七个工作日，在交割日前的第五个工作日（除去星期日）是终止日，在这一天交易收盘。

棉花市场制图一例

小麦市场用到的制图的各种方法，也可以应用于棉花市场，图 11-7 显示了纽约交易所 1936 年下半年棉花期货交易 1937 年 3 月、7 月和 1 月的远期价格走势。图中页面上部是 3 月的期货、中部是 7 月的、底部是 1 月的，各自按自己的比例呈现。因为图的周期太短，所以反映不出长期的趋势，但短期的趋势标示得很明显。交易者仔细观察可以看到岛形、三角形以及其他熟悉的技术形态。

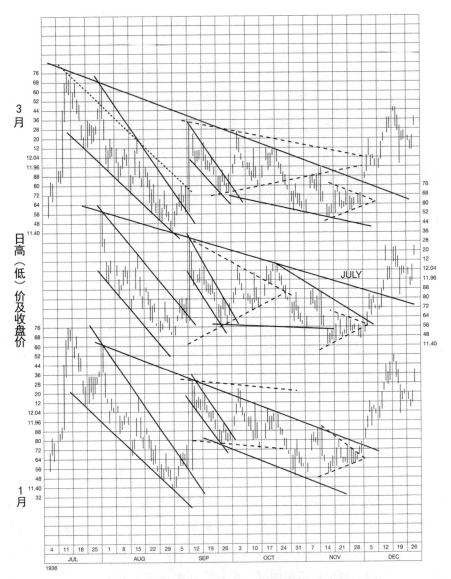

图 11-7　纽约交易所棉花期货交易日线图

互相比较一下，很明显，图上这3种合约的走势很相似。这并不奇怪，因为它们唯一的不同之处只有合约交割日期的不同。任何一种合约的走势偏离了，其他活跃合约的总体走势都是值得怀疑的，也就是说，一种合约形态上的突出或反转在得到其他一种或多种合约形态的突出或反转印证之前，不应该作为预测或约定的基础。例如，图上7月份的合约在9月8日到10月13日之间的价格波幅呈现三角形，于10月16日突破这一形态上扬，没有成交量数据，不能评价这次突破的可靠性，不过它显然带有真正价格走高前的其他一切迹象。但是，把7月份和3月份及1月份合约图进行比较会发现，后面两种合约都没有上扬的迹象，那么从逻辑上讲，7月线图的突破可以被认为是一种假象，至少在有其他合约印证之前是这样的。这个例子强调了制作和维护一张一种商品所有合约的平均指数控制图的好处，或者也可以至少为几种活跃开放合约的现行活动情况制图。

商品交易的特殊之处

我们对商品交易走势图分析的探讨和说明是为了概括出一条总的原则，也就是只要是在供求各方力量自由角逐的市场上，都可以用走势图分析来进行同样的诠释。我们没有对股票交易和商品交易的实际不同之处进行比较。不过希望我们对商品市场制图的概要思考可以作为一种介绍和引导，为那些希望积极参与商品市场操作的人提供线索，以利于他们进行进一步有成效的技术分析和研究。股票和商品价格走向的一个不同之处在图中有所体现，现加以简要说明。像小麦和棉花这样的农产品的生产，直接受天气以及其他在某种程度上不可预测因素的影响，商品价格比起股票价格来，对消息更加敏感。一条突如其来的消息可能在股票市场上引起恐慌，但一般来说其影响也就持续一两天，然后就反弹回到以前的走势，或者经过一段时间的震荡然后会形成一种技术形态，让我们能够预测以后的走势。然而在商品市场上，消息会导致许多短期的反转，这些反转是任何范围的技术形态也预测不了的。

第十二章　交易策略

根据走势图形态进行实际交易

我们通过应用长期走势图中的形态，已经在研究技术市场科学方面取得了进展，从探讨基础图形、理论和规则，达到我们理想的目标，获得了宽广的知识面来成功地分析变幻无穷的图形记录，并且在实际市场交易中，对我们的知识进行进一步的实践和提高。掌握了基础知识以后，要完善技术预测和科学交易方面的技能，主要依赖于个人的主动性和兴趣，通过亲自有意识地应用、观察和研究更多的走势图记录，才能获得所需的经验。

实际交易中的一些辅助手段

不过我们在准备放手让读者去实践之前，先要再花些时间来探讨一些更加重要、更加有益的规则和理论，这些规则和理论可以直接用于市场交易中，来实际检验我们的走势图知识。

我们前面已经阐释过一些重要的实用交易规则，这些规则涉及以走势图为基础来进行长期和短期的交易，其中最重要的一条就是：交易者应主要根据确切的大趋势进行交易，而不是不断变换，企图把握每一个逆着大趋势的可能的中间变化。那样做的结果必然是在大的变化面前犹豫不决，从内心总想根据自己的一厢情愿来判断市场大趋势的转折。交易者是可以在市场内获取小额利润的，但问题是在进行这些短期交易时，决不能失去对市场主要走向大势的把握，因为那里有获取利益的最好机会。对于长期投资者来说，其规则是折中，逐渐调整自己的策略。当然，这里更加强调要把握市场大势，而不是企图从中期调整变化中牟利，但最重要的一点是收集和派发都应按照规模原则逐渐进行，起码从理论上讲，长线操作不需要百分之百的收集或派发（也就是不需要买在最低点，卖在最高点）。

股票的选择

一般来说，如何挑选最好的个股进行买卖，依赖的是逐渐吸筹的经验和实际的观察研究。不过交易者有时会发现，他对某些个股情有独钟，其中的原因各异，也许因为这些股票是他进行了最长时间走势图记录的，也许因为它们的形态清晰，也许因为他一直关注这只股票，或者因为他在这些股票上的预测比在其他股上的预测获利的时候多。这样的"宠物"股是符合逻辑的、合理的，只要不导致固执偏见、过度交易、缺乏灵活或视野狭隘就可以了，否则会影响思维的开阔性，会对其他股票的走势图失去好奇心，从而看不到其他方面更多的获利机会。因而，有"宠物"股是完全可以的，只要在时间上和成交量上不要走极端就行。如果在这方面走极端的话，交易者就会不但看不到其他更好的机会，把资金困在这只股票上，即使它的行情不好，其他股的行情很好也不愿意改弦更张，而且会随着错误分析和由此造成的损失，逐渐对其"宠物"股感到厌倦。很难说清楚究竟是为什么产生了厌倦的情绪，不过每一个退休了的交易者都经历过这种情绪。显然，这时候最好的做法就是放下"宠物"股，把注意力转到更广的范围，或至少先把精力暂时转到其他股票。

分散风险

把风险分散化也是实际交易中的一个重要因素，希望读者现在不仅要看到走势图形态的用处，而且还要意识到其不可靠性，况且市场趋势有时会突然反转。把这两个因素变为有利因素的一种合适又实用的方法，就是把单一的风险分散，以限制风险的大小程度。交易者把资金投入 4 只不同股票，每只 25 股，这样肯定要好于把资金投入 100 股同一只股票，虽然前者的手续费和税要高于后者，但是结果总是前者好，没有例外。如果这 4 只股票是从 4 个不同板块中挑选的，其结果还要好。这种做法的明智之处很明显，但是很奇怪，在实际操作中应用的并不普遍。交易者必须控制在单一股票或整个市场上的过度交易。当然，也要避免另一个极端的做法，就是把自己的交易资金和精力花费到太多的个股中。

股票的相对波动力度

制作股票走势图并着眼于交易时，要切记一个有用的事实，就是不同板块股票以及每个板块内不同的个股相对"波动"的习性。有经验的交易者很清楚，某些股票习惯上的上下波动幅度（百分比）要大于其他股票。有些股票在价格形态上却是以年复一年的反应迟缓、令人失望而出名，而其他股票则在上下波动规律明显的波动中引人瞩目。不过没多少交易者注意到股票明显的习惯性波动规律，它们的相对波动力度可以通过研究一年中一个时期的历史记录来进行计算。

仔细分析大量股票的习惯性波动，会产生一些令人相当惊讶的结果。例如，某些通常被认为价格波动范围广、速度快的股票，和其他不大引人瞩目的股票相比较，从百分比上看实际并没有多少可以获利的机会。而另外一些通常被认为不活跃的股票的变化百分比却很大。一只股票的波动力度大小依赖于许多因素，其中最重要的是行业的性质。比较来说，有些行业受整个商业环境的影响较小，而另一些行业则属于"不撑死就饿死"的种类，当整体繁荣的时候利益巨大，而当商业萧条时，同样也亏损明显。有些公司和其他公司相比更具弹性，管理灵活，或固定运行成本较低，可以更好地适应变化的商业环境。季节性行业的公司在利润方面产生明显的波动，这反映在他们股票的大范围波动上。

股本和杠杆因素

作为一般规律来看，股份数目较少的股票要比股份数目多的股票波动得快，这种情况进一步受股票供应量的影响，也就是市场上一般可获得的股份数量，或者其在市场上的规模。杠杆因素也很重要，从理论上讲，一个没有流通股和优先股的公司，其普通股的涨落应该和公司收入能力的增长成正比。而另一方面，如果一个公司有大量债务和优先股，在普通股得到收益之前必须按说好的比率支付利息和股息，那么杠杆因素的作用就很明显了，普通股的涨落速度就要比公司的总利润变化快。

研究你的股票习性

除去自然的、多少可以预测的因素影响股票价格走向之外，个股的波动力度不同还因为某些看不见的交易习惯。如果交易者根据百分比而不是点数或价格来仔细研究他的股票价格走向特点的话，他会及时发现哪只股票更加可靠，在同样规模投资的情况下能给他带来更大收益。

波动习惯的图示说明

走势图 12-1 标示了同一工业板块的两只不同股票的相对波动力度，这两只股票分别是奥的斯钢铁公司股票和美国钢铁公司股票，走势图把它们的价格走向和同板块的 17 只钢铁股票的平均走向进行了比较，图中实线所代表的是美国钢铁公司从 1932 年 6 月到 1936 年 6 月间连续的重要价格涨跌情况，虚线所表示的是奥的斯钢铁公司在同时期的涨跌情况。

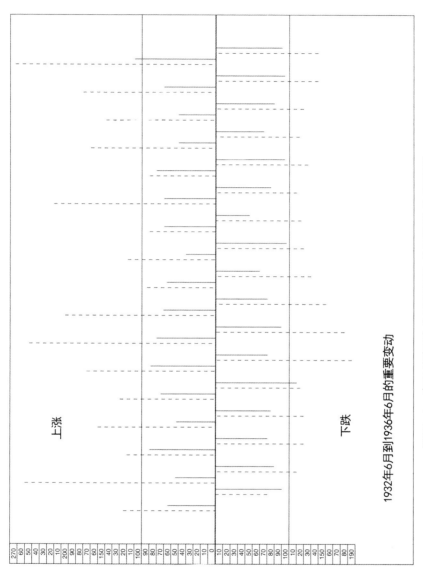

1932年6月到1936年6月的重要变动

图12-1 奥的斯钢铁公司股票和美国钢铁公司股票

图中的零度线代表的是这段时间本板块市场变化指数波动起点水平，上面的 100 度线表示板块指数每次上涨达到的价格水平，下面的 100 度线是板块指数每次下跌到的价格水平。换句话说，指数的每一次变化都被看作是 100%，这样就可以将这两只股票和整个板块变化在百分比的基础上进行比较了。例如，1932 年 6 月后这一板块股票的第一次上涨使价格指数涨到了起点的 155%，而为了易于比较，这个涨幅在图上被看作 100，同时美国钢铁公司从 21 涨到了 45，从起点水平涨了 114%，但是奥的斯钢铁公司从起点涨了 192%，因此，和板块变化相比为 124%，结果是代表美国钢铁公司的实线只上升到 73，而代表奥的斯钢铁公司的虚线升到了 124。

以后的下跌和上涨都按照同样的方法表示，我们会注意到，除了一次以外（第一次中间的下跌），奥的斯钢铁公司的每一次变化的百分比都比美国钢铁公司大，并且在 34 次变化中，除了 4 次以外，它的走势都比整板块的指数要好，美国钢铁在每一次的变化中都比整板块指数的百分比低。4 年期间 34 次价格涨落的一贯性可能让交易者感到吃惊，但这绝不是什么特别的事情，对于几乎所有的上市时间足够长，可以进行统计计算的股票来说，其结果都是相似的。

显然，对美国钢铁公司和奥的斯钢铁公司的相对波动程度的比较说明，交易者会发现后者更容易获利。

两只铁路股的相对波动力度

一般说来，价格水平和波动力度似乎有联系，高价位出售的股票波动的百分比要比低价位出售的股票小。对于那些不经意的观察者来说，这一点并不明显。例如，他看到几天内一只股票的价格上涨或下跌 6~10 美元，但他并没有把这一价格变化转换为百分比变化。然而，这一规则有许多例外。走势图 12-2 说明了这一点，此图显示的是南方铁路公司和加拿大太平洋铁路公司的价格走向，与它们所在的铁路板块的变化指数进行比较的结果。28 只铁路股票从 1932 年 6 月到 1936 年 4 月间每一次重要涨跌的平均价格作为 100，南方铁路公司和加拿大太平洋铁路公司的涨跌以板块变化指数为基数用百分比表示，南方铁路公司用虚线表示，加拿大太平洋铁路公司用实线表示。在这个例子中可以看到，价位较高的股——南方铁路股的波动力度一直都更大。

不宜制图的股票

制图经验会告诉细心的交易者，什么股票的形态不够好，不能作为交易中可靠的指南。一般来说，流动供应量少或市场不活跃的成交量"稀薄"的股票都不会产生明显的形态，它们更容易让专业投资者操控，走向会和图形提示的相反。同样，很高价位的股票往往波动的百分比不会太大，这一点我们在讨论波动力度时已经提到了。另一方面，价位很低的股票从百分比上来看，在一天之内容易产生大的波动，然后可能长时间走向和起初相反，让人的耐心受到考验，这种特性也使得它们不适合制图进行交易。在其他条件相当的情况下，中等价位的股票容易产生令人满意的制图效果。

不要强行辨认形态

初学者挑选了一些股票图，在经过几个月、有时甚至仅仅几个星期后，他就会在自己的冲动引领下看到实际上并不存在的技术形态。这就需要注意另外一条实际制图交易的规则：不要强为图形。人们总是被诱惑把很不规则、不完善的形态进行某种程度上荒谬的解读。交易者会想起，我们在前面对某些图进行观察时，有时候使用了相当的想象力，想象出各种并不确定的形态，特别是在这一章的月线图分析中，但是要真正拿现金去根据这些模糊的形态冒险，那就另当别论了。

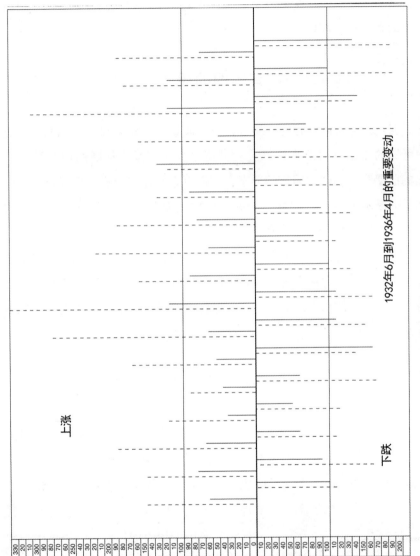

图12-2　南方铁路公司股票和加拿大太平洋铁路公司股票

如果不确定的形态直接印证了一个确定的形态，那么交易行为就有了理由。但是在实际交易中，如果交易者根据和某一具体形态的略微相似来进行实际交易的话，这就太牵强了。读图交易绝不是没有缺点，即使形态近乎完美，如果加上粗心或一厢情愿让我们的想象力参与了形态的形成，那风险就大了。

等待理想形态

在理论分析时，使用想象力是很符合逻辑的，但是在实际交易中，还是让交易者等待理想的形态吧。例如，在实际操作中，交易者会发现在某些情况下，几天、几个星期，甚至是几个月过去了，没有一张图上呈现出任何确切的形态，所以完全没办法据此进行实际交易。这样，他的耐心就会不时受到考验，不过显而易见，耐心是必不可少的，等待理想的形态要比仅凭愿望就不顾不明朗或不确切的形势，仓促地投入资金进行实际交易好得多。

在形态的形成过程中，获利也是可行的，但是当价格朝着市场主流趋势快速运动时，利润更大、更确切，而市场主流趋势就从这些区域形态或准备阶段中生成。最好保持耐心，要克制获利的冲动，没有完好的形态出现时，先做一个市场的旁观者，而不是耐不住寂寞，在形态不明朗时急于出手。过于草率的行动经常导致失去资金和信心。切记"在股票市场上赚钱的原则有三条：（1）耐心，（2）耐心，（3）更加耐心"。

和市场过于靠近是不明智的

到目前为止，我们偶尔提到的使用技术预测进行实际市场操作，都是假定所有交易都是早晨开盘时按照完整的图示或交易过程进行的。对于一般交易者来说，这无疑是最好的程序。在整个的走势图研究中，我们不认为交易者应该紧盯行情发布牌，驻守经纪人办公室或行情室，我们甚至认为，完全可以不和经纪人直接接触。职业交易者、市场投机者可以在一天的交易中观察市场的短期变化，并在正好碰到好机会时从中牟利。但是对于普通走势图交易者来说，不经常看行情发布牌也不会有多大的损失，相反却有益处，他可以不受现场由于盯着日间行情室那不明朗的形势而触发的兴奋、谈话、谣言、冲动、紧张等因素的干扰。许多职业操盘手在操纵市场方面是高手，他们会通过收集或派发他们的股票以在一天中的某个时段让行情牌上显示他们想要的效果，以此来影响看行情牌的人们的心理，从而达到他们的目的。对于走势图交易者来说，理想的状态就是在进行技术预测时，让市场变化自己说话，如果在行情室里面对传言、消息、希望和担心所引起的心理波动，一个人是很难保持平静豁达的理想心理状态的。

每天有规律地制图

我们在前面（第一章中）指出，交易者最好能养成每天在固定时间制图的习惯，最好是在傍晚收盘以后，这样他就可以以放松的心态对这一天的价格变化做出评估，根据变化是否重要来决定他需要花多长时间。如果他和他的经纪人见面不多的话，他还可以以平和的心态，从容地向经纪人发布指令，当晚将指令寄给经纪人，以便他第二天一早就能收到。

限价盘与市价盘

在我们的实际交易例子中都是用的市价盘，而不是限价盘，在这一点上，没有教条的理论或规则。许多时候订限价单更加明智，这样做遗漏执行甚至错过有利变化的风险要小，而不必去冒陷入隔夜价差或大幅价差的风险。当然，在不稳定的市场上，价差很可能产生，也许因为收盘后有什么重要消息突发。在价格波动较大的市场上，以及第二天开盘以后价格走向可能有利的情况下，限价单是有益的。不过如果没有这些并不是经常发生的情况的话，似乎在市价盘中交易要比用限价单交易更好一些。长期来看，限价单没能执行而引起的失望、损失以及判断失误可能要比市价盘产生的多。大多数情况下，如果交易者看不到至少有 4~5 点的有利价格变化的话，他就没有什么理由交易。因此，如果交易者仅仅为了节省不到 1 个点下了限价单而不是市价单的指令，却可能完全漏掉许多点有利变化的话，那么很明显，这是愚蠢的、不合逻辑的。

勇气——给天然保守者进言

在即将结束对应用基础走势图知识的讲解，开始进行实际交易并提出建议的时候，我觉得提一句"精神"或勇气也不是题外话。我们不知是否应该对大多数的交易者讲这一部分，因为根据我们的观察，一般的交易者更需要的是提醒他们谨慎和节制，而不是鼓励他们去行动。但是确实存在一种类型的人，他们很保守，需要提醒他们下决心，鼓起勇气付诸行动。无论幸运还是不幸，有这种个性的人是少数，但是坦率地讲，就是这部分人在根据走势图交易时总是保持不错的成绩。个性更适宜于根据走势图进行有利交易的交易者天然有一种保守的倾向，对我们所有的走势图规则持怀疑态度，因此，在别人（有可能是能力不如他的人）冒险出手时，他们会畏畏缩缩，并相信别人会受损。虽然有这种小心谨慎的气质的人是少数，但是他们很可能是成功的少数。我们经常反复提醒要谨慎、保守，不要完全信赖技术规则和理论，这些提醒在他们的心中引起的反响要比多数人大，在他们看来，这种警告是大有深意的。这一小部分保守人士应当特别注意我们在这一章即将结束时所提出的劝告，当认真的研究得出了明确真切的结论时，果敢的行动就是福音。

过于保守的交易者

保守的交易者有可能由于他的个性而犯错误。也许从长远看，他的个性使他获得成功的概率更大，但是他必须警惕过分保守、过分谨慎、过于多疑和胆怯。具有这类个性的人，通向成功最大的障碍就是他的犹豫不决，当他推断出一个非常清楚正确的趋势、直接且确定的走向，然后他过于仔细地考虑相反的可能性，最后决定再继续观望，市场上的机会便离他而去。他一开始的判断是正确的，但是他越耽搁就越犹豫、心里就越发虚，也就越不可能从正确分析中获利。这样耽搁下去的结果可能不仅是心里感到烦恼，而且在很多情况下，这种倾向会促使他在前一个正确预测趋势即将结束，或即将逆转进行技术调整的时候失去以往的耐心分析和清醒的头脑，在市场上匆忙出手。

保守型和过于自信型

读者得靠自己来判断自己是属于哪一类的，应该很容易判断这条建议是给他提的，还是给气质和他完全相反的人提的。如果是给他提的，他就应该努力在研究和分析得出基本正确的结论时，立即做出反应。天然保守或好算计的人会发现，使用止损单是大有益处的。使用了这种保护措施，每当他对自己精心的分析没有把握时，可以先根据自己的判断采取果断行动，因为止损单会让他确切知道一旦市场走向出乎他的意料，和他的分析结果相反，他的损失可能是多少。我们并不是想给大家一种印象，让大家认为如果不是保守或谨慎的交易者的话，就注定会在实际走势图交易中失利。事实绝非如此，保持适度的谨慎是有利于在市场上取得成功的，不过过度保守也会和过分莽撞一样，让交易者一无所获。把果断和保守恰当地结合，是作为一个成功交易者理想的条件，同时也是许多其他行业都需要的条件。

固执己见的危害

我们建议过分保守的交易者要培养自己果断的品质，然而决不能走到另一个极端，变得过分自信或在决策时固执己见，因为在走势图分析中最忌固执。如果股市的走向和个人的主观分析不符，那么市场会教会交易者改变自己的分析策略。走势图交易者可能犯的最大错误就是，认为成功或失败都完全是他自己分析的结果。这种看法也许在很大程度上是正确的，但是这种认识很危险，因为这容易让交易者产生一种感觉，认为市场的动向取决于他，取决于他的分析，取决于他认为将来会发生什么事情，这样他就会变得过分自信且固执己见。成功的交易者应该认识到，他的分析对市场动向毫无直接影响，并不是交易者告诉市场它该如何变化，而是市场告诉交易者他该如何分析。市场经常发话，交易者企图通过技术分析来诠释和理解市场的行为和意见。但是有一点很重要，就是时刻保持警惕，市场可能随时变换语调，根据以前技术分析所形成的观念也许和以后的变化不相符合。如果根据上一周的市场动向做出了技术预测，而这一周的市场走向和预测并不相符，那么就给技术分析改变预测的权力，这一周也让交易者改变计划，而不是采取固执的态度。无论上一周的分析看起来是多么理想和确切，都包含着不确定的因素，市场每周都有可能变化。

给市场变化的时间

另一方面，走势图交易者决不能缺乏耐心，固执己见和过于自信应当避免，但是缺乏耐心，轻易改变行动也不可取。没必要仅仅因为市场变化不能很快和上一周的分析相符合，就轻易地改变计划，只因为市场变化迟缓、不活跃，就轻易地改变计划或市场策略是没有理由的，只有真正的走向明确地和以前的判断相反时才可以改变计划和策略。

回顾我们前面研究中的各种走势图的例子，会看到无数的例证证明分析是正确的，只是技术形态的迹象出现的要早于市场走向，这时就需要耐心。如果走势图可以证实一种市场变化倾向，耐心地等待其发生是值得的。

事先要考虑到风险

另一条大原则，和前面探讨过的所有原则一致，特别是和适当的保守原则相似，就是在采取行动之前，要理智地全面考虑风险。这条原则意味着，在买卖任何股票的时候，交易者要想到他的希望、愿望、计划以及技术分析有可能被证明是 100% 错误的。在股票交易中有了这方面的假设，他就应当考虑如果真的发生了这样的不幸，该怎么办，该采取什么措施。这看起来好像很容易、符合逻辑，应该是普遍的做法，但是在实际操作中，一般的交易者是很少考虑的。事实上，如果事先在思想上做两手准备的话，股市上大部分的损失都可以避免。一般交易者，即使是有一定经验和能力的交易者，常常有思想陷入了自己的分析中而不能自拔的情况，以自己的愿望来假定市场的走向，这时他就不会想到在实际交易过程中有可能出现和他预计相反的情形。一个交易者如果考虑在 45 美元附近购入股票，那么他自然会认为股票的价格即将走高，并沾沾自喜地想着以后在约 55 美元，或许 60 美元时卖出股票。他的分析可能是完全正确的，但有时候会发生令他备感烦恼的事情，如果他没有做过最坏的打算，没有想过将来也许有可能最严重的事情会发生在他头上，或者没想过市场会突然出人意料地逆转，那么他面对厄运就会不知所措。

避免过度交易的建议

考虑到各种各样的可能性，包括做出最坏的打算，是会有令人满意的回报的，或者减少损失，或者避免不必要的担心，其最重要的意义在于保证周密的计划不出纰漏。考虑到各种可能性，会让人有合理的谨慎，也许有时会放弃原计划的交易，更好的情况是在实际操作中，或在心理上采取了止损措施，会减少将来可能的损失，同时也可能导致控制交易规模，至少把交易单位量控制在谨慎的水平。后一点很重要，过度交易在经济上和心理上给人带来的损失，要比其带来的利益大得多。市场分析人员和专家们的丰富经验都证明了这一点，有许许多多鲜活的案例也说明，过度交易有时是市场失利的源头，有的失败就完全是过度交易直接造成的。过度交易是大多数重大损失的深层原因，甚至导致了 1929 年 "新时代" 牛市之后的悲剧。当时，大家都觉得只要进股市就能赚钱，交易者根本不会停下来考虑损失的问题。只要能够借到钱，交易者从不会停下来考虑一旦他的判断失误，他可能会因为过度交易遭受很大的损失。如果他开始想买某只股票的 20 股，心中马上会计算上涨 10 美元会给他带来多大利益，但这仅有 200 美元，显然不够，获利太慢，加快获利最简单的办法就是增加仓位，即使在利润率不高的时候也一样。例如，100 股在心中计算的利润是 1000 美元，那么增加到 1000 股，心里计算的利润就是 10000 美元。但是他完全忘记了，如果股市不上涨反而下跌的话，他可能遭受的损失也是乘以十倍的，完全忘记了一旦出现闪失，一旦事情的发展出乎他的预料，他未来的许多年就得在焦虑、挣扎和绝望中度过，来偿还贷款，反弹自己的资本。

要避免过度交易，在进入市场之前就要决定拿出自己多少资本来进行冒险操作，不要给自己留的回旋余地过小，永远要留有余地以应付不测。

不要过分依赖外部意见

最后，当我们从这门课程中、从经验中、从认真的研究中以及从其他的渠道学会了技巧，经过了消化，并使其真正成了我们实际市场知识的一部分，让我们切记，在个人市场行为方面，我们是自己的主人。让我们切记，没有人会不犯错误，就像走势图也会出错一样，没有人可以有精确预测任何一只股票走向的能力。让我们切记，要避免过分自信和自满。我们几乎和大多数交易者一样，分析的能力也相当。各种流言、意见、虚假消息可能会把我们引向歧途，使我们不能找到真正解决问题的科学方法。如果我们倾向于完全依赖技术分析来做出决断，我们就不能让外部的因素过多地干扰我们的注意力。市场本身会为我们对所有的资料做出评估，包括许多我们自己以及我们信任的权威人士都得不到的内部信息。

我们没必要对重大事件视而不见，也没必要对基本趋势、数据、盈余报告、资产负债表、企业前景以及散户心理等辅助因素不予理睬。这些辅助因素如果可靠，如果经过合理分析、恰当使用的话，可以作为走势图分析的补充。不过在技术分析中，不应该去注意发布牌前的谈话、行情室中的传言、经纪人的劝说、流言蜚语和没有根据的道听途说。

让市场本身做出预测

简而言之，我们可以让市场，以及对其进行的恰当的技术分析作为我们行动的指南，因为它本身就足以包括和反映董事会在会议室中的秘密会议、公司的订单、职业操盘手的秘密会晤，以及其他各种不确定渠道的流言和无来由的传说等等信息。我们没必要亲自走进经纪人办公室，没必要徘徊在行情发布牌前或听取热线发布的消息。只要不忽视其他基本的消息和确切的信息，只需要坐在办公室或书房里，不是对自己的幻想放心，也不是由于过分自信而自鸣得意，而是确信如果我们准备充分，通过仔细研究，通过耐心，通过努力，就可以把我们自己内心的明灯和经验及理解结合起来。因此，我们在实际市场操作中，最值得信赖的朋友就是市场本身，因为它已经把可能的前景展现给了那些能够成功解读其信号和征兆的人了。

从走势图交易中判断个人能力

绝不是每一个人都适合于进行走势图交易的。一方面，走势图交易需要相当的时间及高度的兴趣和耐心。也许最重要的条件是最基本的真诚和学习的愿望，因为实际经验是通向成功的关键，只有实际交易或模拟实际交易才能显示一个新手在多大程度上能够适应成功活跃的交易活动。

让一个没有经验的交易者立即拿着实实在在的、辛苦挣来的钞票投入到实际交易中，测试他的勇气，似乎是有点愚蠢的做法，纸上交易是合适的代用品，可以让人进行相对简单的测试，这种测试令人愉快、没有痛苦，不用直接以资金冒险就可以考验一个人的基础、经验和实际能力。

纸上交易不需要现金，不需要经纪人账户，不需要莽撞地投入实际交易的大漩涡之中，只需要足够的走势图和一个笔记本。如果纸上交易者研究他的走势图，对市场走向形成自己的意见，把自己在纸上进行的理论上的交易结合到市场交易中去，无论是一个月还是一年，耐心地跟踪自己的实验，有规律地仔细模拟实际现金交易，最重要的是要诚心诚意地进行操作，他很快就会发现是否可以用实际货币来冒险继续进行走势图交易了。

纸上交易

如果前面提到的纸上交易测试成绩不好，交易者也不必感到失望，但是应当先抑制自己想要进入市场的渴望，直到他找到不同以往的方法并能连续产生收益为止。他也许需要更加活跃地进行交易，但也很可能需要降低交易的活跃度。他也许更适宜于进行长线交易，或在某些领域进行周期性投资。

无论在什么情况下，纸上交易最坏的结果就是亏损，如果该交易者真心地想要进行交易，就继续测试，有了我们前面研究中打下的基础，再加上长时间的经验和恰当的耐心，他最终会走向成功的。

总结和回顾

在我们课程的前面章节里，曾对走势图形态进行较为全面的观察，这可能有助于我们对整个股票市场进行全面的技术分析。在以后的章节中，我们试图把这些材料结合进综合研究中，交易者可以以此为出发点来开始自己的实际技术分析。因此，在课程即将结束时，花一点时间进行一下总结是很有益处的。例如，回顾形态的分类，我们会发现有些走势图形态预示着以前价格走向的反转，这些大部分是区域形态中的某些种类，不过是一些高度标准、自然完美形态的变种，随着反转技术力量的增强，逐渐克制了以前走向的技术力量，产生了价格趋势的反转。

对反转结构家族的回顾

这里有头肩形、普通反转形、多重形，双头双肩复合形和顶部扩散形。我们已经说过，三角形可能引起反转也可能是持续的前兆，可能在持续形里面更多见。在小范围反转形态中，还有楔形、长方形和钻石形。所有这些反转形态只是由于一个直行的价格走向遭遇了走向相反的技术力量并逐渐被其克制而形成的。自成一类的还有反转岛形。在实际走势图观察中，这些许许多多的技术形态往往互相转化，极易混淆。不过我们不必为此而烦恼，因为更重要的是它们的内涵，而不是可以叫这样或那样名字的具体图形，无论是什么样的图形，这类模式预示着以前价格走向的反转。不管这种形态确切地归为哪一类，那些关键的线条——那些其被突破标志着走向变化的线条——应当清楚，特别是经过仔细观察重要成交量之后。

对持续结构家族的回顾

在为持续结构分类时，对称三角形可能应列在前面，接着我们会看到各种各样的三角形，包括上升三角形和下降三角形，在这些三角形中，其斜边标示着以后发展的走向。然后有长方形和不大明显的一种形态，我们叫作"整理头肩形"。我们注意到旗形和三角旗形是特别可靠的整理形态，接下来有表示价格震荡的形态如下垂底和快速形成的峰顶、牛角形，以及一些短期形态如曲折形、扇形等。

其他特殊数据以及综合考虑

除了这些专门的走势图外，还有其他的辅助的手段来帮助我们做出预测，这些手段主要应用的是更大范围的因素，例如阻力位、支撑位、成交量与价格变化的关系以及趋势线的重要影响，无论趋势线是单线还是并行双线，是扇形还是平直的。然后，可以自成一体的是整个缺口家族，它们在总体趋势的预测上起很大作用，我们可以看到有普通缺口、持续缺口、突破缺口、衰竭缺口，以及建立在单缺口或多缺口基础之上的丈量理论来决定随后变化的幅度。我们没打算让交易者认为他在本书中学到的每一个走势图变化，包括走势图形态、规则、理论和假设前提，都能用在将来的实际交易中。我们在分类中试图指出要点，但是还请记住我们所要呈现的绝不只是一个分类，而是试图呈现对所有证明有预测价值的走势图和理论的全面研究，为了全面，我们囊括了许多次要特点，这些东西对普通读者来说也许在实际操作中遇到的较少。

理论过多的问题

我们对可能就本书提出的批评有相当清楚的认识，比如，也许有人指出我们的理论过多。持怀疑态度的批评者也许会说如果任何重大的价格变化都是对其以前走向的反转，那么走势图就几乎一定会呈现出在某种程度上类似许多反转形态的图形的，而且我们还提醒说甚至这些形态也经常是不可靠或具有误导性的，那么我们整个研究的框架就在真实性考验面前坍塌了。这种批评是很典型的对走势图理论的误解，读者或有经验的交易者是不会有此疑问的，但是对于那些没有理解理论和推理要点的少数人来说怀疑其可靠性是正常的。

对于股票走势图理论的宣传，并没有宣称其发明了什么新的重大技术分析原则，而是仅仅让人注意到很久以来一直起作用的某些规律或规则，但是这些规律或规则以前从未被清楚地加以界定、明确地认识或归类到成熟的科学理论中。我们各种走势图理论背后的简单逻辑，是对这些批评最好的回答。

走势图科学主要是把经验分类

我们可以毫不掩饰地说，实际上，任何市场的反转都可以自然且合理地用我们反转形态中的某一种来标示。无论如何，我们只说明，或只需要说明这一点，就能证明这些结构是有用的。各种各样的结构只是帮助我们探测价格反转走向的实用工具，对于所有这些形态的界定，我们给它们起的各种各样的名字，都不过是为了研究那些一直存在着的规律，通过将它们归类和界定，使它们更简单、更容易理解、更清楚实用。天文学并没有宣称对行星的轨道运动有影响，而仅仅是把业已存在的事实分类，只是使对这些事实的研究更容易一些，这样便于对其他的事实和规律进行观察。同样，走势图解读学（形态学）也不是要影响市场，或制定让市场必须遵从的新规则，而仅仅是要把业已存在的事实、反应、规律和理论归类，以阐明我们对市场的研究，为了便于将来研究这个学科更多的知识。

为什么走势图不可靠

不幸的是，股票市场和股票走势图并不像天文学家研究的行星一样沿着确定确切的自然轨道运行，因而我们在研究市场时，就总面临着遭遇假动作或其他误导现象的危险。参与者的非理性、不可预见的消息、突发灾难或形势的突然转好、大众心理的突然变化等等，所有这些因素都让走势图走向中的正常规律失效、出错，导致预测的不准确。不过，再为走势图理论辩护一句，只能说也许在大部分这样的情况下，并不是走势图的基本图示规律出了错，而是交易者或投资者的计划发生了变更，而他们的计划是明确的预测和变化的基础。投资者知道他有多少次对市场或某一只股票态度隔夜发生了变化，变化的原因也许是因为听到了一些消息，或仅仅因为心理的变化。不过只有专业投资者才会知道有多少次专业操盘手在精心制定计划时被愚弄，有多少次他跟踪一只股票，图上显示出明显要走高的趋向，他就要准备出手，这时候市场变得很不稳定，有其他因素干扰，或由于数种原因，他原来的计划一下子变得不切实际了，人们突然一窝蜂地开始抛售这只股票，甚至连重大损失也在所不惜。这样的变化，股票走势图是无法预测的，就连其交易能影响走势图预测的操盘手也预测不到这样的变化。

操盘手制造的走势图骗局

专业人士和职业投资者决不会意识不到散户对走势图理论及形态的兴趣和学习的，在正常的交易中，技术型投资者的业绩还没有达到能让专业操盘者觉得值得来特别对付他们，对付普通散户投资者的收益还是更高。

但是我们知道，为了赚钱，专业操盘者一定会找什么人来算计的。那么就完全可以想象，专业投资者可能会不时通过用手中的股票操作造成假的形态，给技术型交易者设下"陷阱"，他们知道通过安排一定的走势图形态，可以根据自己的选择来吸引一定量的买卖，以巩固自己的地位。

这个理论也许高估了专业操盘手的能力，不过仅仅是一种理论而已。在任何情况下，研究人员最好的保护措施或最好的政策，就是跟踪观察相当数量的个股走势图，专业操盘手所能操纵的也只不过是为数不多的一些个股罢了，不可能操纵整个市场。如果观察到许多其他的股票走向与他们所操纵的股票走向相反的话，那些想通过操纵某些个股从而误导股民的行为就不难被揭穿了。

当然，还需要有止损单的保护，以防止意外的发生，同时可以帮助交易者在出现不可避免的新技术图形变化时修改自己的预测和市场定位。可以有把握地说，即使是实力最雄厚、资金最充裕的操作者，也不可能长时间地阻止技术图形呈现真正的市场变化的。

为新手设计的程序

学完这门课程后，交易者就可以在实际操作中检验自己以及自己新掌握的理论知识了。如果以前有交易经验的话，他无疑已经开始给股票制图，并把理论知识用于实践了。而新手很可能也耐不住寂寞，也已经开始给一些股票制图，并试验自己新学的预测规则了。如果我们制定出一个比较详细的行动程序来指导新手如何用所学的知识来获利的话，应该对他们都是有帮助的。要制定这样一个程序，我们需要做的，就是把在各章所给出在程序方面的详细建议集结到一起，且要形成一个切实的工作计划。对于已经起步的研究人员（我们前面说过，他们可能占大多数）来说，这个程序可以帮他检验自己的技术，可能让他注意到被忽视了的要点，或提醒他对目前看起来还能获利的程序进行调整。不过，我们的程序只是建议，每一个交易者最后还得自己发现最适合自己能力、资本和时间情况的程序。

1. 开列股票清单

我们程序中的第一步，是挑选要制图的股票，而不是寻找可获利的交易机会。关于列股票清单所要考虑的要点我们在第二章和第十一章都讨论过了，现在简要归纳如下：

A. 制图的数量

时间在此是限制因素，一般来说，要想得到最好的结果，每天都必须跟踪维护并仔细研究尽可能多的个股。50 是一个恰当的数，少于 25 很难提供能反映整个市场趋势情况以进行比较的可靠数据，如果有时间来维护和研究的话，超过 50 也很不错，这要自己找平衡。实际一点的话，只输入数据是简单方便的，但是不要让维护图的数量超过自己可以有时间分析和诠释的范围。很明显，跟踪制作的图越多，效果就越好，你就越能清楚地发现交易机会。但要记住，机会得自己去发现，仅仅保留一大堆没有消化的走势图记录，是不会自动让你注意到机会的。最后一点，不要浪费时间去维护自己不会去交易的走势图。

B. 多样化

因为一些行业繁荣而另一些萧条，有些板块的股票在市场上波动巨大，有些稳定，所以最好选择多样化的走势图单，至少要包含每个板块中交易情况好的一两只股票，除此之外，可以适当考虑个人的喜好。

C. 价格水平与资本

除了个别例外，价位中等的股票最具令人满意的技术分析和交易特点，除非有很好的理由来跟踪一两只价位低的股票，否则最好避免"廉价"股——那些销售价格在 10 美元以下的。把精力集中在 15 美元到 60 美元价位的股票上。挑选交易活跃，规模较大的股票，同样，中间地带（成交量中等的）是最好的。成交量稀少的股票容易受到操控，而且走势不规律，形不成好的图形。成交量规模特别大的股票通常在市场变化方面行动迟缓，因而获利也较为迟缓，除非长期经营。当然，这两条规则都会有例外。

D. 波动力度

考虑到要挑选股票制图和进行交易，就有必要研究一下以前的历史，如果能找到两只股票以前几年间的周线图或月线图（最好是前者）进行分析，就会从走势图上直观地看到两只股票中哪一只习惯上波动幅度大，因而获利空间也大。如果找不到这些走势图，许多数据统计上以及经纪人报告上显示的每年价格高点和低点之间的差幅也能在一定程度上说明股票价格的波动习惯。

E. 板块指数和大盘指数

对于这两个指标，我们的建议是一个也不用考虑，就像我们前面指出的，对于一般交易者来说，它们只会让人糊涂，根本提供不了什么帮助。不过，如果你愿意关注它们的话，市场指数是会刊登在许多报纸杂志上的，可以对它们进行跟踪研究，如果你想自己绘制某些板块的指数图，一个周线的记录就足以为实际交易提供参考了。

F. 保持维护走势图

当然，这个问题在经过一段时间的制图才会出现。在这里提起是为了提醒大家，没有充分理由不要从走势图群中随便丢弃一只股票，也许某张图连续几个月都处于休眠状态，没有什么吸引人的变化，甚至令人感到厌烦。但是这不能作为废弃这张图而去跟踪绘制另外的目前变化活跃、引人注目的股票的理由。不活跃的股票有可能最终时来运转，如果真的发生了这样的变化，你会庆幸自己拥有完整的记录和其早期变化的第一手材料的。

2. 开始制图

挑选了我们要制图和研究的股票，列出清单后，下一步自然就是开始制图了。在第一章我们已经详细探讨了制图用纸、时间和价位、数据来源等问题，在此不需要重复了。那么就立即开始对整个清单制作日线图，累积数据并在时间适宜的时候制作周线图。不过还有一个和实际制图相关的重要问题需要注意，就是给选定股票制作周线图时，数据至少要回溯到上一个完整走势周期的开始阶段，仔细研究前面的周线图，以判定目前走向中支撑位或阻力位可能出现的位置（见第九章）。要注意目前开始制作的日线图上的这些线的位置，同时也要分析周线图上最近的数据，来判定周线图上发展出来的趋向线是否会在日线图上得到反映。这种对走势的研究，除了可以提醒你在新制的图上什么样的线可能更重要以外，在大多数情况下，会让你判定出你的股票的基本走势。你就可以利用这些信息来决定以后交易的总体策略，只要有可能就要永远跟随市场的主流趋势。

3. 研究形态

研究了以前的记录，并把相关信息移植到新的日线图上，准备对目前形势做出诠释，下一步就是监视个股动向，努力去发现有意义的形态或其他具有预测价值的价格或成交量数据。至少在标注新的图表记录一个月之后，你才能对预测形态方面有一些信心，那时候，就可以用铅笔轻轻地画出所有的可能会决定短期走势以及价格震荡区的线条。这些趋势线会迅速发展，有些没有后续的意义，那么就应该擦掉或至少不再去注意，其他线条可以随着价格走向的变化轻轻地重画。有一点初学者经常忘记，那就是趋势线和形态边界线是要通过两个反转点才能画成的，要画一条清晰的线，至少需要两个这样的点。而反转点只有在价格走向真正反转时才会出现，这种反转不必是那种在程度或持续时间上看来很重要的反转，可以是仅仅持续两三天的、幅度只有两三个点的小幅波动，但是必须是实际发生过的，然后才能知道其反转点并用来进行技术分析。

同时，我们还要密切注意成交量的变化，特别是在成交量下降和突然上升时价格的变化，把出现形态或洗盘时的价格水平和以前的支撑位和阻力位的水平进行比较。研究支撑位和阻力位，以及它们被突破后的价格水平，将这些同时在多张图上形成的形态进行比较，并对它们呈现出的获利可能性做出尝试性预测，同时要考虑到是否有趋势走向、支撑位和阻力位以及其他测量指标（见第十章），然后把自己的预测和随后实际的价格变化进行比较。

4. 研究价格变化

如果出现了可获利的价格变化，也许是出乎意料的，要回过头来看这个变化是起源于什么形态或基础，有什么发生的迹象。如果日线图不足以显示这个变化的基础，就去看周线图上是否有预测形态出现。

关注突发变化，并研究变化发生时的价格走向和成交量变化，注意收盘价格水平，研究突发变化后的价格走向及反应。

5. 纸上交易

在对股票制图至少几个月后，你从试验和失误中学会了哪些形态和趋势线可能是最可靠的，做出了一些尝试性预测并经过了随后结果的检验之后，就可以开始纸上交易了。

进行纸上交易要完全像在用实际资金在一个真正账户上交易一样，要确切地记录下每一个买单或卖单、每一个止损单和每一次交易的结果，以及经纪人手续费和税额。把交易额控制在你假定的交易资金范围内，不要欺骗自己只是在练习以后要做的事情，而不是正在做这件事。如果你真心希望能改进自己的判断和技术，就不要认为自己还有第二次机会。

不要为由于当时没有看到或资金在别处不能调动而失去了机会烦恼，研究自己的错误而不是去懊悔，从中发现原因。记住，你的错误，比起你正确的预测，对于你最后成功的价值更大，学会避免损失，收益自然会来。同时也要记住，损失不可避免，因此不要让自己为偶尔流产的计划而烦恼，学会正确使用止损单，在意外发生时减少损失。

6. 最终检验

经过了几个月的纸上交易，预测获利的程度达到了让自己满意的水平，直到这时，才可以进行最后的检验。把自己的资金部分投入实际市场。这个时候你会发现自己陷于一种全新的烦恼中——担心、怀疑和面对诱惑，这些问题在纸上交易阶段并没有光顾。你的第一笔现金交易也许没有成功，但不要丧失信心，不要轻易改变策略，不要比以前更加轻信小道消息和传言，坚持使用自己在纸上交易中成功使用过的方法，分析错误，研究如何克服妨碍你把理论用于成功实践的东西。也许可以再回到纸上交易阶段，再进行一个时期的训练，然后再一次进行尝试。

译者后记

本书是技术分析先驱、一代图表分析大师沙巴克的代表之作，在国内知道沙巴克的人可能不多，但在国际技术分析界他确是大名鼎鼎。我们现在所做的 K 线图表形态的各种分析都是源于沙巴克的这本《图表分析圣经》，可以说没有沙巴克对技术分析的贡献，也就没有现在这么完整的图表形态分析。即使是在当今，他的理论仍然适用于各个金融市场的技术分析，译者对技术分析有着多年的研究，在翻译这本巨著时还是能学到很多知识，相信这本书可以穿越时空给读者带来不朽的知识。

本书翻译的完成得到以下同人的大力帮助，他们是朱杰、吴文莉、李超杰、陈鼎、余锋、常红婧、郑星、田军、彭家伟、张苹、苏远秀、范纯海、张毅、吴春梅、肖艳梅、张毅。其中第一章至第四章由肖艳梅、朱杰、吴文莉、张毅翻译，第五章至第八章由李超杰、田军、张苹、苏远秀、余锋范翻译，第九章至第十二章由常红婧、郑星、彭家伟、陈鼎、范纯海翻译，其余部分由张毅、吴春梅、康民翻译。全书由康民负责统校。由于译者水平有限，错误和疏漏之处在所难免，敬请读者批评指正。